JN256004

民事手続法入門

第5版

佐藤鉄男・和田吉弘・日比野泰久
川嶋四郎・松村和徳〔著〕

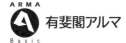

ARMA
Basic
有斐閣アルマ

　2012年 9 月の第 4 版の刊行から 5 年余りが経過しました。思えば，初版が出た2002年 4 月当時は，若手を自負していた仲間で，今までにありそうで無かった，民事に関する手続法分野を 1 冊300頁で概観しようと挑んだのが本書だったわけですが，こうして全員揃っての第 5 版に漕ぎつけられるとは，感慨深いものがあります。

　この間，法学教育の現場にいる著者らは，種々の環境変化を経験してきました。なかでも法科大学院や司法試験制度をめぐる極端な変わり様は，私たち教員だけでなく，法学を学ぼうとする若い世代の行動様式にも影響を与えるものでした。しかし，そういう最中にあって，民事の手続法全体を概観する本書が市場から消えることなく読み継がれてきたのは，喜ぶべきことです。本書をご推薦いただいた諸先生，そしてお読みいただいた過去の読者に心より御礼申し上げたいと思います。

　読者は，訴訟手続，家庭事件手続，執行手続，保全手続，倒産手続と，民事に関する手続が多岐にわたることとを本書で知るとともに，これが法律学の一分野にすぎないことも学習の過程で知ることでしょう。同時に，民事手続法の問題の何であれ，それを本当に理解するには本書では全く足りないことにも気づかれるだろうと想像します。本書は，読者にとってはただの通過点にすぎず，いずれ最適の体系書に出会えば忘れ去られるのだろうと思います。しかし，早い時期にこの分野を鳥瞰しておくことは有効であり，小さなことであっても学習の原点として本書の記述が読者の心に刻まれることがあれば良いと，著者らは願い続けてきました。

第5版では，章立てを若干変えました。すなわち，初学者を悩ませがちな非訟，ADR に関する説明の配置を変えました。また，版を重ね，読者と著者らの年齢差が開いてきたことから，文中の時制表現には注意を払って見直すべきところは見直しました。

　第5版は，有斐閣法律編集局書籍編集部の一村大輔氏の計らいで作業がスタートしました。初版以来，常に本書への思いを共有いただいてきました。その後，本書の担当は同編集部の小林久恵氏にバトンが渡り，新鮮かつ丁寧な目配りで著者らを導いていただきました。お2人に，厚く御礼申し上げます。

　　2018年2月

著 者 一 同

第4版　はしがき

　2002年4月に本書の初版を刊行して10年が経過しました。当時，民事手続法分野を1冊およそ300頁で鳥瞰する書物に需要があるのか確信があったわけではありませんが，版を重ねここに第4版を刊行できるのは，狙いが誤りでなかったということでしょうか。ともかく，お読みいただいた読者の皆様にお礼申し上げたいと存じます。

　第3版から3年を経過し，この間に，民事手続法分野では，国際裁判管轄規定の新設を中心とする民事訴訟法の改正，非訟事件手続法の全面改正，家事審判法に代わる家事事件手続法の制定，そして重要判例や文献の登場と，かなりの動きがあるところです。これらを網羅することはもともと本書の意図するところではありませんが，逆に動きを全く無視しては本書の価値を下げてしまいます。あくまで民事手続法のベーシックにこだわって，こうした法改正，判例情報を絞り込んで必要なものは取り入れ，その分不要となった部分は削除するということで，全体を見直し，編の順番を変えたのが今回の改訂です。的確にその試みが実行できているかはまた読者のご判断に委ねたいと思います。

　民事手続法は，民事分野の諸問題の解決に寄与していると思っていますが，2011年3月11日の東日本大震災では，これを担うはずの裁判所，そして法律関係者もかなり被災しました。しかし，周囲の理解と関係者の努力で比較的すみやかに機能を回復し，裁判が震災に伴う問題の解決に資している姿が見られます。地震，津波，原発などとややもすると自然科学分野が注目されがちですが，法律学の出番も少なくありませんし，その中で民事手続法も地味ながら社会の役に立っていることが改めて実感できる場面もあります。

　民事手続法の主要分野をマスターするには，もちろん本書だけでは足りません。ボリュームのある体系書・教科書を何冊も読破し，各々の分野の判例も勉強しなければなりません。しかし，一本一本の木を見る前に，民事手続法という大きな森自体を本書で知っておくことは，きっと今後の学習に役立

つはずで，こういう基本こそ応用力のあるものと思っています。本書が，近い将来に民事手続法を駆使して社会に貢献されるであろう皆さんの学習の良き導きになれれば幸いです。

　第 4 版の編集作業は，有斐閣書籍編集第一部の一村大輔氏，上島美咲氏にご担当いただき，周到に進めていただきました。改めて感謝します。

　　2012年 7 月

著 者 一 同

第3版　はしがき

　本書は，ここに第3版を出す運びとなりました。

　2002年の初版以来，民事に関する手続法全体を1冊300頁で概観するのが本書のコンセプトであり，その後の種々の改正を踏まえて改訂した第2版もそれを維持しました。それから4年，第2版も，毎年多くの大学で教科書・参考書としての指定を受けるなどして，コンスタントに読者を得ることができたようです。

　本書で扱う民事手続法の分野に多くの改正があった前回の改訂時に比べると，この分野での法改正ラッシュは一段落し，むしろ整備された諸制度が定着し所期の成果が得られるかどうかが試される時期に入ってきました。もっとも，周辺の領域ではなお多くの改正が続き，民事手続法にも関連するものも少なくないと思われます。

　ただ，今回の改訂でも，改正部分や新たな動きを強調することはしていません。もちろん，民事手続法の入門書として，この分野の基本を示すというのが本書の使命と考えていますので，この趣旨に沿うと思われる情報は拾いあげたつもりです。第3版も，民事に関する手続法のスタートの書として，引き続きご支持いただけるよう，そして新たな読者と出会えることを楽しみにしています。

　第3版も，これまで同様，有斐閣・京都編集室の一村大輔氏の周到な編集作業によって完成に漕ぎ着けたものです。一村氏と第2版までの読者に，改めて感謝申し上げます。

　　2008年12月

著 者 一 同

第2版　はしがき

　民事に関する手続法全体の入門書を企図した本書は，おおむね読者から好評を得ることができた。

　しかし，初版発売直後から，本書が対象とする分野は法改正が続くこととなり，2004年4月の増刷に際しては補遺で改正をフォローした。そして2004年の第159回および第161回国会を経て，今回の改正ラッシュをもたらした，司法制度改革関連と倒産法改正関連の作業もほぼ終盤と言える段階まできた。そこで，こうした時期に版を改めるにあたり，一連の法改正の内容も踏まえ，本書全体を見直すこととし，章立ても若干改めた。

　もっとも，初版とほぼ同じ分量で民事手続法の全体をカバーすると同時に，この分野の基本的な所を示すという方針は，それが本書の存在意義と思い，引き続き維持した。したがって，初版以後の法改正をことさらクローズアップすることはせず，あくまで読者にとって民事手続法学習の原点となりうる書という位置づけに，徹し続けた。

　大学法学部はもちろん，スタートした法科大学院においても，民事に関する手続法の重要性は揺るぎない状況にあるようである。本書が，今後とも多くの読者に迎え入れられることを願ってやまない。

　第2版の編集は，初版と同様，有斐閣・京都編集室の一村大輔氏にご担当いただいた。周到な編集作業に改めて感謝したい。

　　　2004年11月6日

著 者 一 同

初版　はしがき

　本書は，民事に関する手続法の入門書である。

　現在，ここにいう民事に関する手続法に数えられる法律は大変多岐にわた
る。すなわち，民事訴訟法をはじめとして，民事執行法，民事保全法，破産
法，民事再生法などの主要法典が直ちに思い浮かぶ。また近時は，簡易裁判
所での民事調停や家庭裁判所での家事調停・家事審判，さらには裁判所外で
の紛争処理なども，この分野の実務では重要な存在となり，調停や仲裁など
に関する法律も民事に関する手続法として侮れない存在となっている。これ
らを広く概観するのが本書の目的である。

　おそらく，本書のような本は，類書がありそうで実はなかった。一般に，
大学の法学部では，このうち民事訴訟法を中心に，2ないし3科目，単位数
にして8ないし12単位程度に分かれて，その主要分野を学ぶことになってい
るであろう。しかし，昔から「民訴＝眠りの素」と学生諸君には嫌われ，好
んで勉強されることは少なかった。したがって，この分野での入門書といえ
ば，中心科目である民事訴訟法をいかに理解させるかに焦点が絞られてきた。
多少範囲の広い概説書でも，判決手続と強制執行・保全手続を含んだ民事訴
訟法（かつての民事訴訟法がそのような法律であった），あるいは，執行法
と倒産法をセットにした概説書にとどまっていた。

　しかし，民事に関する手続法の分野は，民事訴訟法を中心としつつも，相
互に密接な関係にあり，かつどの分野も無視できない重要性をもっている。
もちろん，これらの正確な理解はお手軽にできるものではなく，何冊もの本
格的書物を読破する必要のあることは著者らもよく承知している。しかし，
法学を学ぶ上で，早い段階で民事関係の手続法の全体像についての理解を得
ておくことはかなり有効なことと著者らは考えた。また今後，法科大学院に
おいて，実務を意識しつつ法学を学ぶに当たっても，その感が強い。

　一般にはるかに範囲の広い民法や商法について全体像を提示する入門書が
たくさんあり，刑事の分野では刑法・刑事訴訟法・刑事政策を有機的に概観

する入門書が試みられてきたのと比べると，民事手続法の教師はいささか初学者に対し，その全体像を示す工夫を怠ってきたのかもしれない。

　とはいえ，概説にとどまるにせよ，本書1冊わずか300頁ほどで上記の民事手続法分野を収めることは簡単ではなかった。この頁数に，何を盛り込むことが本書の狙いにとって妥当か，そしてそれをどのような語り口で説くか，著者らのトライ・アンド・エラーは続いた。相互の批判を受け，泣く泣く削った部分もあった。本書の試みが成功しているかどうかはわからない。中途半端であろうし，大事な点を漏らしていることもあろう。しかし，それも本書の持ち味であり，物足りない思いをもつことで，各々の分野の本格的書物にぶつかってもらえれば，まさに我が意を得たりである。

　本書は，主として，法学部生1・2年生，法科大学院1年生，あるいはこの分野に関心をもつ一般の人にも広くお読みいただければと思っている。しかし，民事訴訟法の既習者（たとえば，司法修習生）が民事手続法の全体像を把握するのにも有用と考えている。

　さて，著者らは同世代の日本民事訴訟法学会員であるが，出身も現在の所属もこれまでの主たる研究分野や手法も随分違っている。意外な組み合わせで，ありそうでなかった本をつくる。分担は決めつつも，あくまで5人の共著として何度も原稿を持ち寄り検討を重ねたつもりである。ただ，至らない点も多いであろうから，最寄りの著者，あるいは有斐閣に御意見・御感想をどしどしお寄せいただければ幸いである。

　本書に関しては企画段階で有斐閣の山下訓正氏（現六法編集部所属），その後は一村大輔氏（京都支店）に引き継いでもらい，周到な配慮とともに著者らを我慢強く導いていただいた。記して感謝したい。

　　2001年11月　　琵琶湖畔での合宿を終えて

著 者 一 同

本書をお読みいただく前に

　はしがきにも述べたように，本書は民事に関する手続法の入門書である。したがって，民事手続法の全体像を概観すること，著者らの気持ちとしてはあくまでも「民事手続法の森」をみることを狙いとしている。各々の分野の入門書とも違うので各分野を網羅的に扱うことはしていないし，もとより重要な項目であっても詳細を尽くす性質のものでもない。

　一応，初学者には本書の順番通りお読みいただくことを念頭においているが，序章で民事手続法の大枠を知った後は，必要性や興味に応じてどの編から読んでも支障ない。本書で民事手続法の森をみて，そして各分野のあらましを理解した後は，是非各分野の体系書へと進んでいただければ幸いである。本書は各分野への橋渡しの書であるから，民事手続法の学習がこの１冊で足りるようなことは端から意図していない。しかし，その後の民事手続法の学習の進行過程で，全体像を整理するために本書に立ち返っていただくと，各編・章の相互関係がわかってきて理解がいっそう進むであろう。

　本書で関係の条文を示す場合は，原則として，有斐閣『六法全書』巻末の「法令名略語」によっているが，本書でよく出てくるものは下記の通りである。

民訴：民事訴訟法　　民執：民事執行法

民保：民事保全法　　民調：民事調停法

破：破産法　　民再：民事再生法　　会更：会社更生

家事：家事事件手続法　　仲裁：仲裁法

> 憲：日本国憲法　　民：民法　　刑：刑法
> 裁：裁判所法　　人訴：人事訴訟法　　会社：会社法

　なお,「規」とあるのはその法律の規則を指す。同じ法令間では「・」でつなぎ, 異なる法令間では「,」でつないでいる。

　また,「改正民法」とあるのは2017 (平成29) 年改正後の民法の条文を指す (この改正法は原則として2020年4月1日から施行される予定である)。

　本書では, 体系的に判例を挙げることはしていないが, 必要に応じ若干の判例を引いている。ただし, 本文では判決年月日と百選の判例番号 (①②③…は『民事訴訟法判例百選〔第5版〕』, 倒産①, 倒産②…は『倒産判例百選〔第5版〕』, 執保①, 執保②…は『民事執行・保全判例百選〔第2版〕』を指す) だけとしたので, 出典等については判例索引でご確認いただきたい。

　興味を引いた判例があれば, 判例教材としての各分野の判例百選シリーズ (ジュリスト別冊), そして図書館等で判例の原出典に当たっていただければ幸いである。

　本書内でのリファーは, (➡第3章2①) (例) としている。図表や*Column*は, 限られた分量の本なので, 学習の便宜上必要と思われるものを若干載せるにとどまっている。また, 各章の冒頭に, その章の狙いやあらましを示しておいたので役立てていただきたい。

　民事手続法の世界は広大で, 皆さんの目の前には大海原が広がっている。それでは, 民事手続法の航海へといざ出発。そして, 皆さんの民事手続法の母港として何度でもお立ち寄り下さい。

も く じ

著者紹介

佐藤　鉄男（さとう てつお）【序章，第 **18** 章，第 **20** 章】
現　職　中央大学法科大学院教授

和田　吉弘（わだ よしひろ）【第 **4** 章，第 **5** 章，第 **12** 章〜第 **14** 章】
現　職　立命館大学大学院法務研究科教授，弁護士

日比野　泰久（ひびの やすひさ）【第 **15** 章，第 **19** 章】
現　職　名城大学大学院法務研究科教授

川嶋　四郎（かわしま しろう）【第 **1** 章〜第 **3** 章，第 **9** 章〜第 **11** 章】
現　職　同志社大学法学部・法学研究科教授

松村　和徳（まつむら かずのり）【第 **6** 章〜第 **8** 章，第 **16** 章，第 **17** 章】
現　職　早稲田大学大学院法務研究科教授

序　章　民事手続法の世界

本章では，本書が扱う民事手続法，すなわち民事に関する手続法の全体像を概観する。そもそも手続法とは何か，そしてそれがいかなる意義や特徴をもっているか，はたまた多岐にわたる民事手続法のあれこれが相互にどのような関係にあるかを鳥瞰する。種々の手続がそれぞれどのような目的で存在しているのか，本書全体の手引き，ひいては読者の民事手続法への第 1 歩をサポートするものである。

1　手続法への誘い

紛争と法　　人間の社会は争いの絶えないものである。家族間の遺産相続・分割の争いから企業間の特許権侵害争い，そして犯罪や国家間の戦争まで，どこかで何かが起きているのが世の常である。しかし，人間はこうして起きた争いをどうにかして収束する知恵をもっていた。

もとより，国家間の戦争や犯罪への対応は，法律の問題が含まれていても本書とは次元の異なる問題である。ここで扱うのは，公権力の絡まない，もっぱら私人間の生活関係上で生じた紛争，すなわち民事に関する紛争ということになる。近代法治国家の理念として，人間は独立かつ平等な存在として自由な活動を約束されており，私的事項について国家の干渉を受けるものではない。しかし，生身の

人間は，年齢性別の違いはもちろん，1人として同じ者はいないという点で誠に個性的である。とりわけ，この世における各人の体力や財力の差は，人間同士に誤解を，そしていさかいをもたらす原因となっている。

　人間は，地球の限りある資源を無限の連鎖の中で分かち合っている。一般に，多くの人は労働力を提供することで何らかの財やサービスを生み出すことに関与し，その対価として賃金を受け取り，その賃金を元に自分の生活に必要な財やサービスを他の者から買う。お金は潤滑油（おアシ）として均等に回っていくはずであるが（等価交換），いつの間にか不均衡が生じてしまう。実に，私人間の争いはお金にまつわることが多い。仮に，AさんとBさんとの間で貸金の返還をめぐって紛争が発生したとしよう。こうした私的な紛争の解決に法がかかわる場合，法には実体法と手続法という異なった2つのものがあることがわかる。

実体法と手続法　本書の対象ではないが，この2つの関係は，まずは刑事の分野を例に考えるとわかりやすいだろう。

　変死体が発見されたとしよう。この場合，ここに殺人という犯罪があったであろうこと（刑199条）と，これを行ったであろう者を取り調べたり裁判に付したりすることが，法的には異なった作用であることは容易に認識できよう。すなわち，前者が事実というか事件を内容的にどう評価するかという問題であるのに対して，後者はこうした法的評価を誰にどのような形式で行っていくかという問題である。両者は車の両輪のような関係にあるが，前者を実体法といい，後者を手続法といい，区別している。前者に当たるのが，犯罪と刑

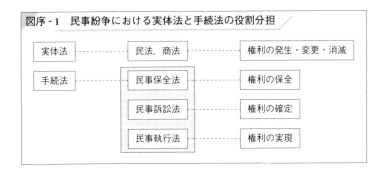

図序 - 1　民事紛争における実体法と手続法の役割分担

実体法	----	民法，商法	----	権利の発生・変更・消滅
手続法	----	民事保全法	----	権利の保全
		民事訴訟法	----	権利の確定
		民事執行法	----	権利の実現

罰の体系を定めた刑法であり，後者に当たるのが捜査手続や刑事裁
判のルールを定めた刑事訴訟法ということになる。

　これを先ほどのＡさんとＢさんの間での貸金返還紛争でみてみよ
う。こうした民事紛争の場合も，事件の内容を判断する基準たる法
と，どのような方法で判断を行っていくかに関する法とを区別して
認識できよう。まず前者は，誰の問題であれ，金銭の授受とその返
還約束をもって消費貸借契約とする（民587条）といった実体法の体
系である。これに対し後者は，ここでもめているＡさんとＢさんの
関係について，どのようなプロセスを経てそれの判断をするか，具
体的には，中立の第三者（裁判官）が両者の言い分を聴き客観的な
証拠によって判断するといったこと，すなわち手続法の出番となり，
公平な裁判の実現に資することになる。前者の実体法に当たるもの
としては，民法や商法（会社法）があり，後者の手続法に当たるも
のとしては，民事訴訟法をはじめとする民事に関する手続法が存在
する。両者は，やはり民事裁判の内容と形式を規律するという形で
不即不離の関係に立つことになるが，違いをまず意識していただき
たい。実体法の入門書は，あまたあるのでそちらをみていただくこ
とにして，本書は後者，すなわち民事関係の手続法に属するとされ

るものを広く概説することを目的としている。

権利と救済 もっとも，こうした実体法と手続法の分化は，実は法律学における永遠の課題なのであって，常に明確な線引きができるわけではない。そもそも現在の実体法の体系は，人々の生活規範を法に昇華させたものであるが，裁判を通じてそれが確認されたものも多い。たとえば，民法に詐害行為取消権（民424条）という権利があるが，これは裁判上の行使が義務づけられており，その意味で，実体法上の権利と手続法上の権利が未分化の状態にある。また，第4編で扱う倒産処理関係の法律は，手続法でありながら独自の実体法規定をたくさんもっている。要は，最初から実体法と手続法が整然と区別されて存在していたわけではない。鶏が先か卵が先かではないが，裁判における救済判断の積み重ねで権利すなわち実体法の体系ができた面もあれば，実体法の体系があるから裁判ができるともいえるのである。

　こうした権利と救済の連鎖関係は，現在進行形のものととらえておくべきであろう。もし実体法の体系を完成された絶対的なものと考えてしまえば，そこからはずれた問題は救済の余地はなくなり，法は新たな問題に対応する能力をもちえないことになる。そうではなく，既存の実体法体系を1つの目安と考えれば，それを基礎にした利害関係者（当事者）と裁判官のやり取りを通じ新たな権利を生み出すことも可能なのであり（日照権，景観権，嫌煙権などの例がある），現に，そのようにして法は，そして人間は成長してきた。その意味で，法律家には，既存の法についての専門知識とともに，これを超えていく柔軟な姿勢も求められていることを知っておきたい。もちろん，裁判が新たな権利を生み出す場として威力を発揮するに

は，裁判そのものの適正な運営が前提となり，そこに手続法の独自の存在意義を見出すことができる。

2 手続法と裁判所

自力救済の禁止　さて，手続法は多くの場合，裁判に関するルールということになるが，それはなにゆえにであろうか。

　古来，人間の社会は争い事が絶えなかったが，何らかの方法でこれを治めてきた。言うまでもなく，生身の人間には強弱の差が避けられないのであるから，争いの解決は人間がその理性に従う知恵をもっていたことで可能となったと思われる。

　一般に，争いが始まった段階では，双方は主観的には「正義」を主張し合う。もし双方がそれを貫徹させるべく，強行手段に訴えたとしたら，やがて「力（体力，財力）」こそ正義なりと言わんばかりの野蛮な社会となってしまい平和は保てない。弱肉強食を避けるには，裸の力で問題を解決するのではなく，双方の主張を冷静に理性をもって考量する仕組みが必要とされてくるのである。その仕組みが裁判である。裁判のスタイルにはいろいろな変遷があるが，力による解決である自力救済を禁止する代わりに，徐々に裁判という理性による解決の場が社会に整えられるようになったのである。その後，力づくでないという点で進歩しても迷信や偶然に任せるだけの不合理な裁判（たとえば，熱湯に手を入れて正邪を決めた盟神探湯などの神判）もあったが，やがて国家機関としての裁判所による法に基づく裁判制度が整備されるようになった。言い換えれば，自力救済を禁止する代わりに，国家は裁判の制度を充実させるべきものとされ

たのである。

<hr />

手続法の特徴 　紛争の解決を通じ，法を確認したり創造したりする場となる裁判であるが，それが安定した存在であるには，裁判の過程自体を規律するルールが別途必要とされる。どのような者が判断者（裁判官）となり，誰が（当事者➡第2章1），何について（訴訟物➡第3章2），どのようなやり方（審理➡第4章3）のもとで主張を戦わせていくのか，といったことに関する約束事である。

　こうした裁判に関するルールの体系である手続法は，自ずと実体法とは違ったものとして現れる。すなわち，いろいろの形で社会に生起する事件をできるだけ公平適正でかつ迅速経済的に解決できるようにとの発想で，政策的技術的工夫を凝らしながら発展してきたからである。ある意味で，手続法はスポーツのルールと共通するところがある。つまり，選手間の力と力ないし技と技がぶつかり合うスポーツも，一定のルールとこれを遵守させ勝敗を判定する審判がいて成り立っていることに気づく。スポーツのルールも，どのような約束事を設ければ試合がスムーズに進み，そして勝敗も納得のいくものになるか，とまさにプロセスに配慮したものであろう。

　さて，ここで先に述べた実体法と手続法の区別を意識して，手続法の特徴を探ってみよう。民事の実体法は，私人間における権利義務関係の要件と効果を定めたものであり，言うなれば結論を重視している。これに対し，手続法は，当事者と第三者としての裁判官が結論を見出す過程を規律するものであるから，あくまで主たる関心はプロセスそのものにある。そして，結論に至る過程である裁判手続においては当事者と裁判官の種々の行為が連鎖的に重ねられるの

で，これを規律する手続法は自ずと各規定が相互に強く関連し合うという特徴をもつことになる。

　もう少し具体的にいうと，次のような意味である。たとえば，民法の中心を占める契約でみると，売買と賃貸借は基本的に独立しており相互の関連性は必然ではない。これに対して，手続法の場合は，AさんのBさんに対する貸金返還請求が成り立つか否かに向け，訴え・口頭弁論・証拠と民事訴訟法の各規定がすべて関係し合い，さらに勝訴したAさんの権利を実現するため差押え・換価・配当（満足）という具合に民事執行の中の各規定がダイナミックに関係し合っているのである。そして，自力救済を禁止する代償として裁判手続があるという性質との関係で，手続法は最終的に裁判官のための規範であるが，反面，当事者からすれば手続法は自分の優位に向けていかに裁判官を動かしていくかのマニュアルを記したものという位置づけができるであろう（スポーツでもルールを熟知していることが強みなのと同じであり，民事訴訟法90条はスポーツのアピール・プレイに相当する）。したがって，手続法を学ぶ際には，常に対立当事者と裁判官という3者の動的発展的関係を意識する必要があることを強調しておきたい。

3 民事に関する手続法のあれこれ

　本書が対象とする民事関係の裁判（およびその周辺の）手続に属するものはかなり多い。これは，民事紛争といっても企業間のビジネス紛争から家庭内の紛争まで様々なレベルのものがあるので当然といえよう。各々の手続のあらましは以下の各章で述べられることになるので，序章ではこれらの総体からなる民事手続法の中に占める

各手続の位置関係そして相互関係のイメージを読者にもっていただくことを狙いに，各手続の触りの部分をのぞくこととする。

民事手続法の本流と支流

本書を買い求めた読者は，たぶん目次を最初にご覧になったと思う。各章節のタイトルや頁の割り振りは，本書の意図を象徴すると同時に，民事手続法というものの理論状況も示唆している。

そもそも民事手続法なる法律は存在していないし，そんな科目名の授業を展開している大学も少ないであろう。比較的新しい言い方で，民事訴訟を中心に民事紛争を扱う裁判手続の総体を指す意味で使われるようになったように思う。その意味で，民事手続法の中心は第1編の判決手続，すなわち民事訴訟法で規律される狭い意味での民事裁判手続である。これは，民事紛争の対立当事者が公開法廷での口頭弁論を経て裁判所の判断を仰ぐ手続であり，昔も今も紛れもなく民事手続法の本流であることは疑いない。

このことは関係する法律の相互関係から確認することができる。手元にある六法をみていただきたい。収録法典数は値段（厚さ）によってもちろん違うが，たいていの六法は憲法，民法，商法，民事訴訟法，刑法，刑事訴訟法の順に，その周辺の法律を後に従える形で，収録されている。つまり，民事訴訟法に始まり刑法までの間に収録されている法律群が民事手続法の具体的な中身ということができ，先頭にある民事訴訟法がその核心なのである。そして，第3編で扱う民事保全や民事執行，第4編で扱う倒産処理関係の法律が六法の中で比較的大きく扱われており，しかも，これらはいずれも特別の定めがある場合を除き，民事訴訟法の規定を準用するものとされている（民保7条，民執20条，破13条，民再18条，会更13条）。もっと

8

も，実際に準用の余地のある規定は，民事訴訟法中の第1編総則を中心にわずかであり，これらの手続自体はむしろ非訟（➡第11章2）的である。ほかにもいくつか法典が収録されていると思うが，これらは民事手続法の中で非訟グループといわれるもので，非訟事件手続法をはじめ，家事事件手続法，民事調停法などがある。毛色が違うことになるが，非訟の概念も，訴訟的処理を意識しあえてこれと違う裁判手続が用意されたという意味で，狭義の民事訴訟の存在を前提にしたものにほかならない。本書の目次立てと割当て頁数は，民事手続法の今日的状況を著者らなりに意識したつもりのものである。

**民事手続法の
フルコース**

このように民事手続法はかなり広範な守備範囲をもつ。ここに属する各手続は，汎用性のある一般的なものがある一方で，特定の民事紛争あるいは展開中の民事紛争の特定の場面に特化したものもある。基本的には，民事手続法のメニューには定番の定食が存在し，その中のどれかを必要に応じてオーダーするということになる。各々の定食の特徴は後で述べるとして，ここでは，手続の相互関係を知る意味で，普段はボリュームがありすぎて誰も注文しない，民事手続法のスペシャル・フルコースをあつらえてみた。つまり，第1編から第4編までの民事手続がたとえばどんな順番で，どんな脈絡でつながっていくかイメージをつかんでほしい。可能な限り，冒頭に掲げたAB間の貸金返還請求に絡めて話を進めることにする。

　もっとも，以下の民事手続のフルコースを辿る民事紛争はそれほど多くない。状況に合わせて適宜の定食や一品料理をチョイスすればよいわけで，料理の組み合わせも自由である。実は，順番も決ま

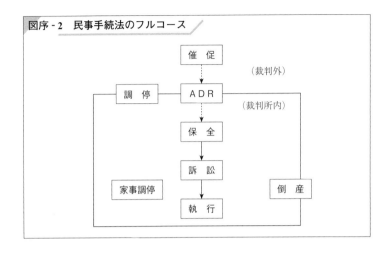

図序 - 2　民事手続法のフルコース

催　促　　　　　（裁判外）

調　停　─　ＡＤＲ　　　　（裁判所内）

保　全

訴　訟

家事調停　　　　　　　倒　産

執　行

っているわけではないし，各々の場面に上のフルコースにはない単品メニューも種々揃っているのである。

(1)　**第1段階：催促**　　民事手続の背景にあるのは民事紛争，すなわち私人間の私的なもめ事である。こうした私的な事項は各自の自由に委ねるのが近代法の原則である（私的自治の原則）。したがって，紛争が起きてもそれで直ちに裁判所の民事手続の出番となることはない（このことを現すのが「訴えなければ裁判なし」との法諺である）。それゆえ，第1段階は，ＡさんからＢさんへの電話やメールによる催促，それが功を奏さないとあれば少しフォーマルに内容証明郵便での催促などが考えられよう。

(2)　**第2段階：ADR 利用**　　催促が空振りに終われば，第2段階は，弁護士会の紛争解決センターを利用するとか，あるいは裁判所を利用するにしても調停（簡裁の民事調停），いわゆる ADR（裁判外の紛争処理➡第 11 章 *1*）に紛争をもっていくことが検討される。そして，民事紛争は，第2段階までで解決がつくのが普通である。

(3) **第3段階：保全**　仮に第2段階までで解決がつかなかったとしよう。これは，両者の言い分にかなりの食い違いがあるか，何か解決を難しくする事情がある場合であり，いよいよ裁判所の強制的な民事手続の出番が近づいたことを意味する。そこで最初に利用されることが多いのは，民事保全（➡第 15 章）である。すなわち，将来の権利実現に備えて，ここでは目的が貸金返還請求という金銭債権が問題となっている場合なので，相手の財産について仮差押えをしておくというわけである。

(4) **第4段階：訴訟**　しかし，この仮差押えはあくまで前哨戦にとどまり完結的なものではないので，本格的な裁判手続，すなわち狭義の民事訴訟へと舞台を移すことを予定している。つまり，Aさんが原告となり，Bさんを被告として金いくらを払えと訴えを提起するのである。両者のやり取りは公開法廷での弁論・証拠調べを経て裁判所の判決へと至る（➡第1編）。ここで敗訴したBさんが判決に従い命じられた金額を払えば，一件落着となる。

(5) **第5段階：執行**　しかし，常にそうなるとは限らない。敗訴したBさんがなおも支払いをしないというのであれば，今度はAさんは，自分が勝訴した判決を根拠に（これを債務名義という➡第 16 章 1），たとえばBさんの不動産や債権に対して強制執行することを裁判所に求める（➡第 16 章・第 17 章）ということになる。つまり，Bさんの不動産を差し押さえて売却したりする。その代金でAさんの貸金債権の満足にあてるのである。

(6) **その他の段階：倒産**　ところが，BさんはAさんに支払いをしなかっただけでなく，実はCさんやDさんにも同じような不義理をしており，債務額に比べ明らかに資産が不足していたとしよう。そのような場合にまで個別の強制執行に委ねていたのでは，効率も

悪いし，時間の前後で同等であるべき債権者間（A・C・D）に不公平が生じないとも限らない。そこで，経済的に破綻した債務者の債権債務関係を集団的に処理しようというのが倒産処理手続（➡第4編）であり，Bさん自身の決断あるいは誰か債権者の申立てによって，事態は特別な舞台へと移って行くのである。

(7) その他の段階：家事調停等　　ところで，執行や倒産に至ったBさんは苦しい経済状態にある。「金の切れ目が縁の切れ目」とよく言うが，金銭トラブルは家庭生活にも影響が少なくない。実は，Bさんが上記の各段階のいずれかと時間的に並行する形で，奥さんに逃げられ離婚を迫られたとしよう。離婚協議が調わない場合は，家庭裁判所の家事調停や離婚訴訟へと発展することになる（➡第2編）。

　ざっと，こんな感じである。あまり楽しい話ではないが，問題をきちんと処理しておくことが平和な暮らしにつながると考えたい。

　以下，基本メニューの内容を簡単に紹介しておこう。

> **判決手続の特徴**　　第1編で扱う判決手続は，民事手続法の中核である。これを規律する現在の法源は，

1996（平成8）年にそれまでの法律を全面改正して出来上がった民事訴訟法である（施行は1998〔平成10〕年1月）。従前の民事訴訟法は，1890（明治23）年の制定以来，長い間，強制執行や保全の手続も含んでいたが，1979（昭和54）年に民事執行法，1989（平成元）年に民事保全法ができたことで判決手続に純化していき，遅ればせながら全面改正がなされてできたのが現在の民事訴訟法なのである。

　判決手続とは，民事紛争について公開の裁判を経て裁判所の判決による紛争の解決を求めるものである。これは，当事者の訴え提起

によって始まり，口頭弁論において対立する当事者，つまりＡさん
が原告，Ｂさんが被告となってお互いの言い分を述べあった上で，
争いのある点については，事情を知っている証人を尋問したり，裏
づけとなりそうな契約書等を提出して調べたりすることで，裁判官
が事実認定をし，その認定した事実に民法や商法などの実体法を適
用することで判断（たとえば，ＢさんはＡさんに1000万円支払え）を下
すというものである。したがって，民事訴訟法は，この訴訟手続
（第1審の手続）の規律を中心としつつ，これを扱う裁判所や当事者，
そして訴訟費用などの総則的事項に関する規律を法典の中では先行
させ，さらに，控訴や上告の手続，再審，少額訴訟なども合わせも
ったものとなっている。

　裁判という言葉で一般にイメージされるのは，この判決手続にほ
かならない。この手続は，一般に公開されているので（憲82条），こ
れから民事手続法を勉強する人は，最寄りの裁判所へ足を運んで傍
聴してみるとよい。もっとも，うまく証人尋問の場面に出くわせば
よいが，普段の民事裁判は各自の言い分をしたためた書面（準備書面
→民訴161条）を淡々と交わすだけのことが多く拍子抜けするかもし
れない。傍聴人は少なく，事件の当事者も法廷に現れず，普段は訴
訟代理人の弁護士が出頭するだけのことも多い（➡第4章 *Column ③*）。
判決言渡しの日も同様であり，事件関係者が法廷に会して有罪か無
罪か固唾を飲んで言渡しを待っている刑事裁判とは趣が違う。それ
もそのはず，民事事件の判決では劇的に現実が変わるということ
は少なく，むしろ当事者間の権利義務ないし法律関係をとりあえず
観念的に形成するだけという意味で，判決手続というのは，人間の
理性の中での営みという観がある。もちろん，この理性が大事なの
であるが。

前述のように，かつてはこれらも民事訴訟
法典の中に規定されていた。つまり，これ
らの手続と判決手続との関連性は意識しやすかった。だが，法源は
独立したが，関連性が薄れたわけではない。

　すなわち，判決手続は，あくまで権利義務ないし法律関係の観念
的形成にすぎず，またそれには，訴えの提起から弁論・証拠調べを
経て判決に至るまで相応のプロセスを経る以上，ある程度の時間を
必要とする。そのため，将来の権利実現に備え，ないし正式の判決
手続を経て判決までの緊急措置として，仮差押え・仮処分という民
事保全が判決手続に先立って利用されることが多いのである。

　民事保全は，事態の緊急性が１つの基準になる（保全の必要性とい
う→民保20条・23条➡第 15 章 4 ①）ので，口頭弁論を経ることなく，
スピーディーに一応の判断を下す決定手続とされている。

　これに対し，民事執行は，民事保全とは逆に，建前としては，判
決手続の後に接続するものと理解するとわかりやすい。すなわち，
判決手続によって裁判所の結論が出ていたとしても，敗訴した当事
者が任意にその内容に従う保証はない。そこで，裁判所は，判決内
容の具体的実現のための制度も用意しなければならなかった。それ
が民事執行法の（条文の上での）中心を占める強制執行という制度
である。具体的にいうと，たとえばＡさんがＢさんに対して1000万
円の貸金の返還を請求しそれが認められたのであれば，ＡさんはＢ
さんのもっている不動産や債権を差し押さえて，これを強制的に換
価（不動産の場合は売却したり管理したり，債権の場合は取立てしたり）
して満足にあてるというものである。したがって，この手続におけ
る裁判所の役割はきわめて現実的行動的なものとなる。

　なお，民事執行には，強制執行とともに担保権の実行手続（担保

執行）も含まれている。たとえば，AさんがBさんに1000万円を貸す際に，万一Bさんが任意に返すことができないようになった場合に備えてBさんがもっている土地や建物に抵当権を設定しておくことが広く行われており，こうした場合，予め設定された抵当権を根拠に目的物件である土地や建物を売却したり収益をあげたりして被担保債権の満足に供するのがこの手続である（民執180条以下）。裁判所の強制的な権利実現手続ということで，民事執行法制定以前は別個に規律されていた強制執行と担保権の実行が民事執行という新しい概念にまとめられたのである。さらに，財産開示手続も民事執行法に規定されている。

──────────
倒産処理の特徴　民事保全や民事執行に比べると倒産処理は，判決手続（民事訴訟法）との関連性は薄く感じられる。実際，倒産処理の基礎をなす破産手続は，かつてわが国でも商法の中に規定されていたこともあった（1890〔明治23〕年のいわゆる旧商法破産編➡図18‐1）。しかし，債務者が債権者に対して払いたくても払えない状態となり，強制的な権利実現が必要となっているという点で強制執行手続との共通性があり，ただそうした状況が集団的に現れるという点で，独特の位置にある民事手続として理解されるのが倒産処理のスタンスである。

　すなわち，債務者が抱える負債額に比べ財産がわずかしかないという場合においても，債権者の個別的な強制執行に委ねるほかないとしたら，結果的に本来同等であるはずの債権者間に不平等が生じないとも限らない。そこで，裁判所が担当する破産という手続によって厳格に財産の清算を行うことで，債権者の公平な満足（100％の満足とはいかないが）を図ろうとしたのである。関係者の集団性が倒

産処理の本質的特徴ということになる。

　また，手続としての基本的な流れは，破産手続でいうと，支払不能ないし債務超過といった破綻に陥った際に（破15条以下），債務者本人または債権者の申立てにより破産手続開始決定がなされ，裁判所によって選任された破産管財人を中心に，一方で債権の調査や確定を行い，他方で破産者の財産関係を掌握しこれをできるだけ高く換価した上で，債権者に公平な配当を行う，という経過を辿ることになる。やはり，これ自体１つの手続である。しかし，事柄の性質上，関係者の利害が複雑に絡み合っているので，必要に応じ，債権の確定や手続開始前になされた詐害的行為を否認するなどのために判決手続が利用されたり（破126条・173条），財産の換価のために民事執行の手続が利用されたり（破184条），適宜他の民事手続とのかかわりもある。

　そして，倒産処理のもう１つの特徴は，これが破産手続をその基本型としつつ，今日では，会社更生や民事再生といった再建型の倒産手続が発展してきていることである。すなわち，一口に経済的破綻といっても，債務者の破綻原因や程度は種々であり，これをすべて破産で処理することは社会経済的な損失となることもあるので，もう一度事業をやり直すチャンスがあってもよい。再建プランを描き，これを関係者の決議にかけ，そのプランで債務者が再起にかけるというダイナミックな手続をそこにみることができる。

　倒産処理は，住宅ローンや多重のクレジット債務で破綻した個人レベルの身近なものから，銀行や生命保険会社のような大企業のものまで，興味深い話題も多いはずだ。

民事手続法の学び方　著者らもまた民事手続法を学んでいる途上にある者であるから大きなことは言えない。しかし，手続法を学ぶ鉄則は，その全体の流れを常に意識してそれぞれの問題を理解するように努めることであろう。そして，民事手続それ自体は，学生の日常生活で直接経験することの少ないものなので，裁判を傍聴したり，新聞で報じられる執行や倒産事件の話題に注意をし，できるだけその具体的な実相を想像しながら考える訓練をすることである。そして，実体法と手続法を常に有機的に結びつけて考える姿勢も大切である。

　ちなみに，手続とは，基本的には目的実現のための手段であり，それ自体が最終目的ではない。しかし，複雑な社会を律していくにはあらゆる場面で手続は必要なのであり，手続それ自体にも大きな価値がある。そして，手続の運用は適正・公平・迅速・経済的なものでなければならない。このいずれかを欠く手続は，健全なものとは言えない。民事手続法は，常に健全な常識によるチェックに服し必要とあれば改正を厭うものではない。民事訴訟法が「眠素」とよばれたのは過去のことである。前向きの姿勢で民事手続法の世界へと歩み出してほしい。

民事手続法の動向　本書の対象である民事に関する手続法は，平成に入って改正されたものが多い。明治・大正年代に制定され長い寿命を保ってきた，片仮名文語体の旧民事訴訟法や旧破産法に親しんできた著者らには隔世の感がある。

　ひところの改正前の民事司法は，その機能を大きく低下させてしまっていた。いささかほころびの目立つ制定法を，判例や実務の法運用で補うという状況であった。しかし，これにも限界があるとこ

序　章　民事手続法の世界　17

ろ，折しも，そもそもわが国における司法の貧弱な現実を憂い，21世紀の日本における司法の位置づけを格段と高めようとする司法制度改革が巻き起こったのである。さらに，バブル経済がはじけ大不況となった日本社会は，倒産法制の大改正も促した。このような動きが，平成年代の民事手続法の改正につながったのである。この分野では，民事調停法の改正が残っているが，ほとんどの民事手続法は比較的短期間に改正がなされた。被害者参加制度や裁判員制度で刑事裁判への関心が高まっているが，民事関連の裁判手続も大いに変わってきている。

　民事手続法の改正は，3つのF，親しみやすく（Familiar），公正で（Fair），迅速な（Fast）手続の実現をスローガンとしているとされている。その狙いが功を奏しているか，読者の厳しい目がさらなる改正を促す原動力となるであろう。実際，司法制度改革や民事手続法の改正が一段落した平成の終盤，裁判所における民事手続の利用は減少傾向にある。なお改善の余地がないか考え続けることが大事であろう。

第 1 編

判決手続とその周辺

アメリカ合衆国ノース・カロライナ州ジャクソン郡の郡庁所在地シルヴァにある
カウンティ裁判所（日本の簡易裁判所に，ほぼ相当する）。小さな町を見下ろす小高い
丘の上にあり，ドームの上には，「正義の女神（テミス）」が，天秤と剣をもって
立つ。民事訴訟についていえば，天秤は，権利義務の存否の確定手続，すなわち
本編で述べる訴訟＝判決手続を表している。剣は，後述する判決の実現手続，す
なわち強制執行手続を示している。これは，伝統的な裁判あるいは裁判所のイ
メージを象徴しているが，訴訟上の和解の隆盛や裁判所内の多様な法的救済手続の
創設と活用の現状を考えた場合には，そのイメージの変更が望まれる。新たな裁
判あるいは裁判所のイメージとしては，さしずめ「千手観音」あたりが，ふさわ
しいのではないだろうか。

本編では，民事手続法の中核として，民事訴訟手続，すなわち判決手続を概観する。これは，当事者が，判決という形式での判断を得るための手続であるが，人類の長い紛争処理の歴史におけるあらゆる民事紛争処理システムの中で，最も公平かつ慎重なプロセスをもつものとして，信頼を勝ち取ってきた。この手続を通じて，裁判所が，権利・義務等をめぐる争いを終局的に判断し，当事者が一定の法的救済（判決内容）を得ることになる。

　以下では，どこで（➡第1章），誰が（➡第2章），どのような係争事項について（➡第3章），いかなる形式の審理手続を通じて（➡第4章），どのような証拠および証拠調べに基づき（➡第5章），いかなるかたちの手続的な帰結を導き（➡第6章），また，どのような内容の判決を得るか（➡第7章），それをどのような手続で再度争うことができるか（➡第9章）などについてみて行きたい。また，請求や当事者の数が多い複雑な訴訟事件の処理手続（➡第8章）や，簡易な形式の訴訟手続（➡第10章），裁判外の手続（➡第11章）についても，言及したい。

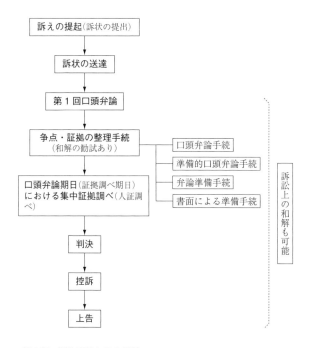

第1章 裁判所と管轄

世の中には様々な紛争がある。また，日本中には裁判所がたくさんあり，その種類も多様である。紛争当事者は，どのような民事事件についてどの裁判所で法的な救済を得ることができるかが問題となる。本章では，まず，裁判所制度について簡単に述べ，次に，裁判所はどのような事件について審理判断を下すことができるかを概観した後，当事者がどこの裁判所に訴えを提起することができるかなどについてみて行きたい。

1 裁判所とその審理判断権の限界

裁判所　わが国における現在の裁判制度の骨格は，1946（昭和21）年に制定された日本国憲法と裁判所法等により築かれた。すなわち，同年に，簡易裁判所，地方裁判所，高等裁判所および最高裁判所の制度が作られ，1948（昭和23）年には，家庭裁判所の制度が設けられたのである。

(1)　**簡易裁判所**　簡易裁判所は，全国に438庁あり，国民に最も身近な裁判所として，比較的簡単な民事第1審事件（裁33条1項1号）を取り扱う。地方裁判所の訴訟手続よりも簡易化された民事訴訟手続（➡第10章1），少額訴訟手続（➡第10章3），督促手続（➡第10章4），訴え提起前の和解（➡第11章1②）および民事調停（➡第11章1③）などを行う。

(2)　**地方裁判所**　　地方裁判所は，全国に50庁（支部は203庁）あり，簡易裁判所で扱われる以外のほとんどすべての民事第1審事件を取り扱う（裁24条1号）。訴訟上の和解や民事調停（民調3条・4条）も行う。また，簡易裁判所の判決に対して不服が申し立てられた場合に，控訴審（➡第9章2）としての役割をも果たす（裁24条3号）。本編で述べる民事訴訟手続（判決手続）の主なものは，この地方裁判所の訴訟手続である。

(3)　**家庭裁判所**　　家庭裁判所は，家庭の平和を維持するためのファミリー・コートとして創設され，全国に50庁（支部は203庁，出張所は77庁）ある。家庭に関する事件について，人事訴訟，家事審判および家事調停（➡第13章・第14章）などを行う裁判所であり（裁31条の3第1号・2号），地方裁判所と同格の裁判所である。なお，人事訴訟事件（➡第14章）は，2003（平成15）年の人事訴訟法の制定によって，家庭裁判所が取り扱うこととされた。

(4)　**高等裁判所**　　高等裁判所は，全国に8庁（支部は6庁）あり，地方裁判所・家庭裁判所の裁判に対して不服が申し立てられた場合に，上訴審（➡第9章1）としての役割を果たす（裁16条1号・2号）。なお，2004（平成16）年には，東京高等裁判所内に，特別の支部として，知的財産関係事件を専門に扱う，いわゆる「知的財産高等裁判所」が創設された。

(5)　**最高裁判所**　　以上のすべてを総称して，下級裁判所とよぶが，これに対して最高裁判所は，憲法76条により直接設置された司法権の最高機関であり，東京都に置かれている（裁6条）。憲法81条により違憲法令審査権が与えられており，上告事件や許可抗告事件などについて裁判権を有する（裁7条）。15名全員の裁判官からなる大法廷と5名の裁判官からなる小法廷がある（裁9条・10条）。

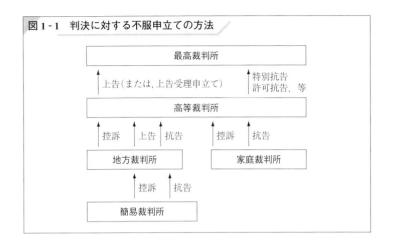

図1-1　判決に対する不服申立ての方法

充実した迅速な民事裁判は，手続を利用する当事者にとっての悲願であり，「遅延した裁判は，正義の拒絶」にも等しい（憲37条1項参照）。したがって，裁判の充実・迅速化は，裁判官が，訴訟審理に際して腐心を重ねる重要な課題である。そこで，2001（平成13）年の『司法制度改革審議会意見書』における提言を受けて，2003（平成15）年に，民事訴訟および刑事訴訟をともに射程に入れた立法として，「裁判の迅速化に関する法律（裁判迅速化法）」が，新たに制定された。この立法の基本的な考え方は，第1審の訴訟手続を2年以内のできるだけ短い期間内に終結させるなどを目的として，充実した手続運営を実施すること，および，これを支える制度等の整備を図ることなどによって，迅速な裁判を行うことにある。同法に基づいて，2年に1度の検証も行われており，迅速化の方策も示されている。

裁判の充実・迅速化

| 裁判官の公正確保 |

裁判は，言うまでもなく，公正に行われなければならない（民訴2条）。国民の信頼がなければ，裁判制度は立ち行かないからである。それゆえ，裁判官が，事件やその当事者と特別の関係にあるゆえに裁判に関与するのが公正（フェアー）でないと疑われるような場合には，その事件の職務遂行から当該裁判官を排除するための制度が必要となる。これが，除斥・忌避の制度である（民訴23条・24条。この規定は，裁判所書記官や専門委員にも準用されている→民訴27条・92条の6。さらに，鑑定人に対しても，当事者の忌避権が認められている→214条）。

(1) **除　斥**　法定の除斥原因（民訴23条1項1号〜6号）がある場合に，当然に職務を行うことを禁止することを，除斥という。除斥原因としては，たとえば，裁判官が当事者と一定範囲の親族であるような場合など，裁判の不公正さを強く疑わせる定型的な事由が，列挙されている。

(2) **忌　避**　除斥原因がなくても裁判の公正さが害されるおそれがある場合に，当事者は，その裁判官が職務を遂行すべきでない旨の申立てを行うことができる。これを，忌避の申立てという。忌避の場合には，忌避が理由のあることを認める決定があってはじめて，裁判官は，職務の遂行から排除される。

ちなみに，裁判官は，除斥原因や忌避原因がある場合には，監督権を有する裁判所の許可を得て，自らすすんで，当該具体的事件の職務担当からはずれることもできる（民訴規12条。裁判所書記官についても，準用されている→民訴規13条）。これを回避という。

| 審理判断権（審判権）の限界 | 一般に，民事訴訟事件などを審理判断する国家の権能を，民事裁判権という。司法権は，この民事裁判権と刑事裁判権とからな |

る。民事裁判権は，とくに，外国や外国人との関係で，わが国の司法権が行使できる範囲を画する概念でもある。この権限の内容としては，紛争当事者を裁判に従わせ，かつ，従わない場合に，日本国の司法権が裁判内容を強制的に実現することを含んでいる。これに対して，日本国内の事件について，どの範囲内で司法権の行使が許されるかに関するものとして，裁判所の審理判断権（審判権）の限界の問題がある。

　最高裁判所は，一切の法律・規則・命令または処分について違憲審査権を有する（憲81条）が，裁判所法3条1項は，司法部門＝裁判所の本来的な役割として，裁判所が，原則として「一切の法律上の争訟」を裁判する権限を有すると規定する。「法律上の争訟」とは，審理判断権限の限界を画する基準であり，その内容としては，一般に，当事者間における具体的な権利義務や法律関係に関する争いであり，かつ，法の適用により終局的な紛争処理を行うことができる事件を意味する。

　この法概念は，一方で，立法・行政との関係で望ましい司法権の範囲を画定するとともに，他方で，裁判上紛争を処理し法的救済を与えることができる市民間の紛争の種類を限定する役割をもつ。前者の例としては，国による警察予備隊設置等の行為の無効確認請求は許されないとした判例（最大判昭和27年10月8日）などが，後者の例としては，宗教上の教義の当否が問題とされた板まんだら事件判決（最判昭和56年4月7日）などがある。

　この審理判断権限の範囲は，裁判所の基本姿勢により変わりうる

ものであるが，わが国の裁判所は，市民による一定の公的な政策形成を求める訴訟等に対しては，たとえば，大阪国際空港訴訟事件最高裁判決等に象徴的にみられるように，一般に消極的な態度を採っている（最大判昭和56年12月16日）。

ちなみに，わが国の民事裁判権の及ぶ事件であり，かつ，審理判断権の範囲内のものであっても，訴えの提起が，訴権の濫用に当たる場合（最判昭和53年7月10日㉛参照）や不法行為となる場合（最判昭和63年1月26日㊱参照）には，提訴は許されず，たとえ訴えが提起されても，その訴えは不適法として却下される。

なお，訴訟事件の内容が渉外的要素（国際的な要素）を有している場合にも，わが国における民事裁判権の有無が問題となる。これは，国際的な視点からみて，わが国に国際裁判管轄があるかどうかの問題である。これについては，2011（平成23）年の民事訴訟法等の改正により，新たな規定（民訴3条の2～3条の12）が設けられた（2009〔平成21〕年には，外国等に対する我が国の民事裁判権に関する法律〔対外国民事裁判権法〕が成立した）。

2 管　轄

管轄の意義
　　　　　　わが国には，全国各地に様々な種類の裁判所が多数存在する。民事紛争の処理に際して，現実には，これらの裁判所が，一定のルールに従って民事裁判権を分け合い，個別具体的な訴訟事件の審理判断を行っている。問題は，紛争当事者が，どの裁判所で，実際に法的な救済を得ることができるかであるが，特定の裁判所が，事件について裁判権を行使できる権能を，管轄権という。国家が管轄の配分をどのように定め

るかは，当事者からみれば，どこの地で紛争処理の土俵作りを行うことができるかの問題である。すなわち，たとえば，当事者双方が離れた土地に住んでいるような場合には，当事者からみれば，どこの裁判所に訴えを提起して自分の事件の攻撃防御を展開することができるか，あるいは，どこで応訴しなければならないかにかかわる問題なのである。それゆえ，管轄の配分については，当事者の裁判を受ける権利（憲32条）を具体化できるように，事前にわかりやすく合理的なルールが定められていなければならない。

　管轄の存在は，訴訟要件（➡第3章 *1*）の1つである。その存在に疑いがあれば，裁判所は，職権でその有無を調査しなければならず，職権で証拠調べを行うこともできる（民訴14条）。当事者が，管轄権のない裁判所に訴えを提起した場合には，裁判所は，他に管轄を有する裁判所（管轄裁判所）があれば，申立てによりまたは職権で，その裁判所に事件を移送する（民訴16条1項）が，日本国内に管轄裁判所がなければ，訴えを却下することになる。

| 管轄と移送 |

たとえば，京都市に住む債権者と主張する者が，鹿児島市に住む債務者とされる者に対して200万円の貸金返還請求訴訟（以下，本件訴えという）を提起する場合に，どこの裁判所に提訴できるかを考えてみよう（本来，判決が出るまでは，債権者と称する者が本当に債権者であり，債務者と称する者が本当に債務者であるかどうかは明らかではないが，以下では便宜的に，債権者・債務者とよびたい）。

(1) 事物管轄　第1審裁判所を簡易裁判所か地方裁判所のいずれとするかは，事物管轄の問題である。その区分の基準は，訴訟の目的の価額（訴額），すなわち原告が訴えによって法的救済を求

めている利益を金銭評価して算定した額（民訴8条1項）であり，現在では，訴額が140万円以下の請求は簡易裁判所が，140万円を超える請求等は地方裁判所が，それぞれ事物管轄を有することになっている（裁33条1項1号・24条1号）。それゆえ，本件訴えについては，地方裁判所が事物管轄をもつ。

(2) **合意管轄**　まず，上記本件において，両者間の消費貸借契約書の中に，たとえば広島地方裁判所を管轄裁判所とする旨の合意があれば，債権者は，広島地方裁判所に訴えを提起することもできる。これを，合意管轄（民訴11条）という。これがない場合には，管轄の一般原則を考える必要がある。

(3) **土地管轄**　所在地の異なる同種の裁判所間における事件分担をどのように行うかは，土地管轄の問題である。原則的に，土地管轄は，「原告が被告の法廷地に従う」という原則により定められる。これは，訴訟をする際には，原告は被告の地に出向いて行うのが公平であるとの考え方に基づいている。それゆえ，原則として，訴えは，被告の普通裁判籍の所在地を管轄する裁判所の管轄に属することになる（民訴4条1項）。裁判籍とは，事件と管轄区域とを結び付ける要素であり，被告の普通裁判籍は，被告が自然人の場合は，住所等により定まり（民訴4条2項），法人等の場合には，主たる事務所または営業所の所在地等により定まる（民訴4条4項）。本件訴えの場合には，債務者は鹿児島市に住んでいるので，鹿児島地方裁判所が管轄をもつことになる。

しかし，このような一般原則には数多くの例外がある。それが，特別裁判籍（民訴5条）であり，本件訴えでとくに問題となるのは，義務履行地の特別裁判籍（民訴5条1号）である。義務履行地は，特約がない限り，債権者の住所地である（持参債務の原則→民484条

〔改正民法同条 1 項〕，商516条 1 項）ので，本件訴えの場合に，京都市が義務履行地となり，京都地方裁判所も管轄をもつことになる。このように，債権者は，他に管轄の合意がない限り，普通裁判籍所在地の裁判所（鹿児島地方裁判所）と特別裁判籍所在地の裁判所（京都地方裁判所）のいずれかを選択して，訴えを提起することもできるのである。

(4) **応訴管轄**　なお，上記本件で，たとえば債権者が債務者に対して神戸地方裁判所に本件訴えを提起した場合に，被告が管轄違いの抗弁を出すことなく本案（➡第3章 *1*）について弁論をしたときには，神戸地方裁判所に管轄が発生する。これを，応訴管轄（民訴12条）という。これは，被告がその地で訴訟を受けて立つ意思を尊重した規律である。

(5) **移　　送**　一般に，ある裁判所にいったん係属した事件を，その裁判所の裁判により他の裁判所に引き続き係属させることを，移送という（民訴16条〜22条等）。移送の制度は，紛争当事者の視点からみれば，紛争処理の土俵作りにおいて当事者間の公平の確保を目的とするものであり，両当事者が相手方との関係から最適な法廷地で裁判を受けられるために不可欠の制度である。

　これは，提訴に際してまず原告に管轄選択権が認められていることの見返りとして，訴訟における当事者平等の原則を確保するために，被告に移送申立権が与えられたという側面をもつ。たとえば，上記本件で，債権者が，京都地方裁判所に訴えを提起した場合には，情況に応じて，裁判所は，当事者間の衡平を図るために，当事者の申立てまたは職権で，より適切な他の管轄裁判所（例，鹿児島地方裁判所）に事件の移送を行うこともできる（民訴17条を参照）。

Column ① 訴訟と費用等

ADR（➡第 11 章 *1* ）の中には，無料で紛争処理手続を提供するものも多いが，訴訟には，費用が付き物である。しかしそれが，時に「司法（訴訟）へのアクセス」の障害となる場合もある。訴訟の費用としては，まず，訴え提起の際の提訴手数料（貼用印紙代）があり，訴額に応じて徐々に高くなるシステム（スライド制）が採用されている（民訴費 3 条 1 項）。そのほか，原告は，送達等に必要な裁判費用（民訴費 2 条）も支払わねばならない。提訴手数料は，現行法でもまだまだ高いとの批判もあるが，これらの訴訟費用は，原告が勝訴すれば被告から回収できる（民訴61条。訴訟費用敗訴者負担の原則）。ただ，訴訟にかかる費用で最も高額になる弁護士費用は，ここでいう訴訟費用には原則として含まれず，弁護士に委任した当事者自身が負担することになる（例外，民訴155条 2 項等，民訴費 2 条10号等➡第 2 章 *Column ②* ）。

訴訟における費用問題を緩和し軽減するための制度として，①訴訟救助，②法律扶助，③訴訟費用貸付制度，および，④権利保護保険等がある。①は，訴訟の準備や追行に必要な費用を支払えば生活に著しい支障が生じる者等に対して訴訟費用の支払いを猶予する制度（民訴82条以下）であり，②は，「法テラス」が民事裁判等の手続の準備や追行のための費用や弁護士費用等の立替えなどを行う制度（総合法律支援30条 1 項 2 号イ）であり，③は，地方公共団体の消費者保護条例等に見られる訴訟費用の貸付制度であり，さらに，④は，一般市民のために保険会社が日本弁護士連合会との協定に基づいて販売し始めた保険であり，保険事故が発生した場合に，弁護士会が保険加入者に弁護士を紹介し費用を負担することなどをその内容としている。ただ，わが国では，いずれの制度も，これからの課題が少なくない。

なお，「司法へのアクセス」の問題は，費用の問題にとどまらず，たとえば，少額多数被害者の救済をどのように図るか，訴訟だけではなくADR を含めた紛争処理手続へのトータルなアクセスをどのように確保するか，さらには，誰でもいつでもどこからでも紛争処理機関にアクセスできるためにはどうすればいいかなど，多岐にわたる。

第 **2** 章　当事者と訴訟上の代理人

紛争は当事者のものであり，当事者が訴訟の主役である。本章では，民事訴訟における当事者について，まず，一般にその意義や手続上の権限に触れ，次に，誰が民事訴訟の当事者となることができるかなどについて概観したい。また，当事者を手助けする訴訟上の代理人の制度についてもみて行くことにしたい。

1　当 事 者

当事者の意義

　(1)　**民事手続の主役**　　民事訴訟の当事者は，自分の名で裁判所に判決を求める者とその相手方をいう。当事者は，まさに手続の主役であり，あらゆる民事手続は，紛争当事者が自らの手で最適な法的救済を形成し，かつ実現するためのフォーラム（公共の場）としての色彩を帯びる。それゆえ，たとえば，裁判所等の公的な紛争処理機関は，あくまで紛争当事者が自分たちの事件を相互のやりとりを通じて自律的に処理して行けるように努めなければならない。国は，国民の税金による裁判制度の設営者（国民からの受託者）として，当事者をサポートすべき使命を帯びているのである（民訴2条参照）。

　訴訟＝判決手続の当事者とは，自己の名で訴えを提起し，または，

相手方として訴えが提起され，判決の名宛人となる者をいう。後に述べる ADR（➡第11章1）とは異なり，原則として，民事訴訟では，相手方である被告は，訴訟手続に同意しなくても，手続を受けて立つことが強制されることになる。これを応訴強制といい，その義務を応訴義務という。訴訟事件の審級ごとに各当事者の名称は異なり，まず，第1審では，原告・被告（決して「被告人」ではない），第2審の控訴審（➡第9章2）では，控訴人・被控訴人，第3審の上告審（➡第9章3）では，上告人・被上告人とよばれる。ちなみに，民事保全（➡第15章），民事執行（➡第16章）および督促手続（➡第10章4）では，当事者は，債権者・債務者とよばれ，訴え提起前の和解（➡第11章1②），証拠保全（民訴234条）および調停（➡第11章1③）では，申立人・相手方とよばれる。

　一般に，訴訟上の代理（➡本章2）が認められているので，法廷で現実に訴訟活動を行っている者が当事者であるとは限らない。また，自己の名で訴訟に関与するが，判決の名宛人でない補助参加人（民訴42条➡第8章2②）や，単に判決の効力を受けるだけの者（例，民訴115条1項2号〜4号➡第7章2）も，当事者ではない。

　(2)　**二当事者対立の原則**　　　実際の社会生活上では，紛争当事者の間に様々な力の格差があるのが通例であるが，民事訴訟法は，法の下の平等（憲14条）とデュー・プロセス（憲31条）を現実化するために，紛争当事者に訴訟手続上平等な地位を得ることができるための様々な手段を与えている。そして，手続過程における対立当事者間で訴訟上の攻撃防御を展開することによって，紛争処理が進んで行くことを予定している。これを，二当事者対立の原則という。

　さらに，民事訴訟には，1つの手続に3人以上の当事者が関与する訴訟（多数当事者訴訟➡第8章2）もあるが，原則として，それぞ

れ原告または被告のどちらかの地位につくことになる。ただ，例外として三当事者が互いに対立する独立当事者参加の訴訟形態（民訴47条参照➡第8章2[2]）も認められている。

| 当事者権 |

裁判所との関係で当事者をみれば，当事者は訴訟の主体であるという当事者主義の考え方が，現代の民事訴訟法では基本的に確立している。たとえば，当事者を全面的に取調べの客体にするといった糾問主義の考え方から，現行法は訣別したのである。

　一般に，訴訟手続で当事者にどのような地位を認めるかは，時代や国により異なる。当事者の地位についたときに，訴訟主体が手続上認められる諸権利を総称して，当事者権という。これは，当事者の手続権ともよばれ，その確保のための手続保障が，民事訴訟上の重大な課題となっている（憲31条・32条・82条参照）。

| 当事者の確定 |

訴状には当事者を記載しなければならない（民訴133条2項1号）。通常は，その記載から，当事者が誰であるかが明らかになる。しかし，具体的な訴訟事件によっては，当事者が誰かが問題となることがある。たとえば，AがBの名を勝手に使って（冒用して）訴訟をした場合（氏名冒用訴訟。大判昭和10年10月28日⑤参照）や，AがBを訴えたがBはすでに死亡しておりその相続人Cが現実に法廷で訴訟活動をしていたような場合（死者名義訴訟。大判昭和11年3月11日⑥参照）などが，それである。原告の確定が問題になる場合もあれば，被告の確定が問題となる場合もある。

　当事者が誰かは，訴訟過程のあらゆる段階で確定しておかなけれ

ばならない。なぜなら，確定された当事者を基準にして，たとえば，訴状・呼出状の送達名宛人（被告）が決まり，弁論の許容性が判断でき，判決の名宛人（原告・被告）が定まり，管轄の指標となる裁判籍，裁判官・裁判所書記官の除斥・忌避，当事者能力や訴訟能力，当事者適格，手続の中断事由および証人能力の有無（証人尋問か当事者尋問か）などが，判定できることになるからである。

| 当事者能力 | 当事者能力とは，民事訴訟の当事者となることができる一般的な資格をいう。実体法における権利能力に対応する訴訟上の概念である。どのような基準で当事者能力を認めるかについて，権利能力（民3条・34条）の存否はひとつの基準にはなるが，民事訴訟法独自の観点から決定される。当事者能力の存在は，訴訟要件（➡第3章 *1*）の1つであり，それがなければ，訴えは却下される。

　当事者能力をもつ者としては，まず自然人・法人といった権利能力者を挙げることができる。ただ，民事訴訟法上は，法人格のない社団または財団でも，代表者または管理人の定めのあるものは，当事者能力を有する（民訴29条）。現実の社会では，この種の団体が多数存在し，法人格がなくてもその団体の名で訴訟をすることを認めるのが現実的であり，かつ望ましいことによる。

　この種の団体の例としては，たとえば，町内会（最判昭和42年10月19日⑧。現在では，地方自治法260条の2参照），民法上の組合（最判昭和37年12月18日⑨），設立中の財団法人（最判昭和44年6月26日），沖縄の門中（最判昭和55年2月8日）および入会団体（最判平成6年5月31日⑪参照）などがある。なお，旧中間法人法により，法人格のない社団も，法人格を取得する道が開かれ，現在では，一般社団財団法

人法に，その規律が引き継がれている。

　当事者能力は，一般に訴訟審理の対象になっている訴訟上の請求（訴訟物）とは無関係に判断することができる。それゆえ，具体的事件との関係で判断しなければならない当事者適格と比較して形式的かつ一般的に判断できるので，独立の訴訟要件として，当事者適格の有無に先立って，その存否が審査される。

| 当事者適格 |

(1) 意義と機能　　当事者適格は，誰が当事者（原告・被告）として訴訟を追行し，本案判決を受ければ，特定の事件でその当事者のために有効かつ適切な法的救済が可能になるかの視点から設けられたものである。当事者適格は，訴訟要件の1つであり，それを欠く場合には，訴えが却下される。当事者適格は，それを有する者がもつ権能に着目して，訴訟追行権とよばれ，それを有する者は，正当な当事者とよばれることもある。

　前述の当事者能力や訴訟能力（➡本章2）の有無が，個別事件を離れて一般的な基準で判断されるのとは異なり，当事者適格の有無は，当該事件の具体的な当事者間で立てられた訴訟物との関係で，事件の文脈に即して判断される。上述のように，民事訴訟では，訴えを提起する者は誰でも原告となり，相手方とされた者が被告となる。それゆえ，この当事者適格の要件によって，一方で，審理を行っても役に立たない事件がふるい落とされ，他方で，判決による法的救済を与えるのに相応しい事件が選び出されるのである。

(2) 当事者適格をもつ者　　当事者適格は，原告適格と被告適格に分けられる。当事者適格については，原則として，実体法上の権利または法律関係の主体であると主張する者が原告適格をもち，そ

れを争う者が，被告適格をもつ。つまり，法的な利益をもつ者が，原告や被告になれるのである。この法的な利益とは，民法などの実体法上保護された権利または利益が，その典型例である。給付訴訟（➡第3章1）では，給付請求権を自らもつと主張する者（例，債権者であると主張する者）が原告適格をもち，その請求権を主張される相手方（例，債務者であるとされる者）が被告適格をもつことになる。形成訴訟（➡第3章1）では，多くの場合に当事者となりうる者が法定されている。確認訴訟での当事者適格は，確認の利益（➡第3章2）の問題に吸収されて理解されている。

なお，2006（平成18）年の消費者契約法の改正によって，消費者団体訴訟制度が導入され，同法により内閣総理大臣が認定した特定適格消費者団体は，一定の要件の下で差止請求訴訟を提起する当事者適格が認められることになった。この制度は，現在，景品表示法や特定商取引法にも拡大されている。さらに，2013（平成25）年には，消費者裁判手続特例法が制定され，特定適格消費者団体による損害賠償請求訴訟が可能となった。

訴訟担当

これに対して，例外として，実体法上の権利または法律関係の主体と主張する者以外の者が，当事者適格を有する場合もある。いわゆる第三者の訴訟担当の場合である。これは，第三者が，他人の実体法上の権利または法律関係について管理処分権を有する場合に，それを基礎として訴訟を追行することが許される場合である。訴訟上の代理（➡本章2）と似ているが，訴訟担当者は，代理人としてではなく，あくまで当事者として訴訟を追行する。第三者の訴訟担当は，法定訴訟担当と任意的訴訟担当に分けられる。

(1) **法定訴訟担当** 法定訴訟担当とは，第三者の訴訟追行権が法律上規定されている場合をいう。たとえば，破産者の代わりに訴訟を追行する破産管財人（破78条1項・80条），債権者代位訴訟を提起する債権者（民423条），婚姻事件などで本来の適格者の死亡後にも訴訟が可能になるように当事者とされる検察官（職務上の当事者→人訴12条3項）などが，これに当たる。

(2) **任意的訴訟担当** 任意的訴訟担当とは，権利等を有する者からの訴訟追行権限の授権に基づき，第三者が当事者となる場合である。たとえば，選定当事者（民訴30条），マンションの管理人（建物区分26条4項）および講（無尽講，頼母子講）の講元などがあるが，このような，任意的訴訟担当は，判例（最大判昭和45年11月11日⑬）によれば，弁護士代理の原則（民訴54条1項本文）および訴訟信託の禁止（信託10条）を潜脱するものではなく，かつ，これを認める合理的必要がある場合には許される。

2 訴訟上の代理人

> **訴訟能力**

訴訟能力とは，訴訟上，当事者が，単独で有効な訴訟行為を行い，または，受けるために必要とされる能力をいう。一般に，当事者能力があれば当事者の地位につくことができるが，ただ，十分な訴訟追行ができない者を保護する必要性は大きい。それゆえ，実体法が取引上の能力の不十分な者を制限行為能力者として保護するのと同様に，民事訴訟法上も，手続上自己の利益を十分に貫徹したり防御したりすることができない者を保護するために，この制度が設けられた。

当事者能力（➡本章1）と訴訟能力との関係は，おおむね実体法

上の権利能力と行為能力との関係に照応する。訴訟能力に関しては，別段の定めがない限り，民法その他の法令により決定される（民訴28条）。訴訟能力は，このように民法の行為能力を基準に決められるが，訴訟能力の範囲および効果は，必ずしも民法上の制限行為能力のそれとは一致しない。訴訟行為は，通常の取引行為よりも一般に複雑であるので，より高度の能力が必要であると考えられたことによる。通説は，訴え提起の局面を除き，訴訟能力を，訴訟要件ではなく，個々の訴訟行為の有効要件と位置づけている。

　なお，訴訟能力者であっても，意思能力を欠く場合（改正民法3条の2）には，その訴訟行為は当然に無効となる（最判昭和29年6月11日⑯）。

訴訟能力を欠く者と制限を受ける者　**(1)　未成年者と成年被後見人**　訴訟能力を欠く者は，未成年者と成年被後見人である（訴訟無能力者ともよばれるが，不適切な表現であるので用いない）。両者とも完全に訴訟能力を欠く者であるので，必ず法定代理人により訴訟行為をすることが必要である（民訴31条本文）。したがって，未成年者があらかじめ法定代理人の同意や許可を得ていたとしても，自ら有効に訴訟行為を行うことはできない（民4条・5条参照）。ただ，営業が許可されている場合や賃金請求の場合等のように，未成年者に一般的な行為能力が認められているとき（民6条1項，会社584条，労基58条・59条等）には，その範囲内で完全な訴訟能力が認められる（民訴31条但書）。

(2)　被保佐人と被補助人　訴訟能力の制限を受ける者は，被保佐人と被補助人である。被保佐人は，保佐人の同意があれば単独で有効な訴訟行為ができ（民13条1項4号），被補助人も，補助人の同意があれば訴訟行為を行うことができる（民17条1項）。被保佐人や

被補助人が相手方の提起した訴えや上訴について訴訟行為を行うには，保佐人や補助人の同意を要しない（民訴32条1項）。これは，同意が必要であるとすると，同意がない場合には，保佐人等が常に代理権を有しているとは限らないので，相手方が提訴等を行うことができなくなることに配慮した規定である。

　ただ，たとえば離婚訴訟などの人事訴訟（➡第13章1）では，性質上できるだけ本人の意思を尊重する必要があるので，未成年者・成年被後見人・被保佐人・被補助人も，意思能力さえあれば完全な訴訟能力が認められている（人訴13条1項）。人事訴訟において成年被後見人が訴訟当事者となるときには，法定代理人が職務上の当事者（➡本章1）となって訴訟行為を行うことになる（人訴14条1項）。

| 弁 論 能 力 |

　　　　　　　　　訴訟能力を有している者であっても訴訟関係を明瞭にするために必要な陳述ができない当事者は，弁論能力を欠く。この場合に，裁判所は，当事者に陳述禁止を命じて新たな期日を指定し（民訴155条1項），さらに必要があるときは，弁護士の付添いを命じることができる（同条2項）。

| 訴訟上の代理 |

　　　　　　　　　訴訟上の代理は，代理人の代理権が当事者本人の意思に基づかない「訴訟上の法定代理」と，当事者の意思に基づく「訴訟上の任意代理」に分けることができる。前者は，先に述べたように，主として訴訟能力を欠く者を保護するためなど，必要に迫られて設けられた制度である。後者は，法専門家（例，弁護士など）に委任する場合などのように当事者本人の能力を補完し拡充するためや，業務上の必要性などを考慮して，認められた制度である。

| 訴訟上の法定代理人 | 訴訟上の法定代理人には，「実体法上の法定代理人」（例，親権者〔民824条〕，後見人 |

〔民859条〕，民法上の特別代理人〔民775条後段・826条・860条本文〕など）と「訴訟上の特別代理人」（例，訴訟能力を欠く者のための特別代理人〔民訴35条〕など）がある。たとえば，訴訟能力を欠く者のための特別代理人は，未成年者や成年被後見人に法定代理人がいないか，またはその代理権を行使できない場合にも，その相手方が訴訟上権利行使の道を閉ざされないようにするために，設けられた制度である。

なお，法人または法人格のない団体は，その代表者（例，株式会社の場合には代表取締役）が，訴訟を追行する。これらの法人等と代表者との関係は，法定代理に準じて考えることができるので，民事訴訟法上も法定代理に関する規定が準用されている（民訴37条，民訴規18条）。ここで，たとえば商業登記簿上，真の代表者が記載されていない場合に，その記載を信じ登記簿上の代表者を記載して提訴した場合に，表見法理（例，民109条，会社354条など）が適用されるか否かが問題となる（最判昭和45年12月15日⑱は，否定説に立つ）。

| 訴訟上の任意代理人 | 訴訟上の任意代理人には，「法令上の訴訟代理人」（例，支配人〔商21条１項，会社11条 |

１項〕，船長〔商713条１項〕など）と「訴訟委任による訴訟代理人」（例，弁護士〔民訴54条１項本文〕など）がある。法令上の訴訟代理人とは，当事者の意思により一定の地位についた者に，法令が代理権をも授与している場合の訴訟代理人であり，訴訟委任による訴訟代理人とは，当事者から訴訟追行の委任を受け，代理権を授与された訴訟代理人である。

訴訟委任による訴訟代理人は，原則として弁護士でなければなら

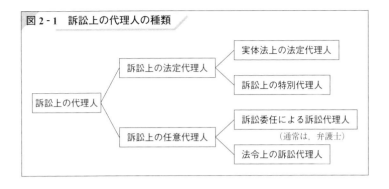

図 2-1　訴訟上の代理人の種類

```
                                        ┌─ 実体法上の法定代理人
                   ┌─ 訴訟上の法定代理人 ─┤
                   │                    └─ 訴訟上の特別代理人
訴訟上の代理人 ─────┤
                   │                    ┌─ 訴訟委任による訴訟代理人
                   └─ 訴訟上の任意代理人 ─┤   （通常は，弁護士）
                                        └─ 法令上の訴訟代理人
```

ない（民訴54条1項本文。ただし，簡易裁判所では，許可を得て，弁護士でない者でも訴訟代理人になることができる。同項但書）。これを，本人訴訟主義・弁護士代理の原則という。わが国では，地方裁判所以上の審級でも，ドイツと異なり弁護士強制主義を採っておらず，本人訴訟が許されるが，代理人に訴訟追行を任せる以上は，一般に，その資格を，信頼できる法専門家である弁護士に限定する趣旨である。その権限の範囲については，民事訴訟法55条に定めがある。

　なお，2002（平成14）年の法改正によって，司法書士や弁理士が，一定の場合に，訴訟代理人になる道も開かれた（司書3条1項6号，弁理士6条の2〔なお，同6条も参照〕）。

補佐人

代理人ではないが，たとえば一定の専門知識を必要とする訴訟で，当事者や代理人の専門的な知識の不足を補って，十分な攻撃防御を尽くすことができるように，当事者，参加人または代理人と共に出廷し支援する第三者として，補佐人（民訴60条）の制度もある（例，建築関係訴訟事件における一級建築士等。弁理士5条，社労士2条の2等も参照）。

Column ②　弁護士をめぐる改革の動き 〰〰〰〰〰〰〰〰〰〰〰〰〰〰〰〰〰〰

　日本では，諸外国と比較して弁護士数が極端に少なく，2001（平成13）年の『司法制度改革審議会意見書』では，この国の司法の人的基盤の拡充を目指して，弁護士数の増加，弁護士へのアクセスの拡充，その他弁護士制度の改革が，提言されていた。一般に，数の増加については，「法科大学院」教育を通じて，年間3000人程度の新規法曹（その大半は，弁護士）の育成が計画されていたが，一度も達成されることなく，現在，その基本方針は大幅に変更された。

　また，訴訟当事者が依頼した弁護士に支払う弁護士報酬等は，現行制度上，原則として訴訟費用（これについては，敗訴者負担の原則→民訴61条）に含まれず，訴訟の勝敗にかかわらず各自の負担とされている（例外的に，不法行為に基づく損害賠償請求訴訟などの場合に，勝訴当事者が支払った弁護士報酬が，一定の範囲に限り，相手方から回収できるにすぎない。最判昭和44年2月27日参照➡第1章 *Column ①*）。

　しかし，この原則では，勝訴によってもその分だけ自己の権利が目減りすることになるので，弁護士報酬等について敗訴者負担の原則を採用すべきか否か，採用するとしてどの範囲で採用するかなどについても，司法制度改革の過程で，激しい議論が行われた。

　その結果，弁護士報酬の敗訴者負担については，原告と被告の双方が合意した場合に限り，この原則を導入するとの方向性が示された。しかし，その旨の法案が国会に提出されたが，廃案になった。

　なお，規制緩和の流れの中で，弁護士法72条を改正して，弁護士以外の隣接法律専門職（例，司法書士，弁理士）にも，一定の限度で訴訟代理権を付与すべきであるとの提言もなされていた。これが，本文で述べた司法書士および弁理士への訴訟代理権付与の背景である。

　また，裁判官・検察官・弁護士の不祥事が見られる中で，高度の法専門職としての職業規範が遵守されるべきことが，今日，よりいっそう強く要請されている。

〰〰〰〰〰〰〰〰〰〰〰〰〰〰〰〰〰〰〰〰〰〰〰〰〰〰〰〰〰〰〰〰〰〰〰〰〰

第3章 訴え・訴訟物

当事者は，どのように裁判所に訴えを提起することができ，何を審理判断の対象にできるかが問題となる。本章では，まず，訴えの意義や種類，さらには訴え提起の効果について概観し，次に，当事者が訴訟で審理判断を求める事項，すなわち訴訟物をめぐる問題を取り上げたい。

1 訴　え

訴えの意義

訴えとは，原告が裁判所および被告に提示した訴訟上の請求をいい，その法的救済を求めて審理の開始を申し立てることを，訴えの提起という。裁判所は，原告の主張した訴訟上の請求の当否を審理判断し，通例，判決という裁判形式で，当事者のために適切な法的救済を与える。ただ，時として，裁判所は，当事者に和解を勧め（民訴89条参照），当事者が裁判所（裁判官等）のサポートを得ながら，訴訟上の和解（➡第11章1[2]，第6章2）という形式で，自ら法的な救済を形成することもある。また，訴訟手続過程で当事者間のやりとりが整序された手続で行われること自体に，当事者が救済を得たと感じることもある。このように，公正な手続は，それ自体に価値がある。

さて，司法というものは本来受動的な存在であり，当事者の申立てがなければ，裁判所が審理判断を開始することはない（「訴えなければ裁判なし」または「不告不理」の原則）。これは，申立てを通じて当事者が裁判所の審理判断の対象を自己決定することができることを意味する。これを処分権主義という。それゆえ，裁判所は，当事者が申し立てていない事項について判断することはできず（民訴246条），当事者は，その意思により訴訟を終了させることができる（例，訴えの取下げ，請求の放棄・認諾，訴訟上の和解〔➡第6章2〕）。ただ，訴えが提起された場合には，裁判所は，訴えの適否および訴訟上の請求の当否を審理判断し，何らかの裁判を行わねばならない（裁判拒絶の禁止の原則→憲31条・32条。訴え以外の申立ての場合も同様）。

訴えの種類　訴えの種類は，訴訟上の請求の種類に応じて，給付の訴え，確認の訴えおよび形成の訴えの3種類に分類される。

(1) **給付の訴え**　給付の訴えは，原告の被告に対する給付請求権（例，○○万円の貸金返還請求権，○○の家屋明渡請求権等）について，審理判断を求める訴えである。通常，履行期の到来した請求権（債権）の即時の給付を求める現在の給付の訴えという形式がとられるが，将来現実化する給付請求権をあらかじめ請求する将来の給付の訴え（民訴135条）も許される。給付の訴えの請求認容判決が給付判決であり，給付請求権の存在について既判力（➡第7章2）が生じ，執行力（➡第7章1）も生じる。請求棄却判決は，給付請求権の不存在について既判力が生じる確認判決である。

(2) **確認の訴え**　確認の訴えは，原告が被告との関係で，特定の権利（例，所有権），法律関係（例，親子関係）または一定の重要な

事実（例，書面の成立の真否〔民訴134条〕）の確認請求を立てて，審理判断を求める訴えである。たとえば，土地所有権の存在確認を求める積極的確認の訴えという形式がとられることもあれば，債務の不存在確認を求める消極的確認の訴えという形式がとられることもある。この訴えの請求認容判決も，請求棄却判決も，それぞれ確認対象の存否について既判力が生じる確認判決である。

(3) **形成の訴え**　形成の訴えは，原告が被告との間で，特定の権利または法律関係の判決による形成（発生，変更，消滅）を求める訴えである（例，離婚の訴え，認知の訴え，株主総会決議取消しの訴え等）。これは，たとえば，多数の利害関係人に重大な影響を与えかねない会社関係や身分関係などについて，その画一性，明確性および安定性などを確保する見地から，形成判決によって，法が私法上の権利関係の変動を許したものである。形成の訴えの請求認容判決が形成判決であり，形成原因（形成要件）の存在の点に既判力が生じ，判決の確定により直接新たな権利関係を形成する効力（形成力）が生じる。請求棄却判決は，形成原因（形成要件）の不存在を確認する確認判決である。

なお，法が形成の具体的なあり方を裁判所の裁量に委ねた形式的形成訴訟も，形成の訴えの一種である（例，共有物分割の訴え〔民258条〕，境界確定の訴え〔筆界確定訴訟。不登147条以下〕）。この種の訴えは，通常の訴訟手続とは異なり，処分権主義・弁論主義（➡第4章2）が制限され，実質的には非訟的な事件処理（➡第11章2）が行われる。

> **訴え提起の方式とその効果**

(1) **請求の特定**　訴えの提起は，訴状を裁判所に提出する方法で行う（民訴133条1項）。訴状には，必要的記載事項として，

当事者，法定代理人，請求の趣旨および請求の原因を記載しなければならない（民訴133条2項。ただし，法定代理人は，その記載が必要な場合に限る）。請求の趣旨は，原告が欲する判決主文に相当するものであり，たとえば，「被告は原告に対して金1000万円支払え」などと記載される。請求の原因とは，請求の趣旨の記載を補って請求を特定するのに必要な事実をいう（民訴規53条1項参照）。

　原告がどの程度明確な請求の趣旨を記載することを要求されるかについては，被告との関係や事件の特質に応じて考えなければならない。たとえば，大規模な騒音被害の差止訴訟事件では，「被告は原告らの居住敷地内に騒音を〇〇ホン以上侵入させてはならない」といった申立て（いわゆる抽象的差止請求）で，請求の趣旨は特定されていると考えることができる（最判平成7年7月7日等参照）。

　(2)　**訴状審査**　訴えが提起されると，まず，裁判長は，訴状の点検を行う（民訴137条1項）。訴状が適法なものとして受理されれば，裁判所書記官を通じて，その訴状の副本が被告に送達される（民訴98条2項・138条1項）。その際には，裁判長が第1回口頭弁論期日を定めて，当事者を呼び出さなければならない（民訴139条）。ただ，不適法な訴えで，その不備が補正できない場合には，裁判所は，口頭弁論を経ないで訴えを却下することができる（民訴140条）。

　(3)　**提訴の効果**　訴えが提起され被告に訴状が送達されると，その訴えが裁判所で審理判断される状態が生じる。これを訴訟係属という。その効果として，民事訴訟法上，重複訴訟の禁止（民訴142条）などの効果が生じる。重複訴訟の禁止とは，訴訟係属中の事件と同一の事件について，さらに別に訴えを提起することを禁止することをいう。

　なお，提訴の効果として，実体法上も，時効中断（民147条1号

〔改正民法147条 1 項 1 号。なお，改正法では「時効の完成猶予」という〕，民訴147条等）などの効果が生じる（ただし，民149条〔改正民法147条 1 項柱書かっこ書〕参照）。

| 訴 訟 要 件 | 訴訟要件とは，本案判決（訴訟物についての判決）を行うための前提要件である。具体 |

的には，たとえば，①当事者に関する訴訟要件として，当事者が存在すること，当事者能力・当事者適格の存在など，②裁判所に関するものとして，当事者や訴訟物に裁判権が及ぶこと，裁判所が管轄を有すること，③訴訟上の請求については，訴えの利益の存在，重複訴訟ではないこと（民訴142条），再訴禁止（民訴262条 2 項）や別訴禁止（人訴25条）に触れないことなどがある。

　訴訟要件が欠けた場合は，訴えは却下される（ただし，管轄については，他にわが国に管轄があれば，事件は移送される）。却下判決は，訴訟物についての判断すなわち本案判断を得られないことから，あたかも本案判断への門をくぐれなかったかのような観を呈するので，俗に「門前払い判決」などとよばれることがある。

2 訴 訟 物

| 訴 訟 物 | (1) **意義と機能**　民事訴訟では，原告は，どのような事項を争い何について判断 |

を求めるのかを，被告や裁判所に示さなければならない。このような原告の被告に対する訴訟上の請求を，訴訟物という。これが，裁判所の審理対象となる。裁判所は，当事者の申し立てたものを超えた内容の判決をすることはできない（処分権主義→民訴246条）。この

ように，民事訴訟における訴訟物は，一方で，原告にとってはその訴訟事件における救済要求の最大限を示し，他方で，被告にとっては全面敗訴の場合に負わねばならない不利益の最大限を予告する。

　訴訟物は，通常，訴状における請求の趣旨で求められるものをいう。伝統的な考え方によれば，訴訟物は，訴えの提起から判決までを貫く基本的な概念であり，訴え提起の時点から特定していなければならず，訴訟物のサイズの決定が，訴訟手続の様々な理論的問題に強く影響すると考えられてきた。たとえば，請求の併合の有無（民訴136条），重複訴訟の禁止（民訴142条），訴えの変更の有無（民訴143条），既判力の客観的範囲（民訴114条），申立事項と判決事項の一致（民訴246条），訴え取下げ後の再訴禁止の範囲（民訴262条2項），執行力の客観的範囲等も，訴訟物を基準に考えられてきた。

　ただ，現在では，それぞれの手続の局面で，個別的に考える考え方が有力となっている。

(2)　**訴訟物のサイズの決定基準**　　何を基準にして給付訴訟の訴訟物のサイズを決定するかについては，旧訴訟物理論（旧説）と新訴訟物理論（新説）の対立がある。形成訴訟の訴訟物についても，基準の対立がみられるが，以下では，主たる論争の場である給付訴訟の訴訟物の場合を例に説明したい。

　まず，旧説は，実体上の権利または法律関係を基準とする説であり，実体法説ともよばれる。これに対して，新説は，実体権から独立して訴訟法上の観点から訴訟物を考える説であり，訴訟法説ともよばれる。両者は，ひとつの事件で複数の実体法上の請求権が観念できる場合，すなわち請求権競合のケースで，具体的な差異が明らかになる。たとえば，医療関係訴訟事件では，法律構成として，債務不履行（民415条）による損害賠償請求権と不法行為（民709条）に

よる損害賠償請求権とに基づく場合が想定できるが，旧説に立てば，このケースには通例2個の訴訟物が存在すると考えるのに対して，新説では，一定の損害賠償を求める法的地位（受給権）が訴訟物になるにすぎず，2個の実体法上の請求権は，1個の訴訟物（受給権）を基礎づける攻撃防御方法（法的観点）にすぎないとする。

　新説の方が，社会的に1個の紛争を常識的に処理するものであり，また，既判力（➡第7章2）による紛争処理機能をより大きく発揮できるので，基本的に妥当であろう。ただ，現在でも，判例や裁判実務は，表面的には旧説を維持しているものの，たとえば既判力の遮断効などについては，信義則などを用いて，その不十分さを補っている（判決効については，たとえば，最判昭和51年9月30日⑦⑨等を参照➡第7章2）。

| 訴えの利益 |

訴えの利益は，原告の定立した訴訟物について，特定の事件で有効かつ適切な法的救済を手続過程および本案判決を通じて与えることができるかの視点から設けられた訴訟要件である。この要件を欠く場合には，訴えが却下される。当事者適格（➡第2章1）が，当該事件における当事者（原告・被告）との関係で訴訟追行や本案判決の実効性を考えるのに対して，訴えの利益は，当該事件で定立された訴訟上の請求（訴訟物）について，その審理過程や本案判決の実効性を考えるのである。この要件も，無用な訴訟事件を排除し，かつ，訴訟当事者に法的救済を与えるのに相応しい事件を選り分けるのに役立つ。

　訴えの利益は，各事件類型ごとに判断される。

(1)　**給付訴訟**　給付訴訟では，現在の給付の訴えの場合には，通常，すでに争いがあることから，訴えの利益は問題にならないが，

将来の給付の訴え（民訴135条）の場合には，現在の時点であらかじめその請求をする必要がある場合にのみ，訴えの利益が肯定される。このあらかじめ請求をする必要が，将来の給付の訴えの利益である。

(2) **確認訴訟**　確認訴訟では，多様な確認の対象が考えられることから，確認の訴えの利益（確認の利益）が重要な役割を演じる。証書真否確認の訴え（民訴134条）のような事実の確認を認める規定もあるが，一般に，確認の利益は，原告の権利や利益に不安が現存し，かつ，その不安を除去する方法として，原告・被告間で訴訟物＝確認対象の存否について審理判断することが有効かつ適切である場合に認められる。かつて，確認対象は，現在の権利関係に限られ，過去の権利関係や単なる事実の確認は確認の利益を欠くとされていたが，現在では，そのように形式的に考えるのではなく，事件の具体的な文脈に即して実質的に判断されるようになった。たとえば，過去の権利関係が現在の紛争を抜本的に解決できる場合には，確認の利益は肯定できる（例，最大判昭和45年7月15日(A9)）。

(3) **形成訴訟**　形成訴訟では，(1)・(2)の場合と異なり，通例，提訴できる場合が，個別的に法律で規定されている。それゆえ，その要件を満たしていれば，特別の事情がない限り，形成の訴えの利益（形成の利益）が肯定される。しかし，たとえば，株主総会決議取消訴訟事件の審理中に，その決議に基づいて選任された取締役が任期満了により退任したような場合には，判例（最判昭和45年4月2日㉚）によれば，形成の利益を欠くことになる。これに対して，学説上は異論もある。

第4章 審 理

裁判所というと，法廷がイメージされるが，民事訴訟の法廷ではどのようなことが行われるのであろうか。法廷で審理がされるといっても具体的にはどのようなことなのであろうか。本章では，法廷で行われる口頭弁論の意義をみる。その中での重要ポイントは，「弁論主義」と「口頭弁論の諸原則」である。

1 口頭弁論の準備

意 義

訴えが提起されると，裁判所は原告と被告とを法廷に呼び出して，審理を行う。当事者は，法廷で，自己に有利な事実を主張し，その事実を裏づける証拠を提出するなど，いわゆる攻撃防御方法を提出する。これを口頭弁論という（なお，それが行われる場である口頭弁論期日も略して口頭弁論とよばれる）。

しかし，そのような口頭弁論の手続を効率的に行うためには，その準備が必要である。当事者としても，お互いの言い分を予め知ればそれに応じた対応ができ，また裁判所としても，両当事者の言い分を予め知ることで訴訟指揮などを合理的に行うことができることになるわけである。現行法上，口頭弁論の準備を行う制度としては，

当事者照会（民訴163条），進行協議期日（民訴規95条以下），準備書面，争点および証拠の整理手続があり，訴え提起前にも一定の場合に照会や証拠収集ができる。ここでは，とくに，訴え提起前における準備，準備書面，争点および証拠の整理手続について，みておく。

訴え提起前における準備

訴え提起前においても，訴えの提起を予告する通知をした者は，通知を受けた者に対して，訴えを提起した場合の主張または立証を準備するために必要であることが明らかな事項について，書面で照会をすることができ，通知を受けた者も，通知をした者に対し，訴えが提起された場合の主張または立証を準備するために必要であることが明らかな事項について，書面で照会することができる（訴え提起前における照会の制度→民訴132条の2・132条の3）。さらに，裁判所は，そのような通知をした者，通知を受けた者からの申立てにより，文書送付嘱託，調査嘱託，専門家に対する意見陳述の嘱託，執行官に対する現況調査命令の処分をすることができる（訴え提起前における証拠収集の処分の制度→民訴132条の4以下）。

準 備 書 面

これは，次の口頭弁論で主張しようとすること（攻撃防御方法）を予め書面に書いて相手方に送り，裁判所にも提出しておく，というものである（民訴161条以下，民訴規79条以下）。いずれもファックスでもよく，実務上は，当然のように日常的に使われている制度である。被告側の最初の準備書面をとくに答弁書という。準備書面を送っておくと，口頭弁論に相手方が欠席した場合にも，準備書面に書いておいた事実を主張することができるなどのメリットがある（反対に，準備書面に記

載のない事実は，相手方欠席の場合に主張することができない〔民訴161条
3項〕。これは相手方にとっての不意打ちを防止するためである。なお，こ
の場合の「事実」には，証拠の申出も含まれると解されている）。

争点および証拠の
整理手続　これは，略して「争点整理手続」や「争点
整理」とも呼ばれ，当事者間でどのような
事実の有無が争いとなっているのかを明ら
かにし，またどのような証拠がその争いの解決に必要かを明らかに
する手続である（民訴164条以下，民訴規86条以下）。そのような整理
を十分にしておくことによって，口頭弁論でかみ合ったやりとりが
期待でき，裁判所の審理も合理的なものになる。このような手続に
は，さらに，準備的口頭弁論，弁論準備手続，書面による準備手続，
という3つの種類がある。

　(1)　**準備的口頭弁論**　これは，口頭弁論を2つの段階に分け，
まず争点および証拠の整理をするというものである（民訴164条以
下）。実務上はほとんど用いられていないようである。

　(2)　**弁論準備手続**　これは，旧法で準備手続とよばれていた手
続を改善したものであり，実務上も日常的に活用され重要な制度と
なっている（民訴168条以下）。弁論準備手続の開始は，裁判所が当
事者の意見を聴いて決める（民訴168条）。手続は，当事者の双方が
立ち会うことができ，また，非公開ではあるが傍聴を許すことがで
きることになっている（民訴169条）。重要であるのが，証拠の申出
等についての裁判および文書の証拠調べをすることができることで
ある（民訴170条2項）。とくに文書の証拠調べにより，争点および
証拠の整理がしやすいものとされている。なお，当事者双方の申立
てがあれば，手続は打ち切られることになっている（民訴172条但書）。

(3) 書面による準備手続　　これは，当事者が出席しなくても行うことのできる準備手続であり，当事者が遠隔地に居住している場合などに利用されることを予定している（民訴175条以下）。

　以上３つとも，手続の終了に際しないしは終了後に，争点および証拠について整理の結果を確認し，また，手続終了後に新たな攻撃防御方法を提出しようとする場合には，相手方の求めがあれば，手続終了前に提出できなかった理由を説明しなければならないことになっている（民訴167条等）。手続終了後についてソフトな制限をすることにより，手続での整理の実をあげようとするものである。

2　弁 論 主 義

訴訟の進行と内容

　民事訴訟の審理においては，訴訟の進行面と訴訟の内容面とが問題となる。たとえば，次の口頭弁論をいつ開くかとか，当事者への書類の届けをどのようにするかなどのように，手続の進め方についての問題が進行面の問題であり，原告に権利があるかどうかをどのような資料に基づいて判断するのかという問題が，訴訟の内容面の問題である。

　現行法では，このうち，訴訟の進行面については，裁判所側が主体となって手続を進める（職権進行主義）。これは，訴訟の進行面について当事者に任せると訴訟が遅延するおそれがあるからである。たとえば，口頭弁論の期日は裁判長が定めることになっている（民訴93条１項）。手続を主宰するこのような裁判所または裁判長の権能を，訴訟指揮権という。

　他方，訴訟の内容面については，主導権は裁判所側でなく当事者側にあるとされている。これが弁論主義とよばれる問題である。

ただし，訴訟の進行に関しても，当事者に種々の申立権や責問権（違法な手続に対して異議を述べる権利→民訴90条参照）などが認められており，また内容面に関しても，裁判所の釈明権（➡本節後述）が認められている。なお，釈明権行使のように，手続の進行上審理内容を整序する行為も訴訟指揮権の内容に含まれる。

　以下では，これらの問題のうち，訴訟の内容面としてとくに重要な弁論主義とよばれる問題をみていくこととする。

弁論主義の意義・根拠　　訴訟の内容面については，今みたように，主導権は裁判所側でなく当事者側にあるとされているが，これはどういうことであろうか。

　たとえば，原告が被告に対して，「貸した金を返してほしい」と考え，貸金の返還を請求する訴えを提起した場合，裁判所としては，判断するための資料がないと原告の言い分が正しいかどうか判断できないが，その資料はどのようにして集めたらよいかが問題となる。具体的に言うと，そのような場合に，被告が弁済したと主張していないのに，裁判所が，被告が弁済したかどうかを審理してよいのかどうかとか，当事者が証拠を提出していないのに，裁判所が，自らの判断で契約書や領収書などの判断資料を集めてよいのかどうか，などという問題である。

　そして，このような問題については，裁判所が勝手に判断資料を集めることは許されず，資料の提出は当事者がする必要がある，と考えられている。つまり，判決の基礎（前提）をなす事実の確定に必要な資料（訴訟資料）の提出は，当事者の権能と責任とする，という建前が採られている。これを弁論主義という。

　では，どうして，民事訴訟においてはこのような弁論主義が採ら

れているのであろうか。この点については，議論があるが，通説では，私的自治の原則から説明されている。つまり，民法等の実体法上私的自治の原則が認められている以上，訴訟の場にもそれが反映すべきであり，事実認定の面でも当事者の意思に沿った形で判決がなされるべきである，という説明である。訴訟で敗訴すると自らの権利を失ったのと同様の事態となることから，判決の判断資料の範囲も当事者が決められるとすべきである，と考えるわけである。

　なお，人事訴訟（➡第14章）では，私的自治よりも真実発見が優先するため，弁論主義は採られず，資料の探索を当事者の意思のみに委ねず裁判所の職責ともする建前（職権探知主義）が採られている。このような訴訟についての法律として，人事訴訟法がある。

弁論主義の内容　　弁論主義の内容は，一般に，3つに分けて論じられている。

（1）**第1テーゼ：主張責任**　　第1は，裁判所は当事者の主張しない事実を判決の基礎としてはならない，というものである（これを直接規定した条文は存在しない）。たとえば，貸金返還請求訴訟で，被告が「弁済した」と主張していないにもかかわらず，裁判所が弁済を認定して原告の請求を棄却することはできない，と考えられている。この場合，「主張」が必要なのであり，弁済を示す「証拠」が提出されていても，「主張」がないのであれば，裁判所は弁済があったと認めることはできないのである。権利の発生・消滅という法律効果の判断に直接必要な事実を，「主要事実」というが（主要事実を推認させるにすぎない事実は「間接事実」という），弁済のような主要事実の主張がない場合には，たとえそれを裏づける証拠があっても，弁論主義からは弁済を認定してはならないということになる

（後述する釈明権の行使によって当事者から主張がなされれば問題はない）。なお，弁論主義は，当事者側と裁判所側との役割分担の問題であるから，事実は，原告・被告のどちらか一方から主張されていれば主張があったとされる（主張共通の原則という）。したがって，自分に有効な事実を自分も相手方も主張しない場合に，その事実を認定してもらえないという不利益を受けることになる（主張責任という）。

　主張すべき主要事実については，どの程度の抽象度のものであるのかという問題がある。過失や正当事由などの一般条項については，事実というよりも事実を基にした評価であり，「過失がある」「正当事由がある」との主張だけでは審理の対象が抽象的すぎるため，過失や正当事由などという評価を根拠づける具体的事実が主要事実であり，そのレベルでの事実の主張が必要であると考えられている。ただ，公序良俗違反等については，高度の公益性から，それを根拠づける事実の主張がなくても証拠から認定してよいとする説もある。

　(2) **第2テーゼ：自白**　　弁論主義の第2の内容は，裁判所は当事者間に争いのない事実はそのまま判決の基礎としなければならない，というものである。これは自白とよばれる問題である。たとえば，やはり貸金返還請求訴訟で，原告が「被告に1000万円を渡した」と主張し，被告も「原告から1000万円を受け取った」と主張している場合には，裁判所は，たとえ証拠から「原告は被告に1000万円を渡していないだろう」と思われるようなときでも，1000万円の授受はあったと認定しなければならない，とされている。これも，裁判所が判断する資料という土俵の範囲を限定することを当事者に任せたことになるが，自白が成立する事実は，一般に，第1の主張責任についてと同様，主要事実に限られると考えられている。なお，自白については，後述のように，「証明を要しない事実」（➡第5章

3）としても，さらに説明する。

(3) 第3テーゼ：職権証拠調べの禁止　弁論主義の第3の内容は，証拠は当事者が申請したものによるというもので，職権証拠調べの禁止ともいわれる。前に述べたように，当事者からの申請がないのに裁判所が勝手に証拠を入手することはできない，というものである。ただし，例外も種々規定されている（民訴186条の調査の嘱託など）。

| 釈明権・専門委員の関与 |

釈明権とは，訴訟関係を明瞭にするため当事者に対して問いを発し，または立証を促すことができるという裁判所の権限である（民訴149条）。釈明とは明らかにするという意味であるが，当事者が行うことを前提にすれば，釈明権は，当事者に釈明させる権限あるいは釈明を求める権限ということになる。

　当事者が不明瞭なあるいは前後矛盾するような申立てや主張をしている場合に，裁判所がそれを問いただすこと（消極的釈明）は，当然に認められるが，当事者が必要な申立てや主張をしていない場合に，裁判所がそれを促すこと（積極的釈明）については，当事者間の公平を害さないようにとの考慮などが問題となってくる。

　また，釈明「権」とはいうが，一定の範囲では釈明権を行使する義務（釈明義務）でもあると考えられており，裁判所が釈明権を行使しないために適正な審理がなされなかった場合には，判決が違法とされることもある。釈明義務が認められるのは，主として消極的釈明の場合である。

　なお，とくに医療過誤訴訟のように複雑で専門的な内容を扱う場合については，訴訟関係を明瞭にするなどのために裁判所の理解を

助ける必要があるとして，釈明権とは別に，専門委員の制度が認められている（民訴92条の2以下）。すなわち，裁判所は，争点もしくは証拠の整理または訴訟手続の進行に関し必要な事項の協議をするに当たり，専門的な知見に基づく説明を聴くために，専門委員を手続に関与させることができ，また，証拠調期日や和解期日についても専門委員を関与させることができる。

訴訟行為　当事者の行為で訴訟上の効果を生じる行為（訴訟行為）には，申立て，主張，挙証という3つの段階がある。弁論主義は，このうち主張と挙証に関するものであるということになる。

(1) **申立て**　申立ては，訴えが典型例であり，他に，訴訟手続における派生的な事項についての申立て（訴訟上の申立て。たとえば移送の申立て）もある。訴えが提起された場合，相手方である被告が争うときには，「請求棄却を求める」（場合によっては「訴え却下を求める」）という応答をするのが普通である。申立人に申立権がある場合は，裁判所は必ず判断を示さなければならない。

(2) **主　張**　主張には，法律上の主張と事実上の主張とがある。法律上の主張とは，法律を適用した上での権利関係の存否の主張である。たとえば，「この家は自分の所有物であるから出ていってほしい」と主張して，所有権に基づく建物明渡請求の訴えを提起したような場合，所有権の主張は，法律上の主張となる。この場合，相手方が認めるといわゆる権利自白となり，通常はそれを前提に判断されることになるが，相手方が争うと所有権を裏づける事実上の主張が必要となる。

事実上の主張とは，法律上の主張を基礎づける具体的な事実の主

張であり，たとえば，所有権の取得原因である売買の主張などがこれに当たる。事実上の主張に対する相手方の応答としては，4つの種類がある。第1は，自白の場合で，事実上の主張を認める場合である（民訴179条）。自白については弁論主義の内容として前に述べた（➡本節前述）ほか，証拠の問題として後にさらに説明する（➡第5章3）。第2は，沈黙の場合で，これは自白とみなされる（擬制自白と呼ばれる→民訴159条1項）。第3は，否認の場合で，事実上の主張を争う場合である。第4は，不知の場合で，これは否認と推定される（民訴159条2項）。相手方が争う場合（否認の場合）は，事実を主張する側はその事実を証明する必要がある。

　もちろん，主張は原告だけがするわけではない。原告が請求を基礎づける事実（請求原因事実）の主張をした場合に，被告がそれと両立する別の事実を主張して法律効果の発生を争う場合もある。たとえば，貸金返還請求の訴えに対して，被告が弁済を主張した場合がそうであり，このような場合を抗弁という。抗弁に対する原告の応答にも，自白，沈黙，否認，不知の種別があり，さらに原告が再抗弁を主張することもある。以下，同様に考えられる。

　(3) 挙　　証　　これは，主張された事実を証明するために証拠を提出することをいう。事実について争いがある場合には，主張された事実の裏づけとなるものを提出する必要がある。

訴訟上の信義則

事実上の主張が，訴訟上の信義則に反するかどうかが問題となることがある。判例で次のような事案が問題となった（最判昭和51年3月23日⑫）。

　Xが，売買の取消し等を主張して，売買に伴って渡した手付金・内金の返還を求める訴えを提起した。この訴訟で，Yは，まず売買

の取消し等を否認した上で，Xに対し，逆に売買代金の残額の支払を求める反訴（➡第8章1）を起こした。そこで，Xは，それならということで，売買が有効であることを前提にした行動を採ることにし，売買の取消し等の主張を撤回して反訴を認め，売買代金の残額を弁済供託した。そして，その上で，Xは，売買が有効であれば，売買の目的物の引渡しおよび移転登記手続を求めるとして，再反訴を提起し，本訴請求を放棄した。これに対し，Yは，さらに，自らした反訴請求を放棄し，再反訴請求に対する抗弁として，Xがかつて主張していた売買の取消し等をYの方で主張することにした。Yの態度はあまりにも勝手であり，このような事案について，最高裁は，Yの態度は訴訟上の信義則に反し許されないとしたのである。

なお，現在では，信義則が訴訟法上の大原則として明文化されており（民訴2条），また学説上は，事実上の主張のほか訴訟行為一般が信義則違反とされる類型として，通常，①訴訟上の権能の濫用，②訴訟上の禁反言（矛盾挙動の禁止），③訴訟上の権能の失効，④訴訟状態の不当形成の排除の4つが挙げられている。

3 口頭弁論

口頭弁論の諸原則　民事訴訟の審理は，法廷での口頭弁論で行われる。訴えについては，原則として，必ず口頭弁論を開かなければならない。これを必要的口頭弁論の原則という。民事訴訟法87条1項は，「当事者は，訴訟について，裁判所において口頭弁論をしなければならない」として，この原則を定めている。ただし，状況によっては口頭弁論を開くまでもないこともあるため，例外として，訴訟要件（➡第3章1）が補正不可能で

ある場合（民訴140条），法律審である上告審（➡第9章3）の場合
（民訴319条）などが規定されている。

　口頭弁論については，これをどのように行うべきかを規律する諸
原則がある。通常あげられているものとして，公開主義，双方審尋
主義，口頭主義，直接主義，継続審理主義，適時提出主義がある。

　(1)　**公開主義**　　公開主義は，誰もが法廷での審理を傍聴でき
るようにして，審理の公正さを保障するためのものであり，憲法上
の要請である（憲82条）。これを前提に，民事訴訟法上は，312条2
項5号で，絶対的上告理由として「口頭弁論の公開の規定に違反し
たこと」を挙げている。

　なお，個別の分野で公開停止を制度化したものとして，人事訴訟
や特許権等の侵害訴訟において，厳重な要件の下にではあるが，私
生活上の重大な秘密の保護や営業秘密の保護の観点から当事者尋問
等の手続を公開しないで行うことができる，としたものがある（人
訴22条，特許105条の7等）。

　(2)　**双方審尋主義**　　これは，当事者には公平に訴訟手続上の機
会が与えられなければならないというもので，当事者対等の原則，
武器平等の原則ともいう。たとえば，当事者が死亡して相続人が訴
訟を受け継ぐような場合，受け継ぐまで準備が必要であり，訴訟手
続は中断する（民訴124条1項1号）。このような訴訟手続の中断の制
度などは，双方審尋主義を実質的に保障するものである。なお，双
方審尋主義という言葉は，当事者双方がともに立ち会えるという保
障（対席の保障）まで意味する，との考え方もある。

　(3)　**口頭主義**　　これは，口頭で陳述したものだけが判決の基
礎となるということを意味する（民訴87条1項本文）。ただし，訴え
の提起等の重要な訴訟行為については，明確に残しておく必要性な

どから書面の作成が要求されている（民訴133条等）。

(4) **直接主義**　判決内容は，口頭弁論に関与した裁判官が決定しなければならない（民訴249条）。これを直接主義という。口頭弁論において審理を行う以上，当然の原則である。ただし，実際問題としてこれを完全に貫くことはできず，裁判官が交代して弁論が更新される場合（同条2項）と受命裁判官・受託裁判官による証拠調べ（民訴185条・195条）の場合に，例外が認められている。

(5) **継続審理主義**　これは，1つの事件について必要な回数の口頭弁論を継続して行って審理し，その事件が終了してから別の事件について同様に審理するという主義であり，集中審理主義ともいう。従来の実務では，集中審理というよりも，むしろ多くの事件を併行して少しずつ審理するという併行審理主義が採られてきた。ただ，現行民事訴訟法の制定に伴い，1つの訴訟事件での証人尋問や当事者尋問をできる限り1日で終えるようにする集中証拠調べ（民訴182条）は，実務上一般化している。

(6) **適時提出主義**　「攻撃又は防御の方法は，訴訟の進行状況に応じ適切な時期に提出しなければならない」（民訴156条）。これを適時提出主義という。旧民事訴訟法は「随時提出主義」を採り，攻撃防御方法は基本的にいつでも提出することができるとされてきたが，現行民事訴訟法制定の際，訴訟促進のためにこれを修正したものである。適時提出主義は，信義誠実の原則（民訴2条）から派生する原理である。提出を制限する具体的な制度としては，時機に後れた攻撃防御方法の却下の制度（民訴157条），争点および証拠の整理の手続終了後の説明義務の制度（民訴167条等）などがある。

なお，適切かつ迅速な審理の実現のため，裁判所と当事者は，一般に訴訟手続の計画的な進行を図る必要がある（民訴147条の2）が，

事件が複雑であること等により適切かつ迅速な審理を行うため必要があると認められるときには，審理計画を定めなければならない（民訴147条の3）。審理計画の制度は，裁判所が，当事者双方との協議の結果を踏まえて，争点等の整理の期間，証人尋問等の期間，口頭弁論の終結および判決言渡しの予定時期等を定めなければならない，というものである。

口頭弁論の制限・
分離・併合

民事訴訟の審理は口頭弁論で行うわけであるが，審理内容が複雑で混乱するおそれがある場合には，審理の範囲をいわば小分けし小さくして訴訟手続を進めた方が合理的であることがある。また反対に，関連した複数の訴訟については，審理の重複や実質的な矛盾判断を避けるために，それらを1つの訴訟手続に統合して手続を進めることが望ましいこともある。

　このように，裁判所が審理を整序するための制度が口頭弁論の制限・分離・併合であり，一般には，それぞれ「弁論の制限」「弁論の分離」「弁論の併合」とよばれている。民事訴訟法上は，「裁判所は，口頭弁論の制限，分離若しくは併合を命じ，又はその命令を取り消すことができる」と定められている（民訴152条1項）。これらは，裁判所が審理を整序するための制度であるから，裁判所の裁量により，訴訟指揮権の発動として決定という裁判形式で命じられるもので，当事者に申立権はないと考えられている。以下，個別に若干述べておく。

　(1)　**弁論の制限**　　これは，口頭弁論期日の審理を，①複数の争点のうちの1つに限定すること，または②複数の請求のうちの1つに限定することである。①は，請求（訴訟物➡第3章2）が1つの場

合のことであり，②は，複数の請求が併合されている場合のことである。このように，弁論の制限の場合は，弁論の分離や弁論の併合の場合と異なり，1つの請求の範囲内でも問題となる。

限定して審理した後，その制限を取り消して他の問題の審理に移ることになるが，場合によっては，さらに審理を要しないで終局判決が可能となることもあるし，中間判決（民訴245条➡第6章3）が可能となることもある。

(2) **弁論の分離**　これは，複数の請求が併合されて審理されている場合に，ある請求を別の手続で審理するものとすることである。ただし，訴訟全体で矛盾のない解決をしなければならない必要的共同訴訟（民訴40条）の場合などのように，弁論の分離が許されないこともある。

(3) **弁論の併合**　これは，同一の訴訟上の裁判所または官署としての裁判所に係属している別々の請求を，同一の訴訟手続で審理するものとすることである。つまり，単独制または合議制のある1つの裁判体（訴訟法上の裁判所）が具体的に別々の訴訟を審理している場合に，それらを同じ手続で審理すると決めることもあるし，また，それぞれ別の裁判体に訴訟が係属している場合でも，たとえば東京地方裁判所（官署としての裁判所）のような範囲内であれば，1つの裁判体が他の訴訟をいわば引き取る形で同一手続で審理することにするのも可能である。

ただし，原告がAで被告がBである訴訟と原告がCで被告がBである訴訟とが弁論の併合を命じられたような場合には，もし併合前にAB間の訴訟で証人尋問が行われていると，Cはその証人について尋問の機会がなかったことになるから，Cにその機会を保障するため，Cが尋問の申出をしたときには再度尋問をする必要がある

（民訴152条2項）。

当事者の欠席　指定された口頭弁論の期日に当事者が欠席すると，一方では，訴訟遅延の原因となりうるが，他方では，欠席しただけでその当事者に不利益を課すのが妥当でない場合もある。そこで，この点についても合理的な規律を定めておく必要がある。

　まず，現行の民事訴訟法は，欠席したことのみからその当事者が敗訴となる建前（欠席判決主義）は採らず，欠席者の陳述を擬制することがあるほかは，欠席者が出席しているのと同様に扱う建前（対席判決主義）を採っている（ただし，欠席したために相手方の主張を全部認めたこととみなされて敗訴判決を受ける場合を，実務上は「欠席判決」とよんでいる）。これを前提に，次のような規定がある。

　(1)　**当事者一方の欠席の場合**　当事者の一方が最初の期日に欠席した場合は，訴状，答弁書その他の準備書面を陳述したものと擬制される（民訴158条）。これは，口頭主義により，原告が欠席した場合にも審判の対象が示される必要があることから，訴状の陳述が擬制されるため，当事者平等の観点から，被告が欠席した場合にも同一の扱いをすることにしたものである。当事者の一方が続行期日に欠席した場合には，欠席者には陳述擬制が認められない（簡易裁判所の場合は例外→民訴277条）。

　欠席者には，自白が擬制されるという不利益が生じる可能性がある（民訴159条3項）。

　(2)　**当事者双方の欠席の場合**　当事者双方が口頭弁論の期日に欠席した場合，証拠調べや判決言渡しをすることはできる（民訴183条・251条2項）。また，期日に欠席の後1か月以内に期日指定の申

立てがなされないときや，当事者双方が連続して2回期日に欠席したときは，訴えの取下げが擬制される（民訴263条）。控訴審では，第1審の規定が準用されるが（民訴297条），訴えの取下げ擬制の代わりに控訴の取下げが擬制されると考えられている。

　なお，当事者の一方または双方が欠席した場合でも，裁判所が，審理の現状および当事者の訴訟追行の状況を考慮して相当と認めるときは，終局判決をすることができる（民訴244条本文）。ただし，それによって出席者が不利にならないよう，一方が欠席しているにすぎない場合には出席者の申出があるときに限られる（同条但書）。

Column ③　口頭弁論の実際

　法廷で，裁判官が「原告は，この訴状を陳述しますね。」と言うと，原告の弁護士が「はい，します。」と答え，次に，裁判官が「被告は，この答弁書を陳述しますね。」と言うと，被告の弁護士が「はい，します。」と答える。これが，第1回口頭弁論の普通のやりとりである（そのあとで，裁判官から釈明権の行使として若干の質問がなされたり，その後の進行について意見が求められたりした上で，次回期日が指定される）。第2回以降の口頭弁論でも準備書面について同様のことが行われる。口頭弁論は，まさに口頭で行うことが予定されているからこそ「口頭」弁論なのであるが，民事訴訟の実際の法廷では，むしろ書面主義になっているともいえるのである。

　しかし，では訴状，答弁書その他の準備書面を全部当事者が読み上げることにしたらどうか。それらの書面が場合によって相当な頁数になることもあることを考えると，予め内容を書いたり読んだりして知っている当事者や裁判官は，おそらくうんざりしてしまうだろう。また時間がかかりすぎるため，現在の事件数からみて，おそらく裁判所はパンクするであろう。このような実際上の要請をも踏まえて，手続を現実にどのように規律していくのが，民事訴訟のあり方として合理的なのだろうか。先ほどの法廷での日常的なやりとりは，単純な光景のようでいて，実は民事訴訟の哲学に密接に関係している。

「訴訟は事実がすべてだ」と言われることがある。訴訟では法律論よりも事実関係の解明が問題となることの方が多い。そして，事実関係について原告と被告との間に争いがある場合には，裁判所は，どちらの主張が正しいのかを証拠によって判断しなければならない。本章では，証明の意義などを通し，民事訴訟でどのように事実が認定されるのかをみる。

1 自由心証主義

意　義

民事訴訟において，裁判所が原告の請求を判断するためには，基本的に，過去にどのような事実があったのかを認定しなければならない。たとえば，貸金返還請求であれば，裁判所は，過去において金銭を貸したという事実があったかどうかを判断しなければならず，もしそれが認められないこととなれば，請求棄却の判決をすることとなる。また，金銭を貸したという事実が認められても，たとえば弁済の事実が認められる場合には，やはり請求棄却の判決となる。

裁判所が事実認定をする場合，原告の請求を判断するための事実について当事者間に争いがなければ，弁論主義（➡第4章2）により自白があったとしてそのまま認定することになる。

では，事実があったかどうかについて当事者間に争いがある場合は，どうするか。その事実があったかどうかが請求の当否を判断するために必要である限り，裁判所はそれを証拠によって判断しなければならない。証拠によるとされているのは，裁判所による恣意的な判断を防止するためである。

　ただ，証拠によって事実を認定する場合に，どの程度裁判所の判断に縛りをかけるのかが，さらに問題となる。つまり，法律上，証拠となりうるものを一定範囲のものに限るとか，一定の証拠からは一定の事実が認定されるものとするというようなルールを採るべきか，ということが問題となるわけである。そのような縛りをかける建前を法定証拠主義とよんでいる。しかし，社会が比較的単純な時代であればともかく，現代のように紛争の前提となる社会生活が高度に複雑であること等を前提にした場合には，そのような建前では事実認定が窮屈すぎて，十分合理的な認定を行うことはできないであろう。そこで，現行の民事訴訟法は，そのような建前とは異なる自由心証主義という建前を採っているのである。

2つの内容

　自由心証主義とは，事実認定するに当たり，裁判所が口頭弁論の全趣旨および証拠調べの結果を自由な心証に従って評価することを認める原則である（民訴247条）。その適用は，弁論主義（➡第4章2）による訴訟か職権探知主義による訴訟かを問わない。

　具体的内容として中心となるのは，①証拠方法の無限定と，②経験則の取捨選択の自由であるが，247条から弁論の全趣旨の斟酌（当事者の態度や攻撃防御方法の提出時期等，口頭弁論に現れた一切の資料・模様・状況を考慮すること）も含められる。ここで証拠方法とは，

証拠調べの対象となる有形物をいい，たとえば証人や文書などのことである。経験則とは，経験から得られた知識や法則で，たとえばある事態が通常ありうることかどうかといったことを意味する（卑近な例でいえば，雨の日に車で急ブレーキをかけるとスリップしやすいというようなことである）。自由心証主義の内容2つを個別にみておく。

(1) **証拠方法の無限定**　現行の民事訴訟では，原則として，あらゆる物に証拠となりうる資格（証拠能力）がある。これが自由心証主義の内容の第1である。これについては，民事訴訟法ないし民事訴訟規則自身が特別の考慮から例外の規定を置いている（民訴160条3項・352条1項・367条2項・371条，民訴規15条・23条1項）ほか，違法に収集された証拠についても，一定の範囲で証拠能力を否定すべきであるという議論がなされている。

(2) **経験則の取捨選択の自由**　経験則の取捨選択が自由であるという自由心証主義の第2の内容は，さらに2つのことを意味する。

1つは，証拠方法の証拠力の自由評価ということであり，その証拠方法から過去にどのような事実があったといえるかを自由に判断してよいということである。たとえば，ある書面が証拠として提出された場合に，その書面から当事者間に金銭消費貸借契約があったとどの程度いえるかを，裁判官は自由に判断することができることになる。

もう1つは，間接事実から主要事実（➡第4章2）への自由な推認ということである。つまり，ある事実が認定された場合に，その事実から最終的に請求の当否を判断するのに直接必要な事実（主要事実）を認定することになるが，その事実から別の事実への推認が自由になされてよいということである。

2 証明責任

証明の意義　民事訴訟では，証拠によって事実関係が認定される。当事者が証拠によって，ある事実があるかないかについて裁判官に確信を抱かせることを，「証明」といい，その確信とは，通常人が疑いを差し挟まない程度のものでなければならない。

　なお，民事訴訟法では，手続上の問題などについて「疎明」ということばも使われているが，これは裁判官に一応確からしいと思わせることをいい，証明よりは軽い程度のものである。

証明責任の意義　民事訴訟において，事実は自由心証主義によって認定されるが，それでも最終的に事実があったかどうかが判断できない場合がありうる。その場合に問題となるのが，証明責任である。裁判を受ける権利（憲32条）の反面として，裁判所による裁判の拒否は許されないから，事実（主要事実）の存否が最終的に真偽不明である場合（これをノン・リケットという）には，事実の存否について当事者のどちらか一方に不利に擬制せざるをえない。その当事者が受ける不利益を証明責任という（挙証責任，立証責任ともいう）。また，どちらの当事者が証明責任を負うのかという定めを，証明責任の分配という。そして，証明責任を負う側の証明活動を本証といい，それを妨げる相手方の活動を反証という。したがって，本証では，裁判官に確信を抱かせなければならないが，反証では，そこまでの活動は不要で，真偽が不明という事態にすれば足りるということになる。

証明責任は，審理の最終段階で問題となるのであり，原告・被告間で訴訟の経過に従って動くものではないが，法律上，特別の場合に，証明責任の分配の一般原則を変更して反対当事者に証明責任を負わせることにしている場合もある。これを証明責任の転換という。たとえば，不法行為を規定する民法709条では，加害者である被告の過失は被害者である原告が証明しなければならないが，その特別規定として自動車損害賠償保障法３条があり，そこでは，自動車事故の場合には，加害者である被告の方が無過失であったことを証明しなければならないこととされている。これは，証明責任の転換の典型的な場合である。

法律要件分類説

　証明責任の分配をどうするかについては，伝統的なものとして，法律要件分類説という考え方がある。この考え方は，実体法の規定を，①権利根拠規定（権利の発生を根拠づける規定），②権利障害規定（権利の発生の障害を定める規定），③権利阻止規定（権利行使を一時的に阻止することを定める規定），④権利滅却規定（発生した権利の消滅を定める規定）の４つに分け，①に該当する事実については権利を主張する者が証明責任を負い，②〜④に該当する事実についてはその相手方が証明責任を負う，とする。①は，たとえば売買契約（民555条）に基づいて代金債権を主張する場合であり，売主は，売買契約があったことを証明しなければならない。また，②はたとえば売買契約が錯誤により無効（民95条。なお，改正民法では，無効ではなく取り消すことができるものとされている）であったと主張する場合，③はたとえば代金債権が不確定期限付き（民135条）であったと主張する場合，④はたとえば代金はすでに弁済したと主張する場合であり，それぞれ錯誤無効，

不確定期限付きとの合意，弁済を主張する者が，それを証明しなけ
ればならない，とする。

このような考え方に対しては，必ずしも説得力のあるものではな
いという批判がなされ，当事者間の公平や当事者と証拠との距離の
ような抽象的な基準で証明責任の分配を決定するという考え方も主
張された。しかし，この考え方に対しても，基準として曖昧すぎる
との批判がなされた。そこで，条文の定め方を基本としつつ，それ
だけによるのではなく，それに加え当事者間の公平の観点なども考
慮して証明責任の分配を決定するとする考え方が一般的である。

推　定

民事訴訟において事実を認定する場合につ
いて，推定とよばれる問題がある。たとえ
ば，Aという事実の証明があればBという事実を原則として認定
してよい，とされるようなことである。

民事訴訟法でいう推定には，法律上の推定と事実上の推定とがあ
る（図5-1参照）。法律上の推定というのは，経験則（➡本章1）が
法規化され，法規の適用という形で行われる推定であり，事実を推
定する「法律上の事実推定」と権利を推定する「法律上の権利推
定」とがある。事実上の推定とは，経験則による推認であり，その
自由な推認が自由心証主義の一内容を成すことは前述した。単に
「法律上の推定」というときは，ふつう，「法律上の事実推定」を指
している。

(1)　**法律上の事実推定**　　たとえば，取得時効（民162条）の成立
には一定期間の占有の継続が要件となっている。その成立を主張す
る者は，その継続的な占有自体を直接証明してもよいが，民法186
条2項が，前後両時の占有からその間の期間の継続的な占有を推定

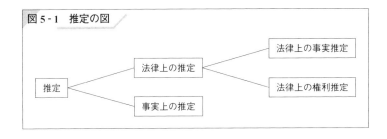

図 5 - 1　推定の図

```
                                        法律上の事実推定
                        法律上の推定
                                        法律上の権利推定
        推定
                        事実上の推定
```

しているので，前後両時の占有を証明してもよいことになる。これが，法律上の事実推定の例である。

　この例で，両時の占有について証明活動がある場合，取得時効の完成を争う相手方は，両時の占有自体について反証（証明責任を負わない側の証明活動）をしてもよいし，途中で占有の中断があったとしてその事実を証明（本証）してもよい。つまり，推定規定を利用する側は，証明主題を選ぶことができることになり，推定が使われた場合には，相手方は，推定を前提とする限り，推定を覆す証明責任を負わされるということになる。

　⑵　**法律上の権利推定**　　法律上の権利推定についても，同様に例をあげよう。たとえば，民法229条は，「境界線上に設けた境界標，囲障，障壁，溝及び堀は，相隣者の共有に属するものと推定する。」と規定し，共有という権利を推定している。この場合にも，共有を主張したい者は，共有の発生原因事実を証明してもよいし，同条を用いて境界線上の境界標等であることを証明してもよい。また，後者の証明がされた場合，相手方は，それについて反証をしてもよいし，境界線上の境界標等であることを争わずに，共有ではないとして同条の推定を覆す証明をしてもよい。この点も，法律上の事実推定の場合と同様である。

3 証明を要しない事実

　証明を要しない事実（不要証事実）には，自白された事実と顕著な事実とがある。

自白の意義

　前述のように，貸金返還請求訴訟では，原告は，金銭を貸したという事実を主張し証明しなければならないが，被告がその事実を争わない場合には，弁論主義（➡第4章*2*）から裁判所は争いのない事実はそのまま認定しなければならず，当事者も証明する必要がないことになる（民訴179条）。自白とは，相手方の主張と一致する自己に不利益な事実の陳述をいうが，自白といっても，刑事事件のように自己の犯罪事実を認めることとはまったく関係がない。

　この場合，まず，「一致する」ということの意義との関係で，いわゆる先行自白が問題となる。たとえば，原告が主張すべき事実を先に被告の方が主張してしまい，その後，原告が被告のその主張を援用したような場合であるが，その場合には，やはり自白が成立したものと扱ってよいと考えられている。

　主要事実（➡第4章*2*）について自白がなされた場合，証拠調べを要しないだけではなく，裁判所はその事実を前提にしなければならないという形で裁判所を拘束し，また当事者も自白が成立した事実に反する主張をすることはできないことになる。

自白の撤回

　しかし，自白した者が自白をまったく撤回できないものとすると，場合によっては妥

当でないこともある。そこで，自白の撤回ができる場合が認められている。自白の撤回が許されるのは，一般に，次の3つの場合であるとされている。

(1) **相手方が同意した場合** 自白の撤回に相手方が同意したのであれば，自白によって相手方に生じた有利な状態を考慮する必要はない。

(2) **他人の詐欺・強迫等の刑事上罰すべき行為によって自白した場合** 犯罪によって真意でない自白をさせられたのであれば，撤回を認めるべきであるのは当然であろう（最判昭和33年3月7日）。

(3) **自白が真実に反しかつ錯誤によるものであった場合** これも判例が認めているところであるが（大判大正11年2月20日），反事実の証明があると錯誤によるものと推定されるとする判例もある（最判昭和25年7月11日）。学説上は，真実に反するという点を重視すべきであるのか，それとも錯誤に出たという点を重視すべきであるのか，なども議論されている。

顕著な事実

顕著な事実についても，証明は不要である（民訴179条）。それは，証拠によらないで認定しても，裁判所の判断の公正さが疑われないからである。

顕著な事実にも，一般に広く知られている「公知の事実」と裁判官のいる法廷での出来事のような「裁判所にとくに顕著な事実」がある。

4 証 拠 調 べ

意 義

前に述べたように，当事者は，基本的に，自分が主張した主要事実が相手方によって争われれば，主張の裏づけとして証拠を提出して，その事実を証明しなければならない。当事者からの申請がないのに裁判所が自らの判断で行う職権証拠調べは，原則として禁止されている（弁論主義の第3テーゼ）。

証拠調べの手続は，①当事者による証拠の申出（民訴180条），②証拠決定，③証拠調べの順で行われる。証拠決定は実務上とくになされない場合も多いが，黙示的になされているとみることはできる。不必要な証拠は取り調べる必要がない（民訴181条）が，当事者が申し出た唯一の証拠は取り調べなければならないとするのが判例である（種々の例外は認めるが）。

証拠調べの方法としては，①証人尋問，②当事者尋問，③鑑定，④書証（文書の取調べ），⑤検証がある。

証人尋問

証人尋問は，証人の証言を証拠とするための手続である。当事者の申出によるものであり，職権証拠調べの禁止から，職権で（裁判所自らの判断で）行うことはできない。証人は代替性がないので，法律上は，正当な理由なく出頭しないと勾引を命じられる可能性があることになっている（民訴194条）。

証人尋問は，尋問の申出をした当事者，他の当事者，裁判長の順序で行われる（交互尋問方式→民訴202条1項）。証人が宣誓して虚偽

　前章の *Column* ③では，法廷における「主張」が実質的に書面でなされていることを取り上げた。これに対して，証人尋問や当事者尋問は，口頭でするほかはない。民事の法廷を見学する場合，主張のやりとり（つまり書面を陳述したことにするというもの）を見ていてもその訴訟がどのようなものなのかは分からないが，尋問の場面であると俄然訴訟での対立が目に見えるものになる。反対尋問の場合がとくにそうである。証人の証言を崩そうという側からの尋問であるから，場合によっては言い争いに近いものになることもあり，裁判官が言葉で制止に入ることもある。

　真剣なやりとりであるから，見学で「楽しむ」ような態度は厳に慎まなければならないが，尋問によって真実を発見しようとする仕組みが，人と人との紛争を法的に解決する人間の知恵として形成されてきたことを理解するためにも，ぜひ裁判所を見学してほしいものである。

の陳述をすると，刑法上は偽証罪が成立する（刑169条）。

当事者尋問

証人ではなく当事者本人を尋問することも可能であり，当事者尋問は，法律上は職権でもできることになっている（民訴207条1項）。証人尋問の規定も準用されるが（民訴210条），勾引の規定は準用されていない。当事者が宣誓して虚偽の陳述をした場合は，偽証罪ではなく，過料の制裁が課されるにとどまる（民訴209条1項）。

鑑　定

鑑定は，その訴訟に必要な学識経験を有する者を鑑定人に指定して，その者に，書面または口頭で意見を述べてもらうものである（民訴212条以下）。鑑定人は，証人とは異なって代替性があるので，誠実に鑑定すること

を妨げるべき事情があれば忌避が可能であり（民訴214条），勾引することも認められない（民訴216条・194条）。

　裁判長は，鑑定人に，書面か口頭で意見を述べさせることができる（民訴215条1項）。口頭で意見を述べさせる場合には，交互尋問方式ではなく，鑑定人が意見の陳述をした後に，鑑定人に対し質問をすることができることとされ，原則として，裁判長，申出をした当事者，他の当事者の順序でするとされている（民訴215条の2）。鑑定人が宣誓して虚偽の鑑定をすると，虚偽鑑定罪が成立する（刑171条）。

書　証

(1) 文書の証拠力　証人が証言した場合，証言の内容が証人の意思に基づいて表現されたものであることははっきりしている。ところが，A名義の文書があった場合でも，その文書がAの意思によって作成されたとは直ちにはいえない。他人による偽造がありうるからである。そこで，文書については，その文書の記載内容が事実の推認に役立つ程度（実質的証拠力）の前提として，その文書の記載内容が挙証者の主張する特定人の意思に基づいて作成されたもの（これを成立が真正であるという）でなければならない，とされている。

　文書を証拠として使う場合，相手方がその文書の成立の真正を認めなければ，まずそのことを証明する必要がある（民訴228条1項）。ただし，この点については，重要な推定規定がある。公文書や本人の意思に基づく署名または押印のある私文書は成立の真正が推定されることになっているのである（民訴228条2項・4項）。私文書中の印影が本人の印章によるものであればその印影は本人の意思に基づくものであることが事実上推定され（判例），その結果，民事訴訟

法228条4項で，私文書全体の成立の真正が法律上推定されること
になる（二段の推定。最判昭和39年5月12日⑦）。

(2) **文書提出命令**　証拠となる文書を挙証者が所持している場
合は，自らそれを提出すればよいから問題がないが，相手方や第三
者が証拠となる文書を所持している場合もあるので，そのような場
合にどのようにして証拠として提出させるかが問題となる。そのた
めのものとして，文書提出命令の制度がある（なお，ソフトに提出を
依頼するものとして送付嘱託の制度もある→民訴226条）。

　裁判所は，文書提出命令の申立てに理由があると認めるときは，
文書の所持者に対してその提出を命じる（民訴223条1項）。文書提
出義務は，旧民事訴訟法下では，①当事者が訴訟において引用した
文書を自ら所持するとき，②挙証者が文書の所持者に対しその引渡
しまたは閲覧を求めることができるとき，③文書が挙証者の利益の
ために作成され，または挙証者と文書の所持者との間の法律関係に
ついて作成されたとき，にのみ認められたが，現行民事訴訟法で例
外を除き一般義務化されることになった（民訴220条4号）。さらに，
その例外に当たるかどうかを判断するために，裁判官のみがその文
書を閲読することができる制度（イン・カメラ手続→民訴223条6項）
や，文書が特定できない場合にも文書提出命令が使えるようにする
ための制度（民訴222条）なども，現行民事訴訟法で規定されるに至
っている。

　提出義務が免除される例外の場合に当たるかが問題となる一例と
して，銀行のいわゆる稟議書がある。最高裁は，稟議書は専ら銀行
内の利用目的で作成され，外部への開示が予定されておらず，開
示されると銀行の自由な意思形成が阻害されるおそれがあるとして，
特段の事情がない限り，提出義務が免除される「専ら文書の所持者

の利用に供するための文書」（民訴220条4号ニ）に当たる，とした
（最決平成11年11月12日㊾）。その後も，同様の視点から種々の文書に
ついて最高裁の判断が示されている。

| 検　　証 |

検証は，事物の性状・現象について五感の
作用により認識するという証拠調べである
（民訴232条以下）。手続は書証に準じ（民訴232条），検証の結果につい
て裁判所書記官が検証調書を作成する（民訴規67条1項5号）。

本章では，民事訴訟の終了形態を概説する。訴訟の終了は，判決による
のが一般である。しかし，判決によらず訴訟が終了する場合もある。こ
こでは，まず当事者自身による訴訟終了形態である訴えの取下げ，請求
の放棄・認諾，訴訟上の和解に関しての説明を行い，次に判決について，
その種類，確定，修正などに関して概説する。

1 訴訟の終了事由

　訴訟は，原告の請求について裁判所が最終的に判断を下すことに
より，通常は終了する。この裁判所の最終的判断を「判決」という。
そして，訴訟を終了させる効力を有する判決をとくに「終局判決」
という。裁判では，判決により訴訟が終了することが一般に予定さ
れている。しかし他方で，民事訴訟では，当事者がその意思に基づ
き訴訟を終わらせることが認められている（「処分権主義」の現れ）。
訴訟を終了させる当事者の訴訟行為としては，「訴えの取下げ」，
「請求の放棄・認諾」そして「訴訟上の和解」がある（なお，処分権
主義が制限される人事訴訟などでは，請求の放棄・認諾または和解が否定
されることもある→人訴19条2項など）。そのほか，当事者の死亡など
により当事者の地位の消滅など訴訟法律関係を基礎づける二当事者

対立構造が消滅する場合などでも訴訟は終了する。

　以下では，当事者行為による訴訟の終了の場合と判決による訴訟の終了の場合のみを個々に概説していく。

2　当事者行為による訴訟の終了

訴えの取下げ

　(1)　訴えの取下げの意義　訴訟を提起したのはいいが，その後に訴える相手を間違っていたり，あるいはまったく関係のない請求をしていたことに気づくことがある。また，訴訟中に裁判外で和解が成立し，裁判を続ける必要がなくなることもある。こうした場合に，原告は訴訟をはじめからなかったことにしたいと考えることもあろう。また，世間体や会社のイメージあるいはその人の立場などの理由から，訴訟をなかったことにするという条件で和解が成立することもあろう。このような場合に，原告は，訴訟をはじめからなかったものとして訴訟を終わらせることが認められている。これを「訴えの取下げ」という (民訴261条)。取下げが認められれば，訴えはそもそもはじめから提起されなかったこととになり (審判要求の撤回)，手続は終わる (訴訟係属の遡及的消滅→民訴262条1項)。つまり，取下げにより，訴訟法上，当事者が行った攻撃防御方法の提出の効果などは消滅し，裁判所の証拠調べの効果等も失効する。また，訴えの提起によって生じた実体法上の効果，たとえば，時効中断の効果 (民149条〔改正147条。なお，改正法では「時効の完成猶予」という〕) なども消滅することになる。

　(2)　訴えの取下げの手続　訴えの取下げは，請求の全部についてもまたその一部でもできる (民訴261条1項)。その行為は，書面でも口頭でも可能であるが (民訴261条3項但書)，訴訟終了という重

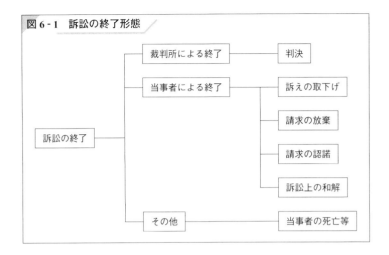

図 6 - 1　訴訟の終了形態

```
訴訟の終了 ─┬─ 裁判所による終了 ─── 判決
           │
           ├─ 当事者による終了 ─┬─ 訴えの取下げ
           │                  │
           │                  ├─ 請求の放棄
           │                  │
           │                  ├─ 請求の認諾
           │                  │
           │                  └─ 訴訟上の和解
           │
           └─ その他 ─── 当事者の死亡等
```

大な効果を伴うことから法的安定性が要求される。それゆえ，原則書面でなすことが要請されている（民訴261条3項本文）。訴えの取下げは，判決確定までいつでもできる，原告側の一方的な訴訟行為でもある。しかし，応訴の準備，活動をした被告にとって，無制限に取下げを認めることは被告の本案判決を受ける利益を侵害することになる。そこで，法は，当事者の公平を考慮して，訴え提起後本案について被告が準備書面を提出または口頭弁論をした後，あるいは弁論準備手続において申述をした後には，原則，被告の同意なしに訴えの取下げはできないとした（民訴261条2項本文）。

(3)　**訴えの取下げの効果**　　訴えの取下げによって，取下げ部分についてははじめから訴訟係属しなかったものとみなされる（民訴262条1項）。したがって，同一請求につき，さらに訴えを提起することは妨げられない。しかし，本案についての終局判決が下されている場合には，訴えを取り下げた原告は，もはや同一の訴えを提起することはできない（民訴262条2項）。この「再訴禁止」の規定は，

一方で，裁判の抵触回避とそれまでの裁判所の労力などを，他方で当事者間の信頼確保とその自治の尊重を考慮した産物である。したがって，相手方に騙されて訴えを取り下げた場合などには，再訴は可能である（最判昭和52年7月19日（A29）参照）。

請求の放棄・認諾　当事者が自らの意思により訴訟を一方的に終結させる行為として，訴えの取下げのほかに，請求の放棄・認諾がある。「請求の放棄」とは，自らの権利主張には理由がなかったとして「原告」が訴訟をやめる場合をいう。これに対し，「請求の認諾」とは，「被告」が原告の権利主張を無条件に認めるものである。反対債権での相殺や反対給付との引換えで請求を認めても，認諾とはならない。請求の放棄・認諾は，請求の当否につき相手方の主張を無条件に認める点で，当事者間で主張を互いに調整し，紛争処理基準を確定する訴訟上の和解と異なる。

　請求の放棄・認諾は，口頭弁論期日，和解期日または弁論準備手続期日において口頭でその旨を裁判所に対して陳述することによって行われる（民訴266条1項）。請求の放棄・認諾が調書に記載され，調書が成立すると，訴訟は終了し，その記載は，確定判決と同一の効力を有する（民訴267条）。認諾調書に給付義務の記載があれば執行力が（民執22条7号），形成の訴えであれば形成力が生じる。放棄・認諾調書の記載に既判力が生じるかについては，議論がある。

訴訟上の和解　（1）**訴訟上の和解**　当事者が自らの意思で訴訟を終わらせようとする場合，その一方的な意思ではなく，当事者双方がお互いの主張を譲り合って歩み寄り，紛争を終結させる合意をすることにより，つまり，「和解」

により訴訟が終了する場合もある。とくに，訴訟係属中に期日においてなされる和解を，「訴訟上の和解」という（なお，簡易裁判所に訴え提起前に和解を申し立てることもできる〔即決和解→民訴275条〕。訴訟上の和解とこの訴え提起前の和解をあわせて「裁判上の和解」とよばれる。期日外に当事者間で行われる和解は私法上の和解契約〔民695条〕であり，裁判上の和解と区別される）。訴訟上の和解は，「和解勧試」という裁判所の訴訟行為（民訴89条）を伴うことも多い。また，調書に記載されることで，その記載は確定判決と同一の効力を有する（民訴267条）。なお，請求の放棄・認諾の場合と同様，和解調書の記載に既判力が生じるかにつき議論がある。もっとも，訴訟係属中の和解は裁判外でも可能で，和解成立後，手続上は訴えの取下げという訴訟行為が選択されることもある。しかし，裁判外で成立した和解を期日において調書に記載してもらうことで，訴訟上の和解を選択する当事者も多い。記載されることで，和解内容が給付義務を伴う場合は，それが債務名義（➡第 16 章 1）となりうるからである（民訴267条，民執22条7号）。

　訴訟上の和解は，いつでもできるが，判決の確定後はできない。原則として，すべての民事紛争を対象としてよい。訴訟上の和解は，その訴訟の口頭弁論期日等において，当事者双方によって口頭でなされるのが原則である（例外，民訴264条・265条）。和解の合意の陳述があると，裁判所はその要件を審査し，有効と認めれば，書記官をしてその内容を調書に記載させる（民訴規67条1項など）。訴訟上の和解に関する規定は乏しく，その要件，手続の多くは実務慣行である。しかし，訴訟終了という重大な効果を有することから，何らかの規律が必要となろう。

　(2)　**和解条項案の書面による受諾制度**　　現行法により，当事者

の期日出頭等の便宜を考慮して2つの和解制度が創設されている。その1つが、旧家事審判法21条の2（現行家事事件手続法270条1項）をモデルとした和解条項案の書面による受諾制度である（民訴264条）。これは、当事者が遠隔地に居住していること等の理由で出頭することが困難であると認められる場合において、その当事者が予め裁判所または受命・受託裁判官から提示された和解条項案を受諾する旨の書面を提出し、他の当事者が口頭弁論、弁論準備手続または和解手続の期日に出頭してその和解条項案を受諾したときは、当事者間に和解が成立したとみなすものである。

(3) 裁判所が定める和解条項の制度　もう1つは、裁判所による和解条項の制度である（民訴265条）。実質的には、裁判所による仲裁である。この制度は、訴訟において当事者双方の共同の申立てがあるときは、裁判所または受命・受託裁判官は、事件の解決のために適当な和解条項を定めることができ、これにより和解が調ったものとみなすとするものである。これは、民事調停法24条の3・31条・33条における調停条項制度をモデルとする。

3 終局判決による訴訟の終了

訴訟の終了は、前述のように当事者行為による場合もあるが、民事裁判制度上は「終局判決」という裁判所の行為による場合を一般とする。終局判決は、それが確定したとき、当該訴訟手続を終結させる（終結力）。以下では、この判決につき概説する。

<hr>

判決の意義　判決は、裁判所がする裁判で、重要な事項、とくに訴訟についての終局的または中間的

判断を下すのに用いられる（裁判は，裁判機関および成立手続等の違いにより，「判決」，「命令」，「決定」に分けられる。判決，決定は，裁判所がする裁判である。命令は，裁判官が，裁判長，受託裁判官または受命裁判官の資格でなす裁判である。命令・決定においては，訴訟指揮としての処理など，付随事項の判断が中心となる）。判決は，口頭弁論に基づき，言渡しという厳粛な告知方法を必要とする（民訴250条）のが原則である。また，判決に対する不服申立てとして控訴，上告（上訴➡第9章）が用意され，三審制が採用されている（命令・決定の場合には，口頭弁論は任意的である。言渡しも必ずしも必要ではない〔民訴119条〕。不服申立ても抗告および再抗告による〔民訴328条・330条〕）。

────────────
判決の種類　判決は，審級での審理を完結するかどうかで「終局判決」と「中間判決」に分けるのが一般的である。終局判決とは，事件の全部または一部をその審級につき完結させる判決であり，独立に上訴できる。中間判決とは，訴訟の係属中に当事者間で争いとなった事項や先決事項につき，終局判決に先だって判断しておく判決である（民訴245条）。

　終局判決は，審理完結の範囲，判断内容等により，さらに「全部判決」と「一部判決」に分けることができる。全部判決とは，審理を求められている請求の全部についてなされる判決であり，一部についてなされる判決が一部判決である（残部請求についての判決を残部判決または結末判決とよぶ）。裁判所が，終局判決において判断すべき請求の一部について裁判をしていなかった場合には，「裁判の脱漏」が生じる（民訴258条参照）。裁判所がこれに気づけば，職権で判決しなければならない。この判決を「追加判決」という。

　さらに，終局判決は，「本案判決」と「訴訟判決」に分けられる。

本案判決は，訴訟物についての裁判所の判断を内容とする判決である。これには，請求認容判決と請求棄却判決がある。また，訴えの類型に応じて，確認判決，給付判決，形成判決に分けられる。訴訟判決は，訴訟要件等の欠缺（けんけつ）を理由に訴えを不適法として却下する判決である（「門前払い判決」➡第3章 *1* ）。

判決の成立 ） 判決は，言渡しによって確定的に成立する。そのプロセスは，次の3段階を経る。

　まず最初に「判決内容の確定」が行われる。これを行うのは，判決の基礎となる口頭弁論に関与した裁判官で構成される裁判所である（民訴249条1項）。裁判所は，訴訟が判決に熟したと判断した場合に，弁論を終結して（民訴243条1項），判決内容の確定作業に入る。その作業は，事実関係の確定たる「事実認定」と，その事実に対する「法適用」によって行われる。

　次に，「判決書の作成」がなされる。判決内容が確定すると，それを書面（この書面を判決書または判決原本という）に作るのである。判決書には，主文，事実，理由，口頭弁論終結の日，当事者および法定代理人，裁判所を記載しなければならない（必要的記載事項→民訴253条1項。なお，任意的記載事項として，事件番号，表題が挙げられる）。また現行法は，事実の記載においては，請求を明らかにし，かつ，主文が正当であることを示すのに必要な主張を摘示しなければならないとしている（民訴253条2項）。

　そして，この判決に基づいて「判決の言渡し」が行われる。こうしたプロセスを経て，判決は成立する。判決は，すべて言渡しが必要であり，言渡しによってその効力を生じる（民訴250条）。判決の言渡しは，口頭弁論期日ですることを要し（民訴251条1項参照），判

決書の原本に基づいて（民訴252条），裁判長が主文を朗読してする（民訴規155条1項）。なお例外的に，実質的に当事者間に争いがないものと評価できる事件については，調書に記載することで判決書の原本に基づかない簡易な言渡しが認められている（「調書判決」制度→民訴254条）。判決書（および調書判決の調書）は，当事者に送達されねばならない（民訴255条1項）。

判決の確定 判決はその成立後も，当事者が上訴すれば，取り消される可能性がある。その限りで，判決は未確定な状態にある。判決は，当事者がもはや上訴によって争うことができなくなった（取消不可能）ときに，確定する。この確定時を基準として，判決の効力のほとんどが生じてくる。

判決の訂正・変更 判決は，法的安定性の要求に基づくその自縛性（➡第7章 1）により，上訴によらなければ，いったん言い渡されるとその撤回，変更はできない。しかし，形式的かつ明白な誤謬により，既判力の範囲が不明確になったり，強制執行等で支障が生じる場合や，また法令違反に判決裁判所が気づき，法的安定性を害することなく，変更できる場合に，まったく判決の訂正や変更ができないとしたのでは，合理的でない。そこで，法は，一定の要件のもとで判決の更正・変更を認め，判決の自縛性を緩和している。つまり，判決につき形式的かつ明白な誤りがある場合には，判決裁判所が自ら判決の訂正を行う「判決の更正」（「更正決定」→民訴257条）と判決裁判所が自ら法令違反に気づいてその判決内容を変更する「判決の変更」（「変更判決」→民訴256条）を認めている。

第7章 判決の効力

前章では，訴訟終了事由について概説した。本章では，その中心である判決の効力について概説する。判決の効力は，民事訴訟法において最も理論的な側面である。以下では，その中心である既判力に焦点をあてて概説する。

1 判決効の種類

手続的効力

　言い渡された判決は，訴訟制度上，一定の効力を有する。この判決効は，言渡しによって生じる効力と，判決の確定によって生じる効力に分けることができる。また，判決は手続上形式的に生じる手続的効力と判断内容について実質的に生じる実質的確定力に分けることもできる。「手続的効力」としては，その言渡しにより裁判所に対して生じる効力と判決の確定により当事者に対して生じる効力とがある。前者は，判決言渡し後，変更判決・更正決定の可能な場合を除き，裁判所が自ら判決を取り消しもしくは変更することはできないとする効力をいう（判決の自縛性）。なお，同一手続の中で，ある裁判所のした裁判が他の裁判所を拘束することの総称を「羈束力」という（民訴321条1項・22条1項など）。これに対して，後者は「形式的確定力」と

よばれる。形式的確定力とは，終局判決が確定するときは，当事者はその判決に対してもはや上訴により不服を申し立てることができないとする効力である。法的安定性の要請に基づく。形式的確定力は，終局判決のみに生じる。当事者が終局判決を取り消しうる余地は，上訴の追完（民訴97条），再審請求（民訴338条以下），または確定判決変更の訴え（民訴117条）が認められる場合に限定されており，しかもその要件は厳格である。

実質的確定力

判決効は，手続上だけでなく，訴訟対象についての判断内容に実質的にも生じる。「実質的確定力」である（「実体的確定力」とも呼ばれる）。判決効の本質的な部分であるこの効力が既判力である。実質的確定力は，判決が確定したときに生じる。判決の判断内容に生じる効力としては，既判力（➡本章2）の他，執行力，形成力，構成要件的効力，反射効（➡本章3）および参加的効力（➡第8章2②）がある。

　まず，「執行力」とは，給付義務の強制執行による実現を求めることができるとする効力である。執行力は，給付判決固有の効力である。また，和解内容に給付義務が存するときは，和解調書の記載内容にも執行力は生じる。なお，執行力は未確定の判決に付与されることがある。いわゆる「仮執行宣言」である（民訴259条）。たとえば，売買代金請求訴訟で原告が勝訴したが，被告の上訴により判決が確定しない場合には，原告は確定まで売買代金を受け取れなくなる。そこで，勝訴者の不利益を補うために，敗訴者の上訴による救済利益との均衡から生まれたのがこの制度である。

　次に，「形成力」とは判決の確定内容通りの法律関係の発生・変更・消滅を生じさせる効力である。形成力は形成判決特有の効果で

ある。形成判決の効力は通常広く第三者にも及ぶ。これを「対世効」という（一般には明文をもって対世効は規定されている→人訴24条1項，会社838条など。議論のあるところであるが，通説は形成判決の対世効は訴訟物に関する既判力が一般第三者に拡張されると解する）。

そして，「構成要件的効力」とは，実体法規が確定判決の存在をその法律効果を生じさせる構成要件としている場合に，生じる法律効果をいう。たとえば，保証債務の支払いを命ずる判決の言渡しによる求償権の現実化（民459条1項〔改正法では「事前求償権の取得」→改正460条3号〕），判決確定による供託物取戻権の消滅（民496条1項）などがある。

2 既 判 力

既判力の意義・
根拠・作用

(1) 既判力の意義　既判力とは，確定判決の判断に付与される通用性ないし拘束力をいう。判決の最も基本的な効力で，すべての訴訟類型に共通して存在する効力である。この効力は，一方で当事者間の法律関係を規律する基準となり，他方で判断した裁判所を拘束し（裁判の自縛性➡本章1），後行の裁判所の判断基準ともなる。当事者間の法律関係を規律するとは，当事者間の権利・法律関係が確認され，もはやその判断を争うことが許されず，それが実体生活に作用していくことで，これが事後の当事者にとっての行為規範となっていくことである。後行の裁判所の判断基準となるということは，紛争が蒸し返された場合に矛盾する裁判を禁じるという形で現れる。これは，「一事不再理」の要請とよばれている。これらの裁判所に対する拘束力は，裁判制度が国家制度である以上，そ

の法的安定性と法秩序の維持が必要とされることに起因する。

(2) **既判力の根拠**　既判力の根拠については争いがある。現在の通説は，既判力を紛争処理の制度目的達成に不可欠な制度的効力である点と，当事者が裁判手続上対等に訴訟対象について弁論し，訴訟遂行する権能と機会を保障された点，つまり「手続保障」があったことから，その裏返しとしての「自己責任」にその根拠をおく。

(3) **既判力の作用**　既判力は，後訴において作用する。その作用には，既判力の生じた判断と矛盾する請求，主張を当事者に禁じ，また裁判所にも既判力に反する当事者の請求，主張を取り上げず，審理を禁じる形で作用する「消極的作用」と，既判力の生じた判断を前提にして後訴の裁判所は判決しなければならないとする「積極的作用」に分けられる。また，既判力は，当事者にとって有利にも不利にも作用する。たとえば，ある土地上の建物の所有権をめぐってＸが土地所有者Ｙに対し建物所有権確認訴訟を提起し，Ｘが勝訴したとする。判決により，Ｘに建物の所有権があることが確認された。しかし，その後，Ｙが，Ｘに対して地代請求訴訟を提起した場合に，この訴訟で，Ｘは前訴の既判力により自己に建物の所有権があることを否定する主張はできないことになる。このように，既判力はＸにとって有利にも不利にも及ぶ場合が生じることになる。これを「既判力の双面性」という。

　既判力は，訴訟物について生じる。このことから，前訴の訴訟物が後訴で意味をもってくるのはどういう場合かが問題になる。これには，以下の３つの場合があるとされている。すなわち，既判力は，①前訴と後訴の訴訟物が同一の場合（たとえば，所有権確認訴訟で敗訴した原告が同じ所有権確認の訴えを提起する場合），②同一訴訟物とはいえないが後訴の請求が前訴のそれと矛盾関係に立つ場合（たとえ

ば，所有権確認訴訟で敗訴した被告が同じ所有権確認の訴えを提起する場合），③前訴の訴訟物が後訴の先決問題となる場合（たとえば，土地の所有権確認訴訟で勝訴した原告が同一被告に対して所有権に基づく移転登記手続請求訴訟を提起する場合）に，消極的に（①，②）または積極的に（③），後訴に作用してくる。

| 既判力の物的範囲 | **(1) 既判力の判決主文への限定**　既判力が生じる対象はどこまでか。民事訴訟法は，これを判決主文に示された権利・法律関係の存否の判断（訴訟物についての判断）に限定する（民訴114条1項）。これは，当事者の争訟の処理としては，当事者が申し立てた権利・法律関係の存否についての判断である主文の記載で足りるという法的安定性の要求がその背後にある。そして，この限定により，当事者の申立ての範囲でしか審判されず，拘束力も生じないことになる。これにより，当事者の攻撃防御方法がそれに集中され，裁判所も攻撃防御方法についての判断も容易なものから審理すればよいことになる。その結果，審理が迅速化かつ弾力化され，また当事者にとっても不意打ちが生じないことになる。こうしたきわめて政策的要請から，「既判力の物的範囲（客観的範囲）」は，主文に限定されたのである。

(2) 判決理由中の判断　民事訴訟法は，既判力の物的範囲を判決主文に限定している。このことは，判決理由中の判断には原則として既判力は生じないことを意味する。ここから，「既判力の物的範囲＝主文の判断＝訴訟物」というテーゼが導き出される。ただ，民事訴訟法は，判決理由中の判断について唯一，相殺の抗弁については，既判力が生じる旨の例外を法定している（民訴114条2項）。相殺の抗弁は，訴求債権に対して自己の債権（反対債権）を相殺に

供することで訴求債権を消滅させ，原告の請求は理由なしとしよう
とする防御方法であり，反訴に類似する。もしこの判断に既判力を
認めないと，相殺の抗弁を排斥して請求認容判決が下った場合にも，
被告は反対債権を訴求することができ，二重の行使を認めることに
なる。こうした不合理を回避するため，法は相殺のために主張した
請求の成立または不成立の判断は，相殺をもって対抗した額につい
て既判力を有するとした。なお，相殺の抗弁についての既判力の範
囲については議論がある。相殺の抗弁が排斥された場合に，「反対
債権の不存在」につき既判力が生じる点では一致しているが，抗弁
が認められた場合については見解が分かれている。この点に関して，
「訴求債権と反対債権がともに存在し，かつ相殺によって両債権が
消滅した」ことに既判力が生じるとする見解もあるが，多数説は，
反対債権の不存在のみに既判力が生じることで十分とする。

(3)　**争点効理論**　　以上のように，「既判力の物的範囲＝主文の
判断＝訴訟物」というテーゼが制度効としての既判力の範囲を画し
ている。しかし，たとえば，Aが売買契約成立を主張してBに代
金支払請求をし勝訴判決を得ながら，判決確定後にBから目的物
の引渡しを請求された後訴で，売買契約の成立を否認する陳述をす
る場合のように，前訴と矛盾する主張をなす場合には，このテーゼ
は，相手方の利益を不当に害し，または前訴の判断を無意味にする
主張を許すことになり，一般の正義感覚とは相いれない面が出てく
る。そこで，このような矛盾主張や蒸し返しの主張などがある場合
には，何らかの形で判決理由中の判断に拘束力を認められないかが
議論されてきた。

　この点につき，わが国において有力に主張されたのがいわゆる
「争点効理論」である。争点効とは，前訴で当事者が主要な争点と

して争い，かつ裁判所がこれを審理して下したその争点についての判断に生じる通用力で，同一の争点を主要な先決問題として異別の後訴請求の審理において，その判断に反する主張立証を許さず，これと矛盾する判断を禁止する効力をいう。既判力とは異なる制度効として，位置づけられている。この争点効理論に対し，通説は，条文上の根拠のない見解である，判決理由中の判断には中間確認の訴え（➡第8章1）により既判力を生ぜしめることができる，判決理由中の判断に拘束力を認めると当事者の攻撃防御方法は慎重になりその訴訟負担は増大する，などの批判を展開し，争点効を否定する。また，最高裁（最判昭和44年6月24日㉞など）も繰り返し争点効を否定している。

(4) **信義則による後訴の遮断**　しかしその後，判例は制度効としてではなく（既判力の範囲＝訴訟物の範囲という枠組みは維持して），「信義則」を根拠として，判決効の及ぶ範囲を弾力化し，実質的に訴訟物の枠を離れて，訴訟の蒸し返しや，矛盾主張を排斥する理論を打ち出している（最判昭和51年9月30日㉙，最判平成10年6月12日㉚参照）。学説も判例を支持するものが多い。このように，今日の議論状況においては，学説・判例の趨勢は，何らかの形で判決理由中の判断に拘束力を認め，訴訟物概念と遮断効の範囲を切り離し，訴訟物の機能を相対化する方向にあるといえる。

| 既判力の時的範囲 |

(1) **既判力の基準時**　民事裁判の場合は，権利・法律関係は常に事情変更の可能性がある。それゆえ，既判力が後訴を遮断する強い効力を有する以上，どの時点での権利・法律関係について判断されたのかを明らかにする必要がある。判決は，口頭弁論に提出された裁判資料に基づ

く。その資料収集は，事実審の口頭弁論終結時までである。したがって，裁判所の判決は，この時点における資料に基づくことになる。つまり，既判力は，事実審の口頭弁論終結の時点において生じることになる（民執35条2項参照）。この時点を「既判力の基準時または標準時」という。既判力は，この基準時において訴訟物たる権利・法律関係の存否についての判断に生じるのである。そして，この基準時以前に存した問題は，既判力によりもはや争うことができなくなる。

(2) **基準時後の形成権行使**　既判力の時的範囲をめぐって問題となるのは，形成権と既判力の遮断効の関係についてである。形成権は，その行使により実体的法律関係の変動が生じることから，基準時前に形成原因が発生する形成権を基準時後に行使しても問題ないのではないかということである。判例・通説は，形成権個々にその遮断を考える。取消権，解除権，手形の白地補充権については，請求権自体に付着する瑕疵であるなどを理由に基準時後の形成権行使を認めない（最判昭和55年10月23日⑦〔取消権〕，最判昭和57年3月30日Ⓐ26〔白地手形補充権〕など参照。ただし，解除権については必ずしも明確ではない）。これに対して，相殺権の場合には，自己の債権を犠牲にして相手方の債権の消滅を図るものである以上，前訴での行使を期待することはできないとして基準時後の行使を認める（最判昭和40年4月2日）。また，建物買取請求権も請求権自体に付着する瑕疵ではないとして同様に基準時後の行使を認める（最判平成7年12月15日⑱）。学説は，多岐に分かれている。

| 既判力の人的範囲 |

(1) **既判力の相対性の原則**　既判力は，原則として訴訟当事者間にしか及ばない

（民訴115条1項1号）。これを，「既判力の相対性」の原則という。裁判は，当事者間の紛争をその審理対象としたものであり，その処理のためにはその当事者を拘束するだけで十分であるからである。また，判決の効力を手続権（➡第2章1）の保障されていない第三者に及ぼすことは，第三者の裁判を受ける権利（憲32条）を害することにもなるからである。しかし，既判力の相対性を厳格に貫くことより，訴訟当事者間以外にも判決効を及ぼした方が妥当な場合がある。より実効的，画一的な紛争処理が必要と認められる場合である。その1つは，必要的共同訴訟（➡第8章2①）の場合にみることができ，もう1つは，既判力の人的範囲を拡張する場合である。この章では，後者について概説する。後者の場合には，法がとくに既判力の拡張を規定している。まず，民事訴訟法は，その115条において，既判力の人的範囲が拡張される場合として，①訴訟担当の場合の被担当者，②口頭弁論終結後の承継人，③請求の目的物の所持者という3つの一般的な形態を認めている（民訴115条1項2号〜4号）。そして，民事訴訟法48条で訴訟脱退の場合を規定する。また，人事訴訟や会社関係訴訟などでは，第三者に対する判決効の拡張を個別に規定している（対世効→人訴24条1項，会社838条等）。

　(2)　**訴訟担当における利益帰属主体**　　既判力の人的範囲について問題になるのは，まず訴訟担当（➡第2章1）における利益帰属主体（被担当者）についてである（民訴115条1項2号）。とくに，問題が顕在化してくるのは，訴訟担当者と利益帰属主体との利害が対立する場合である。たとえば，債権者代位訴訟などの利害が対立する場合には，無制限に利益帰属主体に既判力を拡張してよいかという問題が生じることになる。学説は多岐に分かれ，議論はいまだ定まっていない。通説・判例（大判昭和15年3月15日，大阪地判昭和45年

5月28日）は，訴訟担当者の受けた判決の既判力は，利益帰属主体が訴訟担当者により代替的に手続権を保障されている点，また訴訟担当者が法律上財産管理権を有している点や当事者間の公平などを考慮して，利害帰属主体に有利にも不利にも無条件に及ぶとする。

(3) **口頭弁論終結後の承継人**　口頭弁論が終結した後に，たとえば，土地の賃貸借契約の終了に基づく家屋収去土地明渡請求の被告からその家屋を譲り受けた者または賃借した者がいる場合にそれらの者に対して既判力を及ぼすことができるかも問題となる。もし既判力が及ばないとすると，家屋収去土地明渡訴訟で勝訴した原告は，譲受人や賃借人に対してもう一度訴訟をしなければならないことになる。これを認めると，原告はいつまでも自己の権利を確保できず，法的安定性も著しく害されることとなる。また，判決の紛争処理機能の実効性も確保できない。そこで，法は，口頭弁論終結後の承継人に既判力を拡張することを認めた（民訴115条1項3号）。

承継人とみなされるのは，既判力の基準時後に訴訟対象たる権利または義務の主体となった者（相続や合併などによる一般承継人や債権譲渡などによる特定承継人），または係争物についての法的地位の移転を受けた者（占有や登記の移転を受けた者など）である。この承継人の範囲の判断基準については，前主との実体法上の依存関係の有無を基準とする「依存関係説」や訴訟対象について当事者適格を当事者から伝来的に取得したか否かを基準とする「適格承継説」などが提唱されており，学説の対立がある。また，承継人が通謀虚偽表示の主張など，固有の攻撃防御方法を有する場合に，既判力は承継人に及ぶかという議論もある。判例は，このような場合，民事訴訟法115条1項3号の承継人に当たらない（既判力拡張なし）とし（実質説：最判昭和48年6月21日㊼），多数説は，承継人に当たる（既判力

拡張あり）が，後訴で固有の抗弁を主張できるとする（形式説）。

(4) **請求の目的物の所持者**　特定物の引渡請求が訴訟対象であるとき，その特定物，たとえば，特定の動産や不動産を固有の利益を有せずに所持する者がいる場合がある。目的物の受寄者，管理人，あるいは同居している家族などである。このような者に既判力を拡張することが認められないと，紛争処理の実効性に欠けることになる。そこで，法は，こうした請求の目的物の所持者にも既判力を拡張することを認めた（民訴115条1項4号）。所持者は固有の権限なくもっぱら当事者のためにその特定物を所持しているので，既判力を拡張しても手続権の侵害は生じないからである。

3　反 射 効

訴訟対象たる法律関係に第三者の法的地位が実体法上依存する関係にある場合がある。このような場合に，直接既判力を受けるのではないが，当事者間の判決が反射的にその第三者に有利または不利な実体法上の効果を及ぼすことを判決の「反射効」という。たとえば，合名会社債務に関する訴訟の場合，判決は会社法580条1項に基づく社員の責任を根拠に勝敗を問わず合名会社の社員に反射効を及ぼす。また，保証人の地位はその付従性により主たる債務に依存する。したがって，債権者と債務者間で主債務の不存在を確定する判決があると，保証人は債権者からの保証債務の履行請求に際しその反射効により対抗できる。従前の多数説は反射効を肯定する。しかし，既判力の相対性原則や不利な効果を受ける者の手続保障の観点から，これを否定する見解も，近時増えつつある。

本章では，複雑な訴訟形態について概説する。民事訴訟は，原告＝被告という一対一の当事者間で１個の請求について審理するのが基本形である。しかし，訴訟では，当事者負担，訴訟経済等を考慮して，この基本形と異なる複雑訴訟とよばれる訴訟形態が認められている。同一の当事者間でも複数の請求が提示されている場合や，請求は１個でもそこに複数の当事者が関与し，争っている場合である。前者を，複数請求訴訟，後者を多数当事者訴訟という。ここでは，かかる訴訟形態の種類，その特色，要件および効果等について概説する。

1　複数請求訴訟

　訴訟は，１個の訴訟手続において同一当事者間で進行する場合，審理対象となる請求も１個というのが基本型である。しかし，訴訟においては，同一当事者間の１個の訴訟手続中に複数の請求が定立される場合がある。こうした訴訟を，複数請求訴訟という。以下で，この訴訟形態について概説する。

訴えの併合

　同一の原告から同一の被告に対して，訴え提起から１つの訴訟手続において数個の請求をする場合を，「訴えの客観的併合」という（民訴136条）。つまり，形式的に１つの訴えで，原告が数個の訴訟上の請求をする場合である。請求の併合形態には，「単純併合」（XがYに対して売買代金支払

請求と貸金返還請求を併合する場合のように，相互に関連性がないかまたは関連性があっても併存する数個の請求を1つの訴えに併合する場合）と「予備的併合」（法律上両立しない数個の請求に順位を付して，主位的請求〔第1順位〕が容認されることを解除条件として予備的請求〔第2順位〕の審理を求める場合。たとえば，主位的請求で売買代金請求を申し立てて，予備的に引き渡した目的物の返還を求める場合である）がある。単純併合の場合，裁判所は，各請求につき順位なくそれぞれ審理判決する。1つの請求についてのみの判決は一部判決となる。予備的併合の場合には，裁判所は，主位的請求を理由なしと認める場合にのみ，予備的請求を審理する。主位的請求が理由ありとされるときには，予備的請求について審理する必要はない。その他，判例および学説の一部は「選択的併合」を認める。これは，請求権競合などの場合に，法律上両立しうる数個の請求に順位をつけず，その1つが認められることを解除条件として他の請求の審判を求める場合である。

訴えの変更

「訴えの変更」とは，原告の意思により訴訟関係の同一性を維持しつつ，当初の請求または請求原因を変更することをいう（民訴143条）。たとえば，家屋の引渡請求訴訟を提起したが，その後被告の過失により家屋が滅失したために，改めて履行に代わる損害賠償請求をするような場合に，訴えの変更が認められる。訴えの変更には，このように旧請求と交換に新請求を提起する場合（訴えの交換的変更。判例は，この場合を新訴の提起と旧訴の取下げ〔または請求放棄〕とする〔最判昭和32年2月28日㉝〕）と，旧請求を維持しつつ，新請求を加える場合（訴えの追加的変更）がある。民事訴訟法は，訴えの変更を無制限に許していない。防御目標が任意に変更されることによる被告の負担や訴訟

経済を考慮した制限である。その制限は，①請求の基礎に変更がないこと（この要件は被告の利益保護を目的としたものである。それゆえ，この要件が欠けても，被告の同意があるなど，被告の利益保護の観点に基づき，判例・実務は，訴えの変更を柔軟に認める），②著しく訴訟手続を遅滞させないこと，③事実審の口頭弁論終結前であること（民訴143条1項）である。これらをクリアし，請求の併合の一般的要件（民訴136条）を満たせば，訴えの変更が認められる。

| 反　訴 | 反訴とは，訴訟係属中に被告から原告に対して，本訴請求またはこれに対する防御方 |

法と関連する請求を提起する訴えをいう（民訴146条）。たとえば，家屋の所有権確認請求に対して，その賃借権の確認請求をするような場合である。反訴が認められるのは，原告に訴えの併合が認められる以上，被告にも関連請求についての訴えを認めるのが当事者対等の要請に合致するからである。

| 中間確認の訴え | 中間確認の訴えとは，裁判が訴訟の進行中に争いとなっている法律関係の成立または |

不成立に係るときに，原告または被告が訴訟係属中に追加的に提起する確認の訴えをいう（民訴145条）。たとえば，所有権に基づく引渡訴訟で，その目的物の所有権を確認する場合をいう。この訴えは，事後における紛争の禍根を絶つために，訴訟物の前提となっている争いある権利・法律関係につき既判力ある判決を得て，事後の紛争を予防することを目的としたものである。

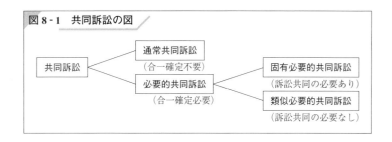

図 8 - 1　共同訴訟の図

共同訴訟 ── 通常共同訴訟
　　　　　　（合一確定不要）
　　　　　── 必要的共同訴訟 ── 固有必要的共同訴訟
　　　　　　（合一確定必要）　　　（訴訟共同の必要あり）
　　　　　　　　　　　　　　　── 類似必要的共同訴訟
　　　　　　　　　　　　　　　　　（訴訟共同の必要なし）

2　多数当事者訴訟

　民事訴訟では，原告と被告という対立する二当事者間での訴訟が基本形であるが，1つの手続に多数の当事者が登場してくる場合がある。この訴訟形態を，多数当事者訴訟という。多数の当事者が訴訟に関与することから，特別の手続規律が必要となる場合がある。また，当事者の訴訟への登場の仕方は，様々であることから，その規律も異なってくる。そこで，以下では，多数当事者訴訟における個々の形態に着目しつつ，その手続規律について概説する。

①　共 同 訴 訟

　民事訴訟においては，原告・被告の二当事者対立構造が基本的訴訟形態である。しかし，訴訟対象に利害関係を有するのは原告・被告の二当事者に限定されるわけではなく，複数の当事者が訴訟に登場することがある。こうした訴訟を多数当事者訴訟という。これには，2つの訴訟形態がある。すなわち，1つの訴訟手続に複数の原告または被告が関与する訴訟形態である「共同訴訟」（必要的共同訴訟，通常共同訴訟）と他人間に係属している訴訟に利害関係を有する

第三者が参入してくる訴訟形態である「訴訟参加」(独立当事者参加,補助参加など) である。

| 通常共同訴訟 |「通常共同訴訟」とは,各共同訴訟人と相手方との間の請求相互間に一定の関連性が

あることから,訴訟経済も考慮して共通の審理をなすために共同訴訟となるものをいう。通常共同訴訟は,個別的,相対的に処理されるべき数個の事件が,束となって1個の訴訟手続に併合されているにすぎない。それゆえ,訴えの一般的訴訟要件のほか,訴えの客観的併合の要件を具備することがまず必要である。そして,これを認めるために固有の要件として請求と各共同訴訟人との間の関係に一定の関連性を必要とする。法は,その要件として,①権利義務の共通性 (請求の内容をなす権利・義務が各共同訴訟人間と相手方との間で共通の場合である。たとえば,数人に対する同一物の所有権確認請求などがこれに当たる),②原因の共通性 (請求の内容をなす権利・義務が同一の事実上および法律上の原因に基づく場合である。同一の交通事故に基づく数人の被害者の損害賠償請求などがこれに当たる),③請求の同種性 (請求の内容をなす権利・義務が同種でかつ同一の事実上および法律上の原因に基づく場合である。数軒の各借家人に対する各家賃請求などがこれに当たる) を挙げ,そのいずれかに該当することを要求している (民訴38条)。

通常共同訴訟では,共同訴訟人間の内部関係は別個独立であることから審理方式について「共同訴訟人独立の原則」というものが存する。この共同訴訟人独立の原則とは,共同訴訟人の1人の訴訟行為またはこれに対する相手方の訴訟行為は,他の共同訴訟人に影響を及ぼさず,また共同訴訟人の1人につき中断事由などが生じても

他の者に影響を与えないという原則である（民訴39条）。しかし，この原則は同一の訴訟手続で審理されることから，訴訟資料の共通関係が生じてくる点で，その適用の妥当性が問題となることがある。この点につき，従前から，共同訴訟の実益および当事者公平の観点を考慮して，共同訴訟人間における主張・証拠共通の原則が適用されるかが議論されている。証拠共通原則については，自由心証主義の観点から，通説・判例（最判昭和45年1月23日）はこれを認める。しかし，主張共通の原則については，弁論主義の観点からこれを否定する見解が多い（最判昭和43年9月12日(95)）。

必要的共同訴訟

共同訴訟のうち，請求について共同訴訟人の全員につき合一にのみ確定されねばならない場合を「必要的共同訴訟」という。「合一にのみ確定される」とは，判決内容が矛盾なく統一的に確保されることをいう。この必要的共同訴訟には，2つの形態がある。1つは，「固有必要的共同訴訟」で，他は「類似必要的共同訴訟」である。前者は，合一確定を必要とするだけでなく，共同訴訟人全員が共に訴えを提起し，または全員に対して訴えを提起するのでなければ，訴えは当事者適格を欠き，不適法となる点に特色がある（訴訟共同の必要）。たとえば，取締役解任の訴え（会社855条），第三者の提起する婚姻取消しの訴え（人訴12条2項），共同相続人による遺産確認の訴え（最判平成元年3月28日(100)），入会権確認の訴え（最判昭和41年11月25日）などがこれに当たる。なお，共同所有関係をめぐる訴訟については争いがある。後者の類似必要的共同訴訟とは，共同訴訟人たるべき者の個々を当事者とする訴えを不適法としないが，数名の者が訴えまたは訴えられた場合には，既判力が他の当事者にも拡張される関係から，合一

確定を法律上保障すべき場合をいう。たとえば，数人の株主の提起する株主代表訴訟（会社847条1項），社員の数人が提起する会社設立無効の訴え（会社828条1項1号），数人の異議者からの破産債権査定異議の訴え（破126条6項）などがある。

　必要的共同訴訟においては，合一確定の必要からその審理方法が特別の規律を必要としてくる。まずその特質として挙げられるのが，訴訟行為についての規律である。つまり，共同訴訟人の1人のなした訴訟行為は全員について有利である限りで全員につき効力を生じる（民訴40条1項）。たとえば，1人でも相手方の主張を争えば，全員が争ったことになる。しかし，請求の放棄・認諾，自白などのように不利な行為は，全員がしなければ効力を生じないのである（なお，訴えの取下げについては，類似必要的共同訴訟では単独でできるが，固有必要的共同訴訟では全員でしなければ，その効力を生じない。最判平成6年1月25日参照）。また，共同訴訟人の1人に対する相手方の訴訟行為は，その有利，不利にもかかわらず全員に効力を生じる（民訴40条2項）。次に，手続進行の統一を挙げることができる。つまり，共同訴訟人の1人に中断，中止の事由が生じると，手続は全員につき停止される（民訴40条3項）。なお，固有必要的共同訴訟では，判決に対して1人が上訴すれば，全員に対する判決の確定が遮断され，全訴訟が移審して，全員が上訴人の地位につく。しかし，類似必要的共同訴訟では，自ら上訴しなかった共同訴訟人は上訴人とならないとする判例が存する（最大判平成9年4月2日，最判平成12年7月7日⑩⑪）。

従前から，訴訟当事者の関係で予備的併合
形態を認め，共同訴訟の一形態とすること
ができないかが争われている。いわゆる
「訴えの主観的予備的併合」が認められるか否かである。たとえば，
土地の工作物の瑕疵に基づく賠償請求（民717条）を主位的に占有者
に，予備的に所有者に請求する場合など，共同訴訟人の請求または
これに対する各請求がその実体法上の理由で両立しえない関係にあ
る場合に，原告側がどちらか一方の認容を優先して申し立てて，そ
れが認容されることを解除条件として審判を要求する訴訟形態が認
められるかという問題である。審理の重複を回避でき，紛争解決の
一回性に資することから考案されたが，予備的被告の地位の不安定
さから否定説が多かった。また，判例は否定説を採った（最判昭和
43年3月8日(A30)）。

現行法は，主観的予備的併合の問題を考慮
し，原告が共同被告に対して法律上併存し
ない複数の請求を有するときは，原告側の便宜を考慮し，原告の申
出があれば，弁論および裁判の分離をしないで裁判する「同時審判
申出共同訴訟」を認めている（民訴41条）。これにより，主観的予備
的併合を認める目的はほぼ達成されることになった。この訴訟形態
は通常共同訴訟である。それゆえ，弁論・裁判の分離禁止とはなる
が，統一的判断の保障はない。この申出は，事実審の口頭弁論終結
時までにすることができる（民訴41条2項）。なお，同時審判の申出
は，原告が複数の被告に対してなしうるのみである（同条1項）。

| 主観的追加的併合 |

共同訴訟になる場合には，訴えの提起段階から共同訴訟となる場合と後発的に訴訟係属中に共同訴訟になる場合がある。後者を「訴えの主観的追加的併合」とよぶ。この形態には，第三者がその意思に基づき積極的に訴訟に参加する場合（民訴47条・49条・51条前段および52条参照）と，当事者が第三者に対する訴えを従来の訴訟に追加的に併合提起する場合（民訴50条または51条後段による引受承継，民執157条1項による取立訴訟での債権者引込み）がある。問題は規定のない場合にこの形態が認められるかである。たとえば，交通事故で加害者たるタクシー運転手に損害賠償を請求している訴訟の係属中に，タクシー会社に対する損害賠償を追加的に請求する場合である。学説は肯定説が多い。判例は，第三者に対する別訴を提起したうえで弁論の併合（民訴152条1項）を裁判所に促すべきで，新旧請求が共同訴訟の要件を具備する場合でも当然に訴えが併合される効果を認めるべきではないとする（最判昭和62年7月17日⑨⑥）。

② 訴訟参加

多数当事者訴訟となる形態としては，訴訟係属中に第三者が訴訟に参加してくる形態もある。この訴訟参加は，第三者が当事者として参加してくる形態と当事者でなく参加人として訴訟に加わる形態がある。民事訴訟法は，前者として独立当事者参加（民訴47条），共同訴訟参加（民訴52条）を，後者としては補助参加（民訴42条以下）を規定している。

| 補 助 参 加 |

(1) 補助参加の意義　訴訟係属中に第三者が訴訟に参加してくる形態の中で，当

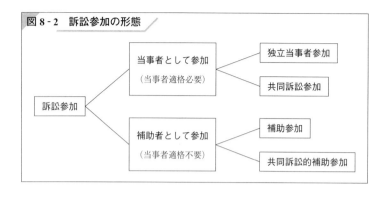

図 8-2 訴訟参加の形態

```
                          ┌── 独立当事者参加
          当事者として参加 ──┤
          （当事者適格必要）  └── 共同訴訟参加
訴訟参加 ──┤
          補助者として参加 ──┬── 補助参加
          （当事者適格不要）  └── 共同訴訟的補助参加
```

事者ではなく，当事者の一方を勝訴させることにより自らの利益を守るために，当事者を補助する形で訴訟に参加する形態がある。これを「補助参加」という（民訴42条）。補助参加人は，当事者ではないので（当事者適格不要），その地位は特有のものである。まず，補助参加人は，被参加人を勝訴させることで自分の利益を保護する目的を有することから，ある程度の独立性を有し，原則として，独自に攻撃防御方法の提出，異議申立て，上訴提起，再審提起などの訴訟行為ができる（民訴45条1項）。訴訟費用の負担も別個である（民訴66条）。しかし，補助参加人はあくまでも他人間の訴訟への補助者であって，自らの請求を定立するものではない。あくまで，従たる者である。それゆえ，一定の制約を受けることになる。これを「補助参加人の従属性」という。まず，訴訟行為は，独自にできるが，その行為は被参加人の訴訟行為と抵触しない限りで，である。抵触する場合には，効力を有しない（民訴45条2項）。補助参加人に死亡等の中断事由が生じても訴訟は停止しない。また，第三者であるので，証人適格が認められる。

(2) **補助参加の要件**　補助参加の要件としては，①他人間の訴

訟であること，②第三者が「訴訟の結果」に「利害関係を有する」こと（これを一般に「補助参加の利益」という）が挙げられる（民訴42条）。②の要件たる「補助参加の利益」をめぐっては激しく議論されている。まず「訴訟の結果」については，近時の多数説は，補助参加人の法律上の地位に対して判決主文および判決理由中の判断を含めて解している。次に「利害関係」については，「当該訴訟の判決が参加人の私法上又は公法上の法的地位又は法的利益に影響を及ぼすおそれがある場合をいう」とするのが通説・判例（最判平成14年1月22日⑩）である。そして，多数説は，参加人の法的地位または利益が訴訟の結果を前提にして判断される関係にあり，将来参加人の地位の決定に判決が参考となるおそれ（事実上の影響力）を有する場合に，補助参加の利益ありと解する。したがって，保証債務の履行請求訴訟における主債務者，自称所有者から買主への追奪訴訟における売主は，補助参加の利益を有することになる。

(3) **補助参加の効力**　補助参加に係る訴訟の裁判は，補助参加人にも効力を及ぼす（民訴46条1項）。しかし，その内容は法文上は不明である。通説・判例は，被参加人の受けた判決の効力は，敗訴当事者たる被参加人と補助参加人の間でのみ後訴において作用し，かつ判決理由中の判断にも及ぶとする。これは，同一当事者側で共同して訴訟を遂行した結果，敗訴の責任分担である公平・禁反言に基づく効力で，「参加的効力」とよばれる（最判昭和45年10月22日⑩）。たとえば，債権者と保証人間の保証債務履行請求訴訟で，主債務者が保証人側に参加し，主債務の不存在を主張したが，保証人敗訴に終わったとき，保証人からの求償権行使の後訴において，主債務者は主債務の不存在をもはや争うことはできないが，債権者との関係では再度主債務の不存在を主張して訴訟を提起することができるの

である。もっとも参加的効力をめぐっては，参加人と相手方との間でも何らかの拘束力を生じさせる必要があるか否かなどの点で激しく議論されている。

(4) **共同訴訟的補助参加**　補助参加人には，当事者適格は要求されない。当事者適格があれば，共同訴訟参加（民訴52条）も可能である。しかし，当事者適格がなくとも判決の効力が第三者に及ぶ場合がある。たとえば，取締役選任決議の取消訴訟における当該取締役の場合である（会社834条17号・838条）。そこで，判決効の及ぶ当該取締役の手続保障に配慮しながら，訴訟参加の手段が解釈上認められている。この参加を「共同訴訟的補助参加」とよぶ。参加形式としては補助参加だが，判決効が及ぶことから参加人の地位としては従属性をはずす形となる。ただ，その規律内容は不透明な部分が多く，議論も定まっていない。

| 訴訟告知 |

　訴訟参加は，第三者が他人間の訴訟に参加してくる形態だが，当事者が第三者を訴訟に引きずり込むこともある。そのための手段の1つとして存在するのが，訴訟告知の制度である。訴訟告知は，当事者が訴訟係属中に参加することができる第三者にその訴訟を告知する，つまり，訴訟係属の事実を通知するものである（民訴53条1項）。訴訟告知を受けた第三者は，訴訟に補助参加することもあるが，たとえ訴訟に参加しなくとも，被告知者には，参加的効力が及ぶ（民訴53条4項）。この制度は，告知者の被告知者への責任分担というもっぱら自己の利益のために設けられた制度である。

| 独立当事者参加 | 第三者が当事者として訴訟に参加する形態
の１つに「独立当事者参加」がある（民訴

47条）。独立当事者参加とは，第三者が訴訟の係属中に当事者双方
または一方を相手方としてそれぞれ請求を立て，参加してくる形態
である。たとえば，所有権に基づく建物明渡訴訟において，第三者
が原告に対しては所有権確認を，被告に対しては賃料の請求をして
参加する場合である。その構造は，三者がそれぞれ対立する当事者
として関与する「三面訴訟」とするのが従前の通説・判例である。
そして，この三者間では合一確定が要請される（民訴47条４項）。し
かし，当事者の一方が参加人の主張を争わない場合に，争う当事者
だけを相手方とする片面的独立当事者参加（または準独立当事者参
加）を現行法が認めたために，合一確定の意味合いが変容した。

　独立当事者参加には，馴れ合い訴訟を防止することを目的とした
詐害防止参加（民訴47条１項前段）と，積極的に訴訟対象の全部また
は一部が自己に帰属することを主張することを目的とした権利主張
参加（民訴47条１項後段）とがある。いずれの参加も，その要件をめ
ぐって争いがある。

| 共同訴訟参加 | 独立当事者以外で第三者が当事者として訴
訟に参加する形態に「共同訴訟参加」があ

る（民訴52条）。共同訴訟参加とは，第三者が訴訟の係属中に原告ま
たは被告の共同訴訟人として参加する形態で，その結果，必要的共
同訴訟として合一確定が要請される。

③　当事者の交替

　第三者が訴訟に入ってくる形態として，参加の他に，従前の当事

者と入れ替わって訴訟に入ってきて，訴訟を続行する場合がある。これを「当事者の交替」という。当事者の交替には，訴訟承継と任意的当事者変更とがある。

訴訟承継

訴訟の係属中に当事者の死亡や係争物の売買・譲渡などにより実体法上の権利・法律関係が変動し，その結果，紛争主体たる地位が当事者の一方から第三者に移転する場合がある。「訴訟承継」とは，このような場合に，この第三者が当事者となって従来の訴訟を引き継いで遂行することをいう。訴訟係属中の権利関係の変動に対する対応としては，その変動は当事者適格に影響を与えないとして，当事者の受けた判決は第三者に及ぶとする「当事者恒定」とよばれる立法例もある。しかし，従来の訴訟遂行の結果を維持し，相手方と第三者の公平を図る趣旨から，わが国では新当事者に訴訟状態を引き継がせる訴訟承継制度が採用された。この訴訟承継には，当事者の死亡など一定の承継原因が生じたときに法律上当然に当事者になる「当然承継」と，係争物の譲渡があった場合に当事者の行為により訴訟承継が生じる「特定承継」がある。特定承継は，さらに「参加承継」と「引受承継」に分けられる。参加承継は，新たな紛争主体が訴訟参加（民訴49条・51条前段）の申出をし，新当事者となる場合である。引受承継は，その者に対する相手方の訴訟引受けの申立てにより（民訴50条・51条後段），その者が新当事者となる場合である。

任意的当事者変更

その他に当事者が交替するのは，訴訟係属後に当事者が誤っていることが判明した場合に，原告が最初の被告以外の者を訴え，または最初の原告以外の

者が原告に代わって訴訟を遂行する場合である。これを「任意的当事者変更」という。当事者の同一性がなく，また実体法上の紛争主体の変動でもない。別の人へと訴訟主体を変えることになるが，訴訟経済の要請から認められている。しかし，これを認めた場合，続行手続での新当事者の手続保障との調整が問題となる。通説は，任意的当事者変更を新訴訟の主観的追加的併合とその後における旧訴の取下げという２つの複合行為とみなす。そして，それぞれの要件具備を条件とすることで，この調整を図っている。

　いったん判決等の裁判が言い渡されても，それに不満をもつ当事者もいなくはない。また，裁判官も人の子であり，誤りをおかす場合もないとはいえない。本章では，法的な正規のリターン・マッチの手段，すなわち，下された裁判を再度争う方法について，概観したい。

1 上　訴

上訴の意義

　当事者が攻撃防御を展開し裁判が言い渡された後でも，その裁判に不服のある当事者は，フォーラムを変えて異なる裁判官の前で再度の審理を求める権利を有している。これを，上訴権という。当事者の手続保障の現れである。裁判官も人間であり，誤りをおかすこともなくはない。また，当事者も再度争う機会が与えられれば，裁判内容に対する納得の度合いも高くなる。さらに，手続的・内容的に誤った裁判を改める機会が制度的に保障されてはじめて，裁判制度自体に対する信頼が得られることにもなる。このような上訴審理を通じて，手続的にも内容的にも正義にかなった裁判が行われることにより，両当事者にとって最適な救済形成が可能になるのである。つまり，上訴制度

は，いったんなされた裁判の誤りを是正するという安全弁としての意義だけではなく，当事者間でさらにやりとりを行うことにより，満足度の高い適切な救済形成の場を提供するという意義をもつ。

　上訴は，未確定の裁判につき，上級裁判所に対して，その取消しまたは変更を求める通常の不服申立ての方法である。それゆえ，確定した裁判に対する不服申立ての方法である再審（民訴338条以下➡本章5）や，確定とは無関係な特別上訴（特別上告〔民訴327条〕，特別抗告〔民訴336条〕）とは異なる。また，同一審級内での不服申立ての方法である各種の異議（例，督促異議〔民訴390条・393条〕，少額訴訟判決に対する異議〔民訴378・379条〕等）とも異なる。

| 上訴の種類 |

　上訴には，控訴・上告と抗告の3種類がある。これは，裁判の形式に，判決と決定・命令があることに対応している。すなわち，控訴・上告は，終局判決に対する上訴であり，控訴は事実審（訴訟事件の事実問題・法律問題をともに審理する審級）への上訴，上告は法律審（法律問題のみを審理する審級）への上訴である。抗告は，決定・命令に対する上訴である。

2 控　訴

| 意　義 |

　控訴は，第1審判決の取消し・変更を申し立て，第2審裁判所の判断を求めて提起する上訴である。控訴の対象となるのは，簡易裁判所・地方裁判所が第1審の終局判決に限られ（民訴281条1項本文），高等裁判所が第1審（例，公選203条・204条，弁護16条，特許178条1項等を参照）の終局

判決に対しては，上告のみが許される（民訴311条1項）。

　控訴の提起は，控訴期間（判決の送達後2週間→民訴285条）内に，控訴状を原裁判所（第1審裁判所）に提出して行わなければならない（民訴286条1項）。控訴が不適法でその不備を補正できない場合には，第1審裁判所が決定で却下する（民訴287条）。控訴が適法であれば，訴訟記録は控訴裁判所に送付される（民訴規174条）。控訴裁判所の裁判長は，控訴状を訴状に準じて審査し（民訴288条），適式と認めれば被控訴人に送達する（民訴289条）。適法な控訴提起があれば，控訴期間が経過しても原判決は確定せず（確定遮断の効果→民訴116条1項），訴訟の係属は，第1審裁判所を離れ控訴審に移審する（移審の効果）。

控訴の利益

控訴を提起して，第1審判決に対する不服の当否について控訴審の判断を求めることができるためには，当事者が控訴の利益を有していなければならない。控訴の利益は，第1審判決により不利益を受け，不服を有する当事者に認められる。たとえば，請求の全部認容の場合には被告が，全部棄却の場合には原告が，一部認容の場合には，原告・被告の双方が，それぞれ控訴の利益を有する。

　なお，控訴人の控訴により開始された手続を利用して，控訴審の審理判断の範囲を自己に有利に拡張するための不服申立ての手段として，被控訴人に，附帯控訴（民訴293条）をなす権利が与えられている。これは，控訴人の控訴だけでは，原判決が被控訴人に有利に変更されることはないので（不利益変更禁止の原則→民訴296条1項・304条。つまり，被控訴人は控訴審で全面勝訴しても原判決の状態が維持されるだけなので），公平の観点から，被控訴人にも原判決の自己に有

利な変更可能性の機会を与えるのが妥当であると考えられたためである。

| 控訴審の審理・判決 | 控訴審の審理の仕方は，原審（第1審）で収集された資料を基礎にして，それに控訴

審で新たに収集された資料を加えて，原判決に対する不服の当否を審理判断する方法による。このような審理のやり方を，続審制という。控訴審の口頭弁論は，原審で終結した弁論を続行する意味をもち，当事者は，第1審で提出しなかった攻撃防御方法を提出することができる。これを，弁論の更新権という。しかし，その無制限かつ自由な提出を認めると，第1審の審理が無意味になり訴訟遅延をもたらすので，取消し・変更事由の早期具体化（民訴規182条），反論書の早期提出（民訴規183条）および攻撃防御方法の提出期間の裁定（民訴301条1項）についての制度等が設けられている。控訴審手続は，特別の定めがある場合を除き，第1審手続に関する規定が準用される（民訴297条，民訴規179条）。

控訴人の不服申立てに理由がなければ，控訴は棄却される（民訴302条）。それに加え，濫用的な控訴には制裁が課されることがある（民訴303条）。

控訴を受けて，裁判所は，原判決を不当と認める場合や原審の手続が違法であると認める場合には，控訴を認容して原判決を取り消さなければならない（民訴305条・306条）。この取消しの後には，控訴審による自判または原審への差戻しや移送の措置がとられる（民訴307条～309条参照）。

3 上　告

意　義

上告は，終局判決に対して法律審の判断を求めて提起する上訴である。原則として，控訴審判決に対してなされる（民訴311条１項）が，例外として，高等裁判所が第１審の場合および当事者間に飛越上告の合意がある場合（民訴311条２項・281条１項但書）には，第１審判決に対して上告を提起することができる。上告審は，法律審であり，上告裁判所は，原判決について，もっぱら憲法および法令に違反するか否かの観点からのみ審査を行う（原判決が適法に確定した事実に拘束される→民訴321条１項）。

上告提起の方式等

上告の提起は，上告期間内（判決の送達後２週間内→民訴313条・285条）に，上告状を原裁判所に提出して行わなければならない（民訴314条１項）。上告人は，上告の提起に際して上告理由を主張しなければならない。一般に，上告理由は，憲法違反（民訴312条１項），絶対的上告理由（重大な手続違反→民訴312条２項）および相対的上告理由（判決に影響を及ぼすことが明らかな法令違反→民訴312条３項）に限られる。

　ただ，最高裁への上告について，法令違反は上告理由にならず，上告受理の申立て（民訴318条）の理由になるにすぎない。これは，最高裁への上告理由を，憲法違反と絶対的上告理由に限定し，原判決に最高裁の判例等と相反する判断がある事件その他の法令の解釈に関する重要な事項を含むと認められる事件に限り，最高裁が，当事者の申立てにより決定で上告審として事件を受理することができ

るとする制度である。最高裁の負担を軽減し，最高裁がいわば憲法審として，憲法問題を含んだ事件などの重大な事件の充実した審理を可能にするために，設けられたものである。

上告審の審理・判決　控訴の規定は，特別の定めがある場合を除き，上告および上告審の手続に準用される（民訴313条，民訴規186条）。上告審の審理は，職権調査事項（民訴322条）を除き，上告理由に基づく不服申立ての限度でのみ行われる（民訴320条）。上告審は，書面審理が原則であり，口頭弁論を開かずに判決で上告を棄却できる（民訴319条）が，上告を容認する際には必ず口頭弁論を開かねばならない（ただし，判例は，多くの例外を認める。最判平成19年3月27日等）。上告審の終局判決には，上告却下，上告棄却および原判決破棄自判・破棄差戻しの判決がある。

4 抗　　告

意義と種類　抗告は，判決以外の裁判の形式である決定・命令に対する上訴である。原則として，終局判決前の中間的な裁判に不服がある場合には，終局判決に対する上訴により判断を受ける（民訴283条参照）が，本案審理に付随する事項の処理を終局判決に対する上訴審理まで先送りするのは望ましくなく迅速な対処を必要とする場合もある。そこで，本案との関係が密接でなく派生的かつ分離可能な場合（例，除斥または忌避を理由がないとする決定，補助参加の許否の決定など）や，終局判決に対する上訴で争う機会がない場合（例，訴状却下命令，第三者に対する文書提出命令等）などについての決定・命令に対して，簡易な上訴を認

める趣旨である。抗告審の手続には，控訴審に関する規定が準用される（民訴331条本文，民訴規205条本文）。

許可抗告　　許可抗告の制度（民訴337条）は，原決定・命令を行った高等裁判所が，原裁判について最高裁の判例等と相反する判断がある場合その他の法令の解釈に関する重要な事項を含むと認める場合に，当事者の申立てにより抗告を許可したときに限り，最高裁への抗告に道を開くための制度である。旧法下では，高裁の決定は，憲法違反を理由とする特別抗告（民訴336条）の場合を除いて抗告できなかったことから，とくに決定による裁判について判例統一の面で問題が生じていた。許可抗告は，それを克服するために設けられた制度であり，現在，たとえば文書提出命令関係事件などの付随的な事件のほか，執行・保全・家事・倒産関係事件などで実績をあげている。

5　再　　審

意　義　　再審は，確定した終局判決に対して，再審事由に該当する重大な瑕疵がある場合に，その判決の取消し（既判力の廃棄）と再度の審理判断を求める非常の不服申立てである（民訴338条参照）。一方で，確定した終局判決の通用力（既判力）を尊重しなければ，法的な紛争がいつまでも続き，当事者は実質的な法的救済を得られなくなる。しかし，他方で，重大な瑕疵があるにもかかわらず判断に通用力を認めれば真の法的救済とは程遠いものになり，裁判所の信頼を損なうことになる。そこで両者の調整として，再審事由（民訴338条1項1号から10号に列挙

された事由）がある場合に限定し，当事者の申立てにより，正義に
かなった再度の救済形成のために新たにフォーラムを開いたのが，
再審手続である。

　なお，再審事由は限定列挙であり，原則として類推適用すること
はできないとされているが，代理権の欠缺に関する民訴338条1項
3号は，例外的に手続保障が欠けた場合の救済のために，類推適用
が認められている（最決平成19年3月20日⑩等）。

　ただ，再審事由は，当事者が判決確定前に，その事由に当たる事
実を上訴により主張したが棄却された場合，または，それを知りな
がら上訴によって主張しなかった場合には，これを主張することが
できない（民訴338条1項但書）。これを，再審の補充性という。

| 手　　続 | 再審の訴えには，その性質に反しない限り，その審級の訴訟手続に関する規定が準用さ |

れる（民訴341条，民訴規211条2項）。再審の訴えを不適法と認める場
合には，裁判所は決定で訴えを却下する（民訴345条1項）。訴えを
適法と認める場合には，再審事由の存否を判断し，再審事由がない
と判断するときには，決定で請求を棄却する（民訴345条2項）。再
審事由があると判断するときには，再審開始決定をし（民訴346条1
項），不服申立ての限度で審理を行う（民訴348条1項）。その結果，
原判決を正当でないとする場合には，原判決を取り消しこれに代わ
る判決を行う（原確定判決取消宣言と新判決→民訴348条3項）が，原判
決を正当とするときには，再審請求を棄却することになる（民訴348
条2項）。

　なお，訴訟上の当事者以外の第三者が，他人間の訴訟の確定判決
によって自己の権利が害されたことを理由として，その確定判決の

取消しを求めて提起する再審は，第三者再審（詐害再審）というが，現行民訴法にはこれに関する一般的な規定が存在しない。近時，判例上，独立当事者参加制度と信義則理論を用いて，実質的に第三者再審を認めたものがある（最決平成25年11月21日⑱）。

第 **10** 章 簡 易 手 続

> これまで述べてきた判決手続は、いわばフル・サイズの訴訟手続である。
> これに対して、同じく訴訟手続でありながら、その基本的な審理原則を
> 維持しつつ、より簡略化された訴訟手続も存在する。本章では、このよ
> うな簡易手続について、概観したい。

1 簡易救済の手続

　簡易手続とは、一般に、地方裁判所における通常の民事訴訟手続
よりも簡易・迅速な手続により民事紛争を処理し法的救済を形成す
るための訴訟手続をいう。略式手続ともよばれる簡易救済手続であ
る。

　これには、簡易裁判所の訴訟手続（少額訴訟手続も含む➡本章 *3*）、
督促手続および手形・小切手訴訟手続がある。簡易裁判所は、戦後、
少額軽微な民事紛争を簡易・迅速に処理すること（民訴270条参照）
を目的として創設された。その手続は、現行法上、第1審（地方裁
判所）の訴訟手続の特則として規定されている。

2 簡易裁判所の訴訟手続

意　義

簡易裁判所の訴訟手続は，いわば簡易・迅速に債務名義（民執22条1項1号・3号・4号・7号参照➡第16章*1*）を取得するための手続として，比較的よく利用されている。しかし，その取得にとどまらず，さらにそのプロセスをみても，当事者の一方または双方の本人訴訟（当事者が弁護士等を付けないで本人で行う訴訟）の場合が多く，裁判官の基本姿勢いかんでは，当事者本人間の自由闊達な弁論を支援するためのフォーラムとなりうる余地もある。

特　色

簡易裁判所の訴訟手続には，いくつかの特色がある。①訴えで主張する額が140万円以下の請求に関する事件に，その管轄が限られる（裁33条1項1号）。②書面ではなく口頭による提訴が認められている（民訴271条・273条）。現実には，ほとんどの場合が書面で提訴されるが，その場合でも，当事者の利便性に配慮して，簡易裁判所に事件類型ごとの定型の書式が準備されており，提訴の簡易化が目指されている。③提訴に際しては，請求原因（民訴133条2項2号参照）に代えて紛争の要点を明らかにすれば足りる（民訴272条）。④「簡裁訴訟代理関係業務」の認定を受けた司法書士は，簡裁での訴訟代理権が認められる。⑤当事者が期日に出廷しない場合の特則（民訴277条），⑥当事者・証人・鑑定人の尋問に代わる書面の提出（民訴278条），⑦口頭弁論調書の記載の省略（民訴規170条1項），⑧判決書の簡略化（民訴280条），および，⑨司法委員（和解の試みを補助させ，審理に立ち会い

意見を言わせるために，民間から選任された者）の審理への関与に関する規定（民訴279条，民訴規172条）などもおかれている。

　なお，民事上の紛争について，訴えを提起する代わりに，紛争当事者が簡易裁判所に和解の申立てを行うことができる（民訴275条1項）。これを，訴え提起前の和解（即決和解➡第11章1②）という。そこで成立した和解に，確定判決と同一の効力が与えられる（民訴267条。和解調書は，債務名義となる。民執22条7号。和解が成立しなかった場合の手続については，民訴275条2項・3項参照）。

　なお，2003（平成15）年の民事訴訟法改正によって，金銭請求訴訟において，被告が原告の主張を争わない場合は，簡易裁判所が，被告の資力等の事情を考慮して，期限の猶予または分割払いを命じる決定をすることができる旨の規定（「和解に代わる決定」の制度➡民訴275条の2）が創設された。それ以前にも，付調停決定（民調20条1項）を行い調停に代わる決定（民調17条）を行うことにより，同様の帰結を導く手法は可能であった。当事者は，和解に代わる決定の告知の日から2週間以内に異議を述べることができ，異議申立てによってその決定は失効する。異議がなければ，その決定は，裁判上の和解と同一の効力を有することになる（その結果，確定判決と同一の効力を有し，債務名義となる➡民訴267条，民執22条7号）。

3 少額訴訟手続

① 意義と特徴

意　義

市民間の少額紛争を処理するための民事手続には，ADR（➡第11章1）をはじめ，

様々なものがある。その中でも，簡易裁判所における通常の訴訟手続（民訴270条以下）よりもより簡易な訴訟手続によって少額紛争の処理を可能にするために，1996（平成8）年における現行民事訴訟法の制定の際に，新たに設けられたのが，少額訴訟手続（民訴368条以下）である。現行法の制定の際の主要な柱の1つであり，民事訴訟を国民に利用しやすくわかりやすく頼りがいのあるものとするための切り札でもある。とくに小規模な紛争について，一般市民が裁判所で，請求金額に見合った経済的な負担で迅速かつ効果的な紛争処理を可能にする手続であり，弁護士等の法専門家の手を借りることなく，市民自身の手により手軽な法的救済を獲得できる手続となることが期待されている。

手続の特徴 このような少額訴訟手続には，通常の訴訟手続と比較して，著しい特色がある。その手続は，いわば ADR 的な手続の要素と訴訟手続のそれとを兼ね備えているのである。まず，一方で，少額訴訟手続はれっきとした訴訟＝判決手続である。つまり，必要的口頭弁論（➡第4章 *3*）の原則に基づいた手続により審理判断される。ただ，この手続は，簡易裁判所の手続として地方裁判所の手続の特則という意味をもち，かつ，簡易裁判所における通常訴訟の手続の特則という意味もある。つまり，訴訟手続として，二重の簡略化が目指されており，地方裁判所および簡易裁判所の手続以上に簡略化された手続構造とされている。少額訴訟手続は，現行制度上最も簡易化された判決手続としての意味をもっているので，あたかも「民事訴訟の原型」のような存在である。したがって，その理解は，民事手続法の核心と考えられる通常の訴訟＝判決手続を理解するための手助けとなる。

しかし，他方で，少額訴訟手続は，ADR 的な側面ももっている。たとえば，①被告もこの手続の利用に納得しなければ手続が進まず（調停・仲裁的な側面），②獲得される結果的な救済（判決）の面でも，支払猶予判決等の和解的判決が可能であり（和解・調停的な側面），さらには，③手続を担当する者（裁判官や裁判所書記官）による手続に関する丁寧な説明の制度も，この手続には組み込まれている。少額訴訟手続は，緩やかな手続強制をともないながらも，両当事者の対席が保障された特殊な ADR 的側面をも有しているのである。しかも，簡易裁判所の通常の訴訟手続と競合する手続（利用者が選択的に利用できる手続）として，制度化された裁判所付設の ADR 的な性格をもっている。いわば少額訴訟手続は，ADR と訴訟との連結点あるいは汽水域として，相互の技法や手続成果を生かしながら互いにフィードバックし合うための実験室的な意味がある。

② 審理の手続

手続を利用できる場合　少額訴訟手続を利用できるのは，訴訟の目的の価額（訴額）が60万円以下の金銭の支払請求を目的とする訴えに限られる（民訴368条1項本文。請求適格の要件ともよばれる）。同一の原告は，同一の簡易裁判所において同一の年（暦年〔1月1日から12月31日まで〕）に，10回を超えて少額訴訟による審理および裁判を求めることができない（民訴368条1項但書，民訴規223条）。これは，少額訴訟手続が，たとえば消費者金融業者や信販会社などといった特定の者に独占され，一般市民が利用しにくくなることを防止する趣旨である。なお，被告の申立てまたは職権で，手続は，簡易裁判所の通常手続に移行する（民訴373条1項・3項）。

| 一期日審理の原則 | 少額訴訟の審理は口頭弁論で行われるが，特別の事情がある場合を除き，最初にすべ |

き口頭弁論の期日（現実に弁論がなされる最初の期日）において，審理を完了しなければならない（民訴370条1項）。このために，その期日前またはその期日において，すべての攻撃防御方法を提出しなければならない（同条2項本文）。このような審理のあり方を一期日審理の原則という。当事者は，しっかり準備したうえで，裁判所に一度だけ足を運べば，1回の正式な審理で法的救済を得られるとすることによって，市民の主体的な関与に基づく魅力的な手続となることが期待されたのである。ただ，これはあくまで原則であり，期日の続行（2回以上期日を開くこと）も許される。

| 手続の制約 | 少額訴訟では，審理の簡易化のために，いくつかの手続的な制約がある。たとえば， |

①少額訴訟では，被告は原告に対して反訴（➡第8章1）を提起できないこと（民訴369条），②証拠調べは，即時に取り調べることができる証拠に限って行えること（民訴371条。これは，一期日審理の原則を実現するための手続上の制約である），③証人等の尋問についても，通常の訴訟手続における方式性や形式性を緩和していること（例，宣誓の不要化，尋問順序の裁量化など）である。なお，④少額訴訟の終局判決に対する不服申立てとして，控訴（➡第9章2）は禁止され（民訴377条），その判決をした簡易裁判所に対する異議申立てのみが認められている（民訴378条1項，民訴規230条参照）。

③ 少額訴訟判決

即日判決の原則　少額訴訟の審理が判決をするのに熟したときには，口頭弁論を終結して終局判決を言い渡すことになる。相当でないと認める場合を除き，口頭弁論の終結後直ちに行われる（民訴374条1項）。これを，即日判決の原則とよぶ。迅速な審理を徹底する趣旨である。「直ちに」とはいっても，口頭弁論の終結後多少の時間をおいて言い渡すことは許される。また，例外的に「相当でないと認める場合」とは，審理終結後ある程度の時間をおいて言渡しをした方が，当事者が判決を冷静に受け止めることができる場合や被告の任意履行を促しやすい事情があるような場合などが，これに当たると考えられる。調書判決の制度（民訴374条2項・254条2項➡第6章3）も認められている。

少額訴訟判決の特色　一般に，すでに履行期の到来した金銭債権の支払請求訴訟において，その請求を認容する判決は，一括払判決が原則である。しかし，無い袖は振れないわけであり，被告に十分な資力がない場合などには，強制執行（➡第16章1）によるのではなく債務者の自発的な支払努力に任せる方が，長い目でみれば原告・債権者は効率的な満足を得ることができる。支払いの主体である被告も議論に参加して支払方法などを決めた方が，結果的にみて任意履行のインセンティブを生み出しやすく実効的な判決となるのである（人情としても，人は強制されたことがらよりも，自分が決めたことの方が，自主的に行いやすいのである）。

　そこで，裁判所は，請求の全部または一部を認容する判決をする場合には，被告の資力その他の事情を考慮してとくに必要があると

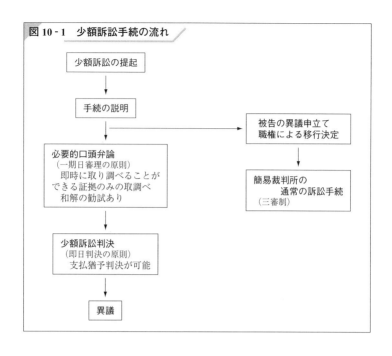

図 10 - 1　少額訴訟手続の流れ

```
    少額訴訟の提起
         ↓
     手続の説明                    被告の異議申立て
         │          ──────→    職権による移行決定
         ↓                            │
  必要的口頭弁論                        ↓
  （一期日審理の原則）               簡易裁判所の
   即時に取り調べることが              通常の訴訟手続
   できる証拠のみの取調べ             （三審制）
   和解の勧試あり
         ↓
    少額訴訟判決
  （即日判決の原則）
   支払猶予判決が可能
         ↓
      異　議
```

認めるときは，判決の言渡しの日から３年を超えない範囲内で，認容額の支払いの猶予を行うことができることを定めた規定（民訴375条１項）が設けられた。このいわば和解的な判決である「支払猶予判決」の内容としては，①一括払いをするとしても支払期限を定めること，②分割払いの定めをすること，③支払期限の猶予（①と②）と併せて，それらの定めを遵守して支払いをしたときには，訴え提起後の遅延損害金の支払義務を免除する旨の定めをすることの３種の判決形態が規定されている。この判決は，通常の判決と区別するために，少額訴訟判決と表示される（民訴規229条１項）。

　実際には，この種の「支払猶予判決」の手法は，必ずしも頻繁には用いられていない。多くの事件が，現実には，訴訟上の和解で終

わっているが，この種の判決ができる旨の規定が存在すること自体に柔軟な紛争処理を導く大きな意義がある。さらに，2003（平成15）年には「和解に代わる決定」（民訴275条の2➡本章2）も設けられ，紛争解決手続の多様化が図られた。

　また，強制執行の局面でも，判決内容の金額に見合った負担で迅速に処理するために原告の負担を軽減し早期の執行を可能とすることが望ましいと考えられた結果，仮執行宣言（➡第7章1）を必要的とし（民訴376条），単純執行文（➡第16章1）を不要（民執25条但書）とした。

　さらに，2004（平成16）年の民事執行法の改正で，少額訴訟判決の簡易な強制執行を可能にするために，「少額訴訟債権執行」（民執167条の2以下）の規定が設けられ，簡易裁判所での簡易執行も可能となった。

4 督 促 手 続

> 意　義

　金銭その他の代替物または有価証券の一定の数量の給付を目的とする請求について，債務者がその請求権の存在を争わないことが予想される場合に，債権者が簡易・迅速な手続で債務名義を取得できるための制度が，督促手続である（民訴382条以下）。たとえば，クレジット業者やサラ金業者などが，比較的少額の債権を効率的に取り立てるために，頻繁に利用している。しかし，以下で述べるように，債権者の言い分のみに基づいて支払督促が発せられることにもなることから，手続保障の点で不十分であり，それを補うための手続的な配慮が要請されることになる。

督促手続には，いくつかの特色がある。まず，この手続の対象は，金銭請求等に限定される。一般的な手続保障の不十分さゆえに，原状回復の容易な金銭請求等に限定したものである（送達面でも手続的な配慮を示して債務者の保護を目指す→民訴382条但書参照）。

督促手続は，金銭請求等の価額にかかわらず（請求額が140万円を超えても），簡易裁判所が管轄を有する。土地管轄は，原則として債務者の普通裁判籍所在地に専属し，裁判所書記官がその手続を行う（民訴383条）。現行法では，よりいっそうの効率化を追求するために，「電子情報処理組織（コンピュータ等）を用いた督促手続の制度」が導入された（民訴397条1項）。この手続は，2004（平成16）年の民事訴訟法改正で，さらに拡充されたが，その後，2006（平成18）年に，電子情報処理組織による督促手続の特則（電子督促手続規則）が定められ，現在では，日本中どこからでも，指定簡易裁判所である東京簡易裁判所の裁判所書記官に対して，オンライン・システムにより支払督促の申立てをすることが可能となった。

裁判所書記官は，適法な申立てがあれば（却下事由がなければ〔民訴385条参照〕），請求の実体的な当否を審理せず，かつ，債務者を審尋しないで支払督促を発する（民訴386条1項）。債権者は，債務者への支払督促の送達から2週間を経過すれば，裁判所書記官に仮執行宣言の付与を申し立てることができる（民訴391条1項）。その送達（ただし，公示送達〔民訴110条以下〕は不許。民訴382条但書）に際しては，督促手続の説明書や異議申立書面などが同封されており，その限りではあるが，債務者への手続的な配慮がなされている。

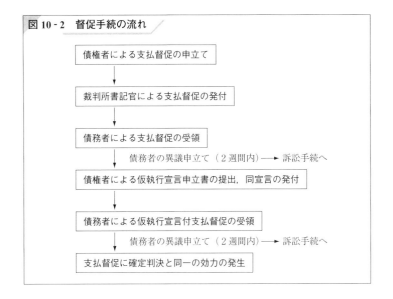

図 10 - 2　督促手続の流れ

債権者による支払督促の申立て

↓

裁判所書記官による支払督促の発付

↓

債務者による支払督促の受領

↓　債務者の異議申立て（2週間内）──→ 訴訟手続へ

債権者による仮執行宣言申立書の提出，同宣言の発付

↓

債務者による仮執行宣言付支払督促の受領

↓　債務者の異議申立て（2週間内）──→ 訴訟手続へ

支払督促に確定判決と同一の効力の発生

　この手続に対する不服申立ての方法として債務者に与えられているのは，2回の異議（督促異議）のみである。異議は，請求の当否について，同一審級における通常の訴訟手続で審理判断することを求める申立てであり，支払督促を発した裁判所書記官の所属する簡易裁判所に申し立てる（民訴386条2項）。

　債務者の異議（仮執行宣言前の異議→民訴390条）の申立てがなければ仮執行宣言が付され，仮執行宣言付支払督促が，当事者に送達される（民訴391条2項→民執22条4号）。債務者が，その送達を受けてから2週間以内に異議（仮執行宣言後の異議→民訴393条）の申立てをしなければ，督促手続は終了し，支払督促は，確定判決と同一の効力を有する（民訴396条，民執22条7号）。

　簡易裁判所は，申し立てられた異議を適法とするときは，直ちに訴訟として口頭弁論期日を指定するが，事件が地方裁判所の管轄に

Column ⑤ 手形・小切手訴訟手続 ▰▰▰▰▰▰▰▰▰▰▰▰▰▰▰▰

　もう1つの簡易手続として，手形・小切手訴訟手続（民訴350条以下）がある。一般に，手形や小切手は，商取引における決済手段として用いられているが，性質上，簡易・迅速に取立てができることが望ましい。その要請に即応するための手続が，この手続である。管轄裁判所は，請求金額に応じて，地方裁判所または簡易裁判所となる。ただ，近年その事件数は，商取引における決済手段の多様化を反映して，激減している。

　なお，簡略化された手形・小切手訴訟の特則のいくつかは，上述した少額訴訟手続に準用されている（例，民訴378条2項・379条2項参照）。

▰▰▰

属するときは，訴訟記録を管轄地方裁判所に送付することになる（民訴395条，民訴規237条）。仮執行宣言前の適法な異議申立てにより，支払督促は，異議の限度でその効力を失う（民訴390条）。また，仮執行宣言後の異議申立てにより，支払督促の確定を止めることができるが，仮執行宣言に基づく強制執行を阻止するためには，執行停止の裁判を要することになる（民訴403条1項3号）。

民事紛争の解決手続といえば，まず民事訴訟の手続が念頭に浮かぶかもしれない。しかし，市民が抱える法的な紛争のすべてが，民事訴訟で解決されるわけでも，また，裁判所で処理されるわけでもない。現実には，裁判外の手続が民事紛争の解決に大きく貢献している。本章では，裁判所の外での紛争処理制度と，裁判所の内外における ADR や簡易な紛争処理システムをみて行きたい。

1 ＡＤＲ

① 「司法へのアクセス」と ADR

「法テラス」の創設

　　　　紛争当事者が，満足のいく紛争解決活動を行い適切な法的救済を獲得することができるためには，まず，当事者が，様々な手続を知り，自己の紛争処理にふさわしい手続を選択できなければならない。そこで，2001（平成13）年の『司法制度改革審議会意見書』を起点とする司法制度改革の一環として構築されたのが，いわゆる「司法ネット」であり，それを支える「法テラス（日本司法支援センター）」が創設された。これは，国民が，全国どこでも法的なトラブルの解決に必要な情報やサービスの提供を身近に受けられる仕組みとして，全国各地に設

けられた。たとえば，民事事件については，相談窓口としての情報提供，民事法律扶助（➡第1章 *Column* ①）およびいわゆる司法過疎対策等が，実践されている（総合法律支援法を参照）。この法テラスは，単に「訴訟へのアクセス」だけではなく，次に述べる「ADRへのアクセス」や「弁護士・司法書士等へのアクセス」をも保障するシステムである。しかも，紛争当事者をサポートし，最適な紛争処理手続や法の専門家等との出会いの場を提供する制度として，その具体的な活動が注目されている。

___

ADRの意義

さて，近年，民事紛争の当事者が，法的な救済を得るための手続として，民事訴訟以外の多くの手続が活用されており，その実際の成果が様々なかたちで明らかにされている。紛争が生じた場合に，当事者が，その解決のために，直ちに訴訟手続を用いるというわけではない。たとえば，貸金や近隣騒音をめぐるトラブルについて，紛争当事者は，まず通例，相手方と交渉を行い，自らの力で紛争処理を行う。それで満足できない場合には，第三者の力を借りることになる。ただ，第三者とはいっても，それがたとえば暴力団や政治家などの場合には，公正な紛争処理のあり方からみれば，結果のいかんにかかわらず正しい紛争処理ではない。これに対して，一般に，第三者が，公正かつ中立的な第三者機関である場合にはじめて，法と理にかなった紛争処理手続ということができる。本書で概観するのは，まさにそのような手続である。

裁判外紛争処理は，ADR（Alternative Dispute Resolution）といわれる。これは，代替的紛争処理手続（代替的紛争解決手続）ともよばれるが，代替的とは，訴訟手続以外の紛争処理手続という意味であ

り，裁判の中核としての訴訟＝判決手続による紛争処理システム以外のすべてを指す。それゆえ，実は裁判所内にも ADR は存在する。

ADR は，現在盛んに利用されている。それは，わが国だけにとどまらず，世界的な傾向ともなっている。そのことは，裁判所における訴訟＝判決手続といういわば強制的な紛争処理手続が，紛争当事者の多様なニーズを必ずしも十分に満たすことができない一面をも明らかにしている。また，訴訟＝判決手続という慎重ではあるものの比較的重い手続に代えて，それよりも，より早く，安く，しかもうまく紛争を処理できる多様で身近でかつ軽やかな救済手続の選択肢が，ADR として様々なかたちで準備されてきたことにもよる。

| ADR の種類 | ADR の具体例としては，たとえば，相談，苦情処理，あっせん（斡旋），和解，調停 |

および仲裁（および，それらの混成形態）などがある。ADR を実施する機関としては，たとえば，民間団体（例，交通事故紛争処理センター，各種 PL センター，弁護士会の紛争解決センター等），行政機関（例，労働委員会，公害等調整委員会，建設工事紛争審査会，国民生活センター，消費生活センター等），および，裁判所（例，簡易裁判所，地方裁判所，家庭裁判所等）などを挙げることができる。

ADR は，たとえば，訴えの提起前に利用されることが多く，そこで首尾よく合意が成立すれば，それに基づいて紛争が終息したり，紛争処理に目途が立ったりする。ただ，提訴前の ADR がうまく行かず，訴えが提起された後にも，並行して ADR による紛争処理が行われることもある。なお，後に述べる非訟事件手続（➡本章2）も，多様な手続を含んでおり，異論もあるが，裁判所内における ADR 的な意味をもっている。

　一般に，ADR の手続は多様である。現在では，民事訴訟の手続自体も柔軟に運営されている面もあるので，両者を単純に比較することは困難であるが，一応次のように評価することができる。まず，訴訟は，裁判所における必要的口頭弁論（➡第4章3）という原則的な審理方式をもち，厳格な証拠調手続を有している。控訴・上告（➡第9章2・3）といった不服申立手続等も加えてみた場合に，最も公正で慎重な紛争処理手続であり，当事者の手続保障が最も充実した手続である。被告には応訴義務（➡第2章1）が強制的に課され，公権的な判断で紛争を処理することが予定されている。

　これに対して，ADR は，訴訟と比べて，手続が多様・柔軟かつ機動的であり，紛争当事者は，より手軽に手続を利用でき，簡易，迅速かつ低廉な紛争処理が可能となる。また，非公開手続であるのでプライバシーや企業秘密も保護される。当事者本人の積極的な関与が可能であり，実体法にとらわれず事案に即した妥当でかつ将来志向的な救済内容の形成が可能となる。このように ADR は，紛争当事者の合意を基礎として自主的に救済を形成しようとする当事者の基本姿勢を制度的に支援するのである。なお，ADR（とくに，たとえば民事調停）と訴訟との手続上の違いについては，表11-1を参照。

② 和　　解

　和解は，一般に，裁判外の和解（私法上の和解）と裁判上の和解に分類でき，後者は，訴え提起前の和解（即決和解）と訴訟上の和解に分けられる。和解（私法上の和解）とは，紛争当事者が互いに譲歩して紛争を止めることを約束する契約をいう（民695条）。通常は，紛争当事者間での交

表 11 - 1　訴訟とADR（調停）の手続比較

	訴　　訟	ADR（調停）
手続の基本的性格	強制的権限の行使 （被告は応訴義務を負担する）	当事者の合意重視 （相手方は応答義務を負わない）
手続主体	裁判官	裁判官（非常勤裁判官を含む）と民間人（他のADRでは，民間人だけの場合がある）
公開の有無	公開	非公開
当事者からの聴取の方式	双方審尋（➡第4章3） （当事者対席）	原則として交互面接
証拠等の収集の方式	弁論主義（➡第4章2）	職権探知主義等（➡第4章2）
紛争処理基準	実体法	実体法・条理
不服申立ての方法	控訴・上告	なし
履行確保の基礎	債務名義 （➡第16章1）	債務名義 （他のADRでは，必ずしもこれが得られるとは限らない）

渉の結果，和解に至ることになる。しかし，それだけでは，単なる和解契約にすぎず，紛争が生じた場合には，何らかの民事手続を通じて，改めて権利義務関係を確定しなければならなくなる（ただし，執行証書〔➡第16章1〕が作成されている場合は別である）。

これに対して，以下の場合は，判決同様の効力をもつことになる。

訴え提起前の和解　　これは，訴えを提起する前に，簡易裁判所に紛争当事者の双方が出廷することによりなされる和解（民訴275条）である。通例，1回の期日で和解が成立することになるので，即決和解ともよばれる。この場合には，裁判官の面前で，裁判所書記官によりその和解内容が和解調書に記載されるが，その記載は，確定判決と同一の効力を有することになる（民訴267条）。それゆえ，債務者が任意に履行しない場合には，訴訟

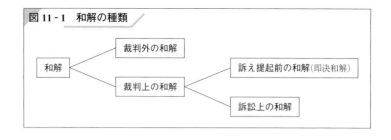

図 11 - 1　和解の種類

```
和解 ─┬─ 裁判外の和解
      │
      └─ 裁判上の和解 ─┬─ 訴え提起前の和解(即決和解)
                      │
                      └─ 訴訟上の和解
```

などの権利義務関係の確定手続を経なくても強制執行ができることとなる（民執22条7号）。これも，簡易な債務名義の形成手続であり，金額にかかわらず，執行可能なあらゆる給付請求権について利用できる利点がある。

訴訟上の和解　これは，ADR ではないが，訴訟手続中に，原告被告双方が和解をして争いを終結するものであり，判決に取って代わる制度である。裁判所に提起された訴えは，訴訟上の和解により終了するものが少なくない。その和解手続の内容は多様であり，手続の実態は，当事者主導のものから裁判所主導のものまで様々である。裁判所は，訴訟がいかなる程度にあるかを問わず，訴訟上の和解を試みることができる（民訴89条）が，現行民事訴訟法には，訴訟上の和解が利用できる機会を拡大するために，前述のように，多様な和解手続が設けられている（➡第6章2）。これも，簡易な債務名義の形成手続である（民訴267条，民執22条7号参照）。現在，訴訟上の和解は，判決と並ぶ紛争処理手続として脚光を浴びており，和解の技法や公正な和解形成手続のあり方に関する実践的な議論が盛んに行われつつある。ただ，これまでのところ，裁判官の和解についての考え方にはばらつきがみられ，ま

た，和解過程を規制する手続規範が必ずしも明確ではないので，フェアーな手続はどうあるべきかが，探求されつつある。

③　調停（民事調停）

意　義

調停には，裁判所で行われる調停と裁判所以外の機関で行われるものとがある。前者には，民事調停と家事調停とがあり，後者には，たとえば，労働委員会による調停（労組20条）や公害等調整委員会等によるもの（公害紛争31条以下等）などがある。ここでは，調停の典型例として，民事調停について述べ，家事調停は，後に第 13 章 1 で言及し，さらに，特定調停の制度についても，第 19 章 3 で触れたい。

さて，民事調停は，民事紛争について，当事者の互譲により，条理にかない実情に即した紛争処理を図ることを目的とした手続である（民調1条）。調停は，次に述べる仲裁のように第三者の判断が当事者を拘束するというものではなく，調停委員会が調停案を示しても，それは単なる勧告にすぎず，当事者の受入れ，すなわち合意が必要となる（民調16条）。この意味で，調停は，当事者が自らの手で自主的な救済内容を形成できる紛争処理手続である。

手　続

原則として裁判官 1 名と民間人 2 名以上で構成される調停委員会が，民事調停を行う（民調 5 条・6 条）。民間人が調停委員として活動することは，「国民の司法参加」という意義があり，そこに適切な人を得られるか否かが，個別事件における調停成否の重要な鍵の 1 つである。

調停は，裁判所の指定した期日に，裁判所で行われる。ただ，裁判所外の適当な場所で，現地調停をすることもできる（民調12条の

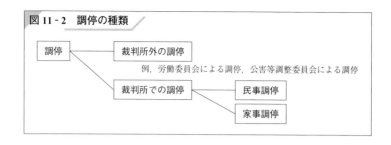

図 11-2　調停の種類

```
調停 ──── 裁判所外の調停
                例，労働委員会による調停，公害等調整委員会による調停
     ──── 裁判所での調停 ──── 民事調停
                          ──── 家事調停
```

4）。そこでは，主張，事実の調査，証拠調べ，あっせん（第三者の調停委員が当事者間における紛争処理を支援すること），調停条項の作成や指示とこれに対する意見の交換などが，非公開の交互面接方式で行われる。この方式は，申立人と相手方からそれぞれ別々に話を聴いたりすることをいう（議会運営の用語を借用して，「コーカス」ともいう）。手続の原則としては，調停委員会が自ら進んで調停の資料収集を行うことができるという建前である職権探知主義が採用されている（民調12条の7）。期日には原則として当事者自らが出席しなければならないので（民調規8条1項本文），直接主義・口頭主義（➡第4章 *3*）が保障された話合いの場を利用しつつ，当事者が手作りの救済を形成できる仕組みとなっている。調停の結果について利害関係を有する第三者の手続参加（民調11条）も認められる。手続をどのように進めるかについては厳格な定めはなく，また，判断基準も実定法化された実体法に忠実である必要はないので，当事者による救済形成の可能性も広がって行く。

　なお，2003（平成15）年に，5年以上の経験を有する弁護士から任命される民事調停官および家事調停官が，民事および家事の調停事件を取り扱う，いわゆる「非常勤裁判官制度」が導入された（民調23条の2，家事250条・251条）。これは，法律専門職である弁護士の

もつ多様で専門的な知見を民事・家事の各調停手続で活用し，手続の機能強化を図り，そして，弁護士の裁判官への任官（いわゆる弁護士任官）を促進する目的をも有している。

効　　力 調停が成立し合意内容が調書に記載されれば，その記載には，裁判上の和解と同一の効力が認められる（民調16条）。裁判上の和解は，確定判決と同一の効力が認められる（民訴267条）ので，調停調書は債務名義となる（民執22条7号）。調停に代わる決定（「17条決定」という→民調17条）は，調停活動が行われたものの，調停が成立する見込みがない場合で相当なときなどに行われる。異議の申立てがあったときには効力を失う点で，違憲とされたいわゆる強制調停（最大決昭和35年7月6日参照）とは異なる。ただ，異議申立てがないときは，裁判上の和解と同一の効力を有することになる（民調18条5項，民訴267条）。

④ 仲　　裁

意　　義 仲裁は，両当事者が，すでに生じた紛争または将来生じるおそれのある紛争（仲裁2条1項）について，裁判官以外の第三者（仲裁人によって構成される仲裁廷）にその処理（判断）を委ねる合意（仲裁合意→仲裁13条・14条参照）をし，これに基づき仲裁廷が行う手続である。

2003（平成5）年に，現在の仲裁法が制定され，制定から約110年を経過した旧法（「公示催告手続及ビ仲裁手続ニ関スル法律」）に取って代わった。これは，2001（平成13）年の『司法制度改革審議会意見書』の提言を受けて，仲裁手続の改善を図り，利用しやすく実効的な仲裁制度を構築するという見地から，仲裁合意の要件，仲裁手続，

仲裁判断の取消し，および執行を許可する裁判その他の基本となる事項について，法整備を行い，かつ，国際的な標準にも合致した規律を設けたものである。

　ただし，消費者と事業者との間，個別労働者と使用者との間で取り交わされた仲裁合意については，情報力や交渉力に格差が存在することを考慮して，特則（仲裁附則3条・4条）が定められている。

　仲裁という紛争処理方式が認められたのは，当事者が本来的に自主的に処理できる争い（仲裁13条1項参照）については，国家もその処理を尊重し助力するのが望ましいとの考慮に基づいている。それゆえ，仲裁は，民事訴訟による紛争処理を排除する効力をもつので，その事件について訴えが提起されても，被告が仲裁の抗弁（仲裁合意の抗弁）を提出すれば，その訴えは却下されることになる（仲裁14条1項本文）。

　欧米では仲裁が広く利用されているが，わが国では，和解・調停と比べて，わずかしか利用されていない。しかし，たとえば，建設工事紛争や国際商取引紛争の処理などといった特定の分野では，比較的よく利用されている。また，近時各地の弁護士会が設けた紛争解決センターの利用も進んでいる（なお，「仲裁センター」という名称のものもあるが，仲裁で終わる事件は極めて少ない）。

　仲裁は，いわば「1審限りの拘束力ある判断」であり，仲裁廷の判断内容に不満があっても，取消事由（仲裁44条1項1号～8号）がない限り，当事者が従わざるをえない点で，和解・調停の場合とは異なる。当事者が仲裁手続を通じて紛争処理を行う旨の合意に基礎を置き，自由な手続で，専門領域における事情や商慣習等に精通した仲裁人により，的確かつ迅速な判断が得られるという利点もある。

　わが国における ADR は，訴訟というオープンな場で議論することの不得手な日本人の国民性に合致するものであり決して好ましくはない，との評価を受けたり，また，国民の訴訟離れの反面として，本来訴訟で処理されるべき事件が ADR へ流入しているので活況を呈しているにすぎない，といったネガティブな現状認識も行われている。

　しかしながら，問題は，紛争当事者である手続利用者が，ADR を通じてどの程度の満足を得られているかであり，当事者の視点から，訴訟利用の場合と比較されるべきであろう。ADR の多様な手続の生成と展開には，長い歴史とそれなりの理由がある。確かに，訴訟＝判決手続は，多くの強制的な要素をもつ手続であるが，最も権力的なものが最も首尾よい成果を収められるとは限らない。イソップの寓話「北風と太陽」も，そのことをよく示している。それゆえ，これからは，ADR も訴訟手続も，ともに紛争当事者のニーズや思いに即した利用しやすい手続を構成し，両者がよきライバルとして競争と連携を行うことにより，民事紛争処理制度全体の質の向上を図って行くべきである。『司法制度改革審議会意見書』でも，ADR および訴訟制度の拡充や活性化だけでなく，ADR と訴訟手続との連携強化を目指すべきことが提言されていた。

　この意見書の提言を受けて，ADR を裁判と並ぶ魅力的な手続の選択肢とし，それに法的基盤を付与する等の目的で，2004（平成16）年に，「裁判外紛争解決手続の利用の促進に関する法律（ADR 基本法，ADR 促進法）」が，制定された。この法律に基づき，法務大臣の認証を受けた ADR 機関（認証紛争解決事業者）の手続には，時効中断効（同法25条。なお，民法改正に伴い「時効完成猶予効」となる）や訴訟手続中止効（同法26条）等が付与される。ただし，そこでの合意内容につき，とくに債務名義が作られない限り，執行力は生じない。

| 種類と手続 | 　仲裁の種類としては，「内国仲裁」と渉外的要素をもつ「国際仲裁」とが区別された |

り，仲裁機関や手続が制度的に定められた「制度仲裁」と紛争ごとに個別的に手続が決められる「アド・ホック仲裁（個別仲裁）」とが区別される。常設的な仲裁機関としては，わが国には，たとえば，日本商事仲裁協会，日本海運集会所，建設工事紛争審査会，弁護士会の紛争解決センター等があり，海外には，たとえば，アメリカ仲裁協会，ロンドン国際仲裁裁判所，パリの国際商業会議所などがある。

　仲裁廷（1人の仲裁人または2人以上の仲裁人の合議体）が行う審理判断手続の進め方については，合意があればそれにより，なければ仲裁廷に一任される（仲裁26条）。仲裁廷が争いを判断する基準は，公平・適正の理念であり，必ずしも実定法化された実体法に限らない。ただ，仲裁手続の成否が，選任された仲裁人の人とその手続運営に依拠する面も大きいことから，その選任手続（仲裁17条）や忌避原因等（仲裁18条）・忌避手続（仲裁19条）も定められている。仲裁判断には，確定判決と同一の効力が認められているが（仲裁45条1項本文），強制執行は，仲裁判断に執行決定を得なければ行うことができない（仲裁45条1項但書，民執22条6号の2）。

2 非訟事件手続

① 意義・種類・手続

> **意　　義**

裁判所が，訴訟手続よりもより簡易かつ柔軟な手続で，私人間における一定の生活関係を形成したり，一定の紛争処理を行ったりする手続として，非訟事件の手続が存在する。この手続は，訴訟手続でない紛争処理とい

う面では，これまで述べてきた ADR の手続に似ている。

　しかし，ADR が当事者の合意を基本とした紛争処理手続である
のに対して，非訟事件手続は，決定という裁判（➡第6章*3*）を導
く点で，訴訟手続と同様に，当事者の合意の有無にかかわらない強
制的な手続である。

　四半世紀以上にわたる民事手続法改革における最後の大改正とし
て，2011（平成23）年には非訟事件手続法と家事事件手続法が制定
され，2013（平成25）年から施行されている。

<table>
<tr><td>種　　類</td></tr>
</table>

　　　　　　　　　　　　この非訟事件には，現行法上，多様で広範
な質的に異なった事件が含まれる。たとえ
ば，①非訟事件手続法に定められたものとして，民事非訟事件（供
託等に関する事件等）や公示催告事件などがあり，また，②家事事件
手続法別表第一および別表第二に規定されたもの（具体的には➡第
13章*2*），および，③借地借家法に定められたいわゆる借地非訟事
件（例，借地条件の変更，増改築の許可等），さらに，④先に述べた調
停事件，（議論はあるが）後述の民事執行事件や破産事件などが挙げ
られる。また，2004（平成16）年には，⑤労働審判法に定められた
個別労働関係紛争事件が，2007（平成19）年には，⑥刑事訴訟手続
にともなう犯罪被害者等の損害賠償請求に関する裁判手続（損害賠
償命令制度）による損害賠償請求事件も，非訟事件に加わった。

　これらの事件では，個別の法律の中で，非訟事件手続法の総則規
定が準用されているものもある（たとえば，民調22条，労審29条1項）。
なお，家事事件手続法では，分かりやすさを追求し，同法だけを見
れば手続内容が明らかになるように工夫がなされた。

表11‐2　訴訟と非訟の手続比較

	訴訟手続	非訟手続
手続の基本的性格	事実認定と法の適用による手続	裁量的要素が強い手続
手続主体のあり方	二当事者対立構造を採る	二当事者対立構造を採らない場合がある
証拠等の収集の方式	弁論主義	職権探知主義
審理の方式	必要的口頭弁論 （公開の手続）	審問（審尋） （非公開の手続）
裁判の形式	判決	決定
不服申立ての方法	控訴・上告	抗告

手続の特徴　　　このように，非訟事件の類型には，多様な事件が含まれるが，訴訟手続と比較した一般的な特徴を挙げれば，次の通りである。

すなわち，非訟事件には，訴訟における原告・被告関係のような二当事者対立構造（➡第2章1）を採らないものも少なからずある。その審理手続では，口頭弁論（➡第4章3）が開かれず，審問（審尋）という非公開の方式が採られる。裁判の形式は，判決ではなく決定であり，それに対する不服申立ての方法は，控訴ではなく，抗告（➡第9章4）という簡易な手続に限られている。非訟事件手続は，訴訟手続と比較して，審理手続が簡易であり，当事者ないし関係人の手続上の地位や権限が訴訟ほどには強く認められていない。しかも，非訟事件の手続では，裁判の基準になる実体法規範の内容（要件・効果）が明確に規定されていない場合がほとんどであり，裁判所の裁量的，弾力的かつ後見的な判断の余地が，訴訟手続の場合と比較して格段に大きくなる。ただ，新しい非訟事件手続法および家事事件手続法では，当事者その他の手続関係人の手続保障の強化が図られている。

非訟と訴訟との手続上の違いについては，表11‐2を参照。

② 訴訟と非訟

訴訟と非訟の区別　現在，非訟事件と訴訟事件の区別の基準をめぐっては，様々な考え方が対立している。これまでのところ，両者の区別の基準を国家作用の性質に求め，法規を適用して紛争を解決するのが訴訟事件の裁判（すなわち，民事司法）であり，国家が私人間の生活関係に介入して行政的な命令を行うのが非訟事件の裁判（すなわち，民事行政）であるとする考え方が有力である。しかし，このような一般基準を立てることにどれだけの意義があるかは必ずしも明らかではなく，個別事件ごとに，それに相応しい関係人の手続保障のあり方を考えて行くべきであろう。

訴訟の非訟化　ところで，現在非訟事件とされているものの中には，かつて訴訟事件であったものも存在する。たとえば，遺産分割や相続人廃除などの事件がそれである。そこで，このようないわゆる「訴訟の非訟化（訴訟事件の非訟事件化）」がどこまで許されるかが問題となる。これは，紛争当事者が，公開法廷における口頭弁論や判決といった慎重な手続を利用できる憲法上の権利（憲32条・82条）との関係で問題となる。ある事件が非訟事件とされてしまえば，その処理過程において，憲法上の権利を享受できなくなる可能性が生じるからである。

　この問題について，最高裁判所は，一連の判例を通じて，次のような準則を定立し，多くの非訟事件の手続を合憲としてきた。すなわち，憲法82条の趣旨は，法律上の実体的権利義務自体に争いがあるような「純然たる訴訟事件」の手続は公開法廷における対審および判決によるべきであり，非訟事件として処理するのは違憲である

というものである。このような実体的権利義務自体を確定すること
が固有の司法権の作用であるのに対して，実体的権利義務自体を確
定する趣旨ではなく，その権利義務の存在を前提としてその具体的
な内容（例，履行の時期，場所および態様など）を形成するための事件
は非訟事件であり，その事件の前提問題として権利義務が判断され
ても，それには既判力（➡第7章2）は生じず，再度訴訟手続で争
うことができるので，違憲ではない，と判示された（例，最大決昭
和40年6月30日②など）。最高裁判例の基準は，一見明確なもののよ
うにもみえるが，学説上様々な批判がある。

第2編

家庭事件と民事手続法

神戸家庭裁判所の母子像（彫刻家 大西徹山作）。京都家庭裁判所の母子像（本書前版第3編扉写真）と比較してみよう。

第**12**章　家庭裁判所と家庭事件

家庭裁判所は，どのような裁判所であろうか。家庭に関する法的な事件
とは，どのようなものなのであろうか。本章では，家庭裁判所の手続一
般について概観する。

家庭裁判所

裁判所の種類として，家庭裁判所というも
のがある。これは，裁判所の中では少し変
わった存在である。

　条文上の根拠からいえば，日本国憲法76条１項が，「すべて司法
権は，最高裁判所及び法律の定めるところにより設置する下級裁判
所に属する」と規定し，これに基づいて，裁判所法31条の２から31
条の５までが家庭裁判所について規定を置いている。裁判所法は
1947（昭和22）年に施行されたが，家庭裁判所は，家庭の平和の維
持や少年の健全な育成を図るために，新たに1949（昭和24）年に設
けられたため，このように裁判所法の規定が枝番号になっているの
である。

　家庭裁判所は，少年にかかわる犯罪の関係を除くと，「家事事件
手続法で定める家庭に関する事件の審判及び調停」をする権限と
「人事訴訟法で定める人事訴訟の第１審の裁判」をする権限がある

（裁31条の3第1項1号・2号）。家庭裁判所には，必要な調査を行う家庭裁判所調査官がとくにおかれている（裁61条の2）。このような点に，他の裁判所と比べた特色がある。

ただし，家庭裁判所は，裁判所の構成上，地方裁判所と同格で，その裁判に対する不服申立ては高等裁判所に対して行い（裁16条1号・2号），最高裁判所を頂点とする組織の中にあるから，憲法76条2項で設置が禁止されている「特別裁判所」には当たらない。

なお，家庭裁判所は，「家事手続案内」として，一般の人が利用しやすいよう窓口で手続の仕方などを案内している。

家庭事件の意義

家庭は，人間の基本的な生活の場であるが，そのような場においても，場合によっては，その法律的な規律について国家が後見的な役割を果たさなければならないこともある。たとえば，民法上，成年後見の制度があり（民7条以下），精神上の障害によって「事理を弁識する能力を欠く常況」（民7条）にある者について，その者の保護のために後見を開始し成年後見人を付ける必要が生じる場合がある。その場合には，家庭裁判所が，後見開始の要否について判断したり，成年後見人を選任したりしなければならないが，その手続としては，原告と被告とが対立して権利義務の要件・効果について争うような訴訟の手続によるよりも，むしろ裁判所の合理的な裁量によって判断する手続の方が妥当であろう。

また，夫婦，親子，兄弟などの間でも様々な紛争がありうるので，それを法律的に解決する必要が生じる場合もある。たとえば，ある人が死亡した場合には相続が開始するが（民882条），相続人らの間で遺産分割（民906条以下）に関して争いが生じた場合には，それを

解決する手続が必要になってくる。しかし，そのような場合，兄弟間などでの感情のもつれが関係することが多く，また生活関係が継続的であることから，裁判所が通常の財産事件のように訴訟という手続で権利義務を判断しても，合理的な解決にならないおそれがある。そこで，非公開の手続で，しかも場合によっては話合いによる納得が得られるように事件の処理を進めることが必要となってくるわけである。

　そこで，これらのような家庭に関する事件（家庭事件）について，家事事件手続法が制定され，特有の手続が用意されているのである（同法は，2013〔平成25〕年からの施行であるが，その前身である家事審判法の規定を当事者の手続保障の重視等の観点から大幅に改めたものである）。

　さらに，基本的な身分関係の存否を扱う人事訴訟についても，民事訴訟法の特則として人事訴訟法が制定され，その性質に応じた合理的な手続が設けられている。

| 家庭事件の種類 |

　上述したように，家庭事件には，家事事件手続法上のものと人事訴訟法上のものとがあるが，ここでは，とくに分かりにくい家事事件手続法上の種類についてみておく。

　家庭事件は，①家事事件手続法別表第一に掲げる事項についての事件と②家事事件手続法別表第二に掲げる事項についての事件とに分けられている。先ほどの例で，後見開始は①であり（別表第一の1項），遺産の分割は②である（別表第二の12項）。

　①と②の区別の意味は，①については調停が行われないなどの点にある。区別の基準は必ずしも明確なものではないが，一応，①は当事者が処分することができない公益性の高い事項で，②は当事者

が処分することができる公益性の低い事項（私的な利益に直接関わり紛争性の高い事項）である，といえよう。

　別表第一に掲げる事項の例を挙げると，後見開始のほか，失踪の宣告，親権喪失，限定承認の申述の受理，相続の放棄の申述の受理，遺言書の検認，遺言執行者の選任など，様々なものがある。他方，別表第二に掲げる事項には，遺産の分割のほか，夫婦間の協力扶助に関する処分，婚姻費用の分担に関する処分，財産の分与に関する処分，親権者の指定などがある。

　家事事件手続法上の手続の種類としては，次章以下に述べるように，家事調停（家事244条以下）と家事審判（家事39条以下）とがある。

> 家庭をめぐる法的紛争は，話合いとその結果の合意によって解決するの
> が適当であることが多い。それが家事調停である。それに対して，訴訟
> ではないものの家庭裁判所の裁判によって一定の解決が図られることも
> ある。これが家事審判である。本章では，訴訟手続でないこれらの手続
> を概観する。

1 家 事 調 停

意　義

　調停とは，紛争を解決するための方法の1
つとして，第三者が仲介することによって，
紛争の対立関係にある当事者の間に合意を成立させることをいう。
これに関する基本法としては民事調停法があるので，家事事件手続
法の家事調停の規定は，家庭事件についての特別法であるというこ
とになる。調停では，民法などの法律に必ずしも拘ることなく，
条理によって柔軟な解決をすることが可能となることが，大きな特
徴となる。前章でも述べたように，親族間での感情のもつれが紛争
の背景にあるような場合には，第三者を挟んで話合いをし，合意の
成立によって紛争を解決するのが妥当である場合が多い。

　まず，この家事調停の手続をとることが可能な事件の種類である

が，家事事件手続法244条は，「家庭裁判所は，人事に関する訴訟事件その他家庭に関する事件（別表第一に掲げる事項についての事件を除く。）について調停を行う」と定めている。したがって，たとえば，離婚の訴えは人事訴訟事件であり，また遺産の分割は別表第二に掲げる事項であるから，これらについては家事調停の手続をとることができることになる。これに対し，後見開始は，別表第一に掲げる事項であるから，これについて家事調停の手続をとることはできない。

人事訴訟・
家事審判との関係

たとえば離婚の訴えのような人事に関する訴えを提起する場合には，その前に，まず家庭裁判所に調停の申立てをしなければならないものとされ，もし調停の申立てをしないで訴えを提起した場合には，裁判所は，原則としてその事件を家庭裁判所の調停に付さなければならないことになっている（家事257条）。これを調停前置主義という。また，調停を行うことができる事件についての訴訟または家事審判事件が係属している場合には，裁判所は，当事者の意見を聴いて，いつでも，職権で，事件を家事調停に付することができる（家事274条1項）。このように，いずれにしても，調停が可能である事件については，当事者の合意による解決が妥当であると考えられ，なるべく調停を利用する方向で制度が作られているといえる。

機　　関

家庭裁判所は，調停委員会で調停を行うが，家庭裁判所が相当と認めるときは，裁判官のみで行うことができる（家事247条1項）。ただし，当事者の申立

てがあれば，調停委員会で調停を行わなければならない（同条2項）。調停委員会は，裁判官1人と家事調停委員2人以上とで組織されることになっている（家事248条1項）。

　なお，弁護士から任期2年の家事調停官を任命することができ（家事250条），家事調停官は，家事事件手続法において家庭裁判所，裁判官または裁判長が行うものとして定める家事調停事件の処理に関する権限を行うことができる（家事251条2項）。

手　続

　家事調停の申立ては，申立書を家庭裁判所に提出してしなければならない（家事255条）。家庭裁判所は，原則として，申立書の写しを相手方に送付しなければならない（家事256条）。

　家事調停の手続では，調停機関が，当事者から紛争の実情をよく聴いた上で，当事者を説得したり合理的な解決案を提案したりして，合意が成立するように努める。いうまでもなく，家事調停の手続は，民事訴訟の手続とかなり異なるところがある。家事調停では，後述する家事審判と同様に，とくに，手続は非公開で行われ（家事33条本文），職権で事実の調査をし，申立てによりまたは職権で必要と認める証拠調べをしなければならない（家事258条・56条）とされている。そのほか，一定の範囲で家事審判の手続の規定が準用されている（家事258条）。

　また，民事訴訟法では，未成年者や成年被後見人は，法定代理人によらなければ訴訟行為をすることができないとされ（民訴31条），家事事件手続法でも手続行為能力（家事事件の手続における手続上の行為をすることができる能力）について同条が準用されているが（家事17条1項），家事調停においては，一定の行為について本人の意思

を重視する必要があることから，夫婦間の協力扶助に関する処分の調停事件における夫と妻などは，成年被後見人である場合でも，法定代理人によらずに家事調停の手続上の行為をすることができるとされている（家事252条）。

ところで，家事調停の手続では，一方当事者による暴力行為のおそれなどを避ける必要があるとして，調停機関が紛争の両当事者から個別に事情や言い分を聴くことが多い。しかし，相手方がいる場合の方が手続が公正に行われ，また当事者間のコミュニケーションが回復し誤解が修正されるなどのメリットもあるとして，むしろ当事者双方を同席させて手続を行うべきである（同席調停）という考え方もあり，現実に一部で実践されている。結局，トラブルが起きる可能性が現実にどの程度あるのかなど，個別の事情によって判断すべきであろう。

なお，調停委員会は，家事調停事件が係属している間，調停のために必要であると認める処分を命ずることができるが（調停前の処分），これは執行力を有せず，正当な理由なく従わない者に過料の制裁があるにとどまる（家事266条1項・3項・4項）。これに対し，一定の家事審判事件に係る事項について家事調停の申立てがあった場合には，その家事調停事件が係属する家庭裁判所は，仮差押え，仮処分，財産の管理者の選任その他の必要な保全処分を命ずることができ（審判前の保全処分がここまで拡張されている。家事105条1項），実効性の確保が図られている。

| 調停調書 | 家事調停手続において当事者が話し合った結果，当事者間に合意が成立し，それが調書に記載されたときは，調停が成立し，その記載は確定判決または

確定した審判と同一の効力を有することになる（家事268条1項）。
なお，離婚または離縁についての調停事件を除き，遠隔地にいるなどの当事者が調停条項案受諾の書面を提出し，他の当事者が出頭し受諾したときには，合意が成立したものとみなされる（家事270条）。

　調停調書に既判力（➡第7章2）が認められるかについては，対立がある。調停調書が，裁判所における当事者の合意によるという点で，訴訟上の和解（➡第6章2）による和解調書に似ており，またその和解調書も「確定判決と同一の効力を有する」（民訴267条）とされていることから，基本的に和解調書の場合と同様に考えられよう（和解調書の既判力についても説の対立がある）。調停調書は，具体的な給付義務を規定していれば執行力を有するが（民執22条7号），別表第二に掲げる事項の場合は確定した審判と同一の効力を有する（家事268条1項）ので，後述するような審判の規定に従うことになる。

特殊審判

「特殊審判」とよばれるものに，「合意に相当する審判」と「調停に代わる審判」とがある。

(1) **合意に相当する審判**　人事に関する訴え（離婚や離縁の訴えを除く）を提起することができる事項は，当事者による任意処分ができないものであり，調停手続で合意が成立しても，直ちに調停を成立させることはできない。しかし，家庭裁判所が，必要な調査をし，家事調停委員の意見を聴いて，合意を正当と認めるなど一定の場合には，その合意に相当する審判という裁判をすることができることになっている（家事277条1項）。

　これは，「合意に相当する審判」と言われ，人事訴訟の簡易手続

的な性格を有することになる。その審判に対して当事者や利害関係人から異議申立てがないときは，その審判は確定判決と同一の効力を有することになる（家事281条）。

(2) **調停に代わる審判**　また，それとは反対に，合意がなく調停が成立しない場合にも，それまでの努力をできるだけ無にしないようにするために，家庭裁判所がもう一押しして審判という形で解決案を示し，それによって，当事者が考え直し了承するということも考えてよい。そこで，調停不成立の場合に，家庭裁判所は，相当と認めるときは，当事者双方のために衡平に考慮し，一切の事情を考慮して，職権で，事件の解決のため必要な審判をすることができることになっている（家事284条1項。ただし，離婚および離縁の訴え以外の人事に関する訴えについては，認められていない。同項但書）。この審判においては，当事者に対し，子の引渡しまたは金銭の支払その他の財産上の給付その他の給付を命ずることができる（同条3項）。

この審判に対して当事者からの異議申立て（家事286条1項）がないときは，調停に代わる審判は確定判決または確定した審判と同一の効力を有する（家事287条）。

2 家事審判

意　義　家事事件手続法上のもう1つの手続は，家事審判の手続である。これは，別表第一と別表第二に掲げる事項等について行われる裁判の手続である（家事39条）。非訟事件手続（➡第11章*2*）の一種であるが，家事事件手続法は自己完結的なものとして立法されており，非訟事件手続法第2編の「非訟事件の手続の通則」は，家事審判手続に適用されない。

以前の家事審判法に比べて，当事者等の手続保障が大幅に強化され，子どもの立場にも配慮する制度となっている。

家事事件手続法は，家事審判手続について，第2編「家事審判に関する手続」を第1章「総則」と第2章「家事審判事件」に分け，後者では，各論として，「成年後見に関する審判事件」をはじめ全27節にわたって個別の手続ごとの規定を置いている。ここでは，総則の規定を中心にみておく。

| 申立て |

まず，家事審判の申立ても，申立書を家庭裁判所に提出してしなければならない（家事49条1項）。ただし，別表第二に掲げる事項についての調停事件が，調停不成立により終了した場合には，家事調停の申立ての時に，その事項についての家事審判の申立てがあったものとみなされる（家事272条4項）。

2つ以上の事項について審判を求める場合は，家事審判手続が同種で，同一の事実上および法律上の原因に基づくときは，1つの申立てで求めることができる（家事49条3項）。また，申立人は，申立ての基礎に変更がない限り，申立ての趣旨または理由を変更することができる（家事50条1項本文）。

家事審判の申立ては，原則として，審判があるまで取り下げることができる（家事82条1項）。別表第二に掲げる事項についての家事審判の申立ての取下げは，審判が確定するまで可能であるが，審判後は相手方の同意が必要となる（同条2項）。そのほか，審判前でも裁判所の許可を要する場合があり（家事121条等），相手方の同意が必要とされる場合もある（家事153条等）。

裁　判　所　　　　家庭裁判所は，1人または3人（合議体で
審判する旨の決定をした場合）の裁判官で事
件を取り扱う（裁31条の4）。家庭裁判所は，原則として，参与員
（➡第14章）の意見を聴いて審判をする（家事40条1項）。参与員は，
毎年あらかじめ家庭裁判所の選任した者の中から，事件ごとに家庭
裁判所が指定し（家事40条5項），旅費，日当等が支給されることに
なっている（同条7項）。

　裁判官の除斥，忌避については，民事訴訟法に準じた規定が置か
れているが（家事10条以下），民事訴訟法に規定がないものとして，
忌避の申立てを受けた裁判官自身がその申立てを却下できるという
いわゆる簡易却下の制度（家事12条5項）が規定されているのが注
目される。

当　事　者　　　　当事者をめぐる規律については，民事訴訟
法に比べて主に次の点が特徴的となってい
る。

　(1)　**手続行為能力**　　調停において前述したように，訴訟能力に
相当する手続行為能力については，民事訴訟法の規定が準用されて
いるが（家事17条1項），成年被後見人や未成年者について一定の場
合に法定代理人によらずに自ら手続行為をすることができる場合が
認められている（家事118条・151条等）。

　(2)　**参　　加**　　当事者となる資格を有する者は，当事者として
家事審判の手続に参加することができる（当事者参加→家事41条1項）。
家庭裁判所が相当と認めれば，一定の場合に強制的に参加させるこ
とも認められている（同条2項）。

　また，①たとえば後見開始の審判における成年被後見人となるべ

き者のように，当事者ではないが「審判を受ける者となるべき者」も，家事審判の手続に参加することができるし，さらに，②たとえば成年後見人の解任の審判における成年被後見人のように，当事者でもなく審判を受ける者でもないが，「審判の結果により直接の影響を受ける者」等も，家庭裁判所の許可を得れば，手続に参加することができる（利害関係参加→家事42条1項・2項）。これらについても，家庭裁判所が相当と認めれば，強制的に参加させることができることになっている（同条3項）。利害関係参加人は，原則として，当事者がすることができる手続行為をすることができる（同条7項）。

| 審　理)

手続は，非公開で行われる（家事33条本文）。「家庭裁判所及び当事者が音声の送受信により同時に通話をすることができる方法」（電話会議システム）の利用が可能である（家事54条）。

　事実の解明については，弁論主義（➡第4章2）は採られず，家庭裁判所は，職権で事実の調査をし，申立てによりまたは職権で必要と認める証拠調べをしなければならないとされている（家事56条）。「申立てにより」とあるので，当事者に証拠調べの申立権が認められていることになる。事実の調査は，家庭裁判所調査官にさせることができるし（家事58条），他の家庭裁判所や簡易裁判所に嘱託することもできる（家事61条）。調査嘱託も可能である（家事62条）。事実の調査をした場合，その結果が当事者による家事審判の手続の追行に重要な変更を生じうるものと認めるときは，当事者および利害関係参加人に通知しなければならない（家事63条）。そのほか，証拠調べについては，民事訴訟法の規定が一定範囲で準用されている（家事64条1項）。

なお，未成年者である子が結果により影響を受ける家事審判の手続においては，家庭裁判所は，子の意思を把握するように努め，審判をするに当たり，子の年齢および発達の程度に応じて，その意思を考慮しなければならないとされている（家事65条）。

記録の閲覧

　記録の閲覧については，民事訴訟法に比べてプライバシーを保護しなければならないという要請が強いが，当事者の手続保障の観点も重要である。そこで，まず，①当事者または②利害関係を疎明した第三者が記録の閲覧等を請求するには，家庭裁判所の許可を得なければならない（家事47条1項）。その上で，当事者からの請求の場合は，未成年者の利益を害するおそれがあるなど不許可とできる事由に該当しない限り許可しなければならないものとし（同条3項・4項），利害関係を疎明した第三者からの請求の場合は，家庭裁判所が相当と認めるときに許可することができるものとしている（同条5項）。

家事調停をすることができる事項についての特則

　家事事件手続法は，66条以下に，「家事調停をすることができる事項についての家事審判の手続の特則」を置いている。別表第二に掲げる事項は，家事調停をすることができる事項であり（家事244条），紛争性のある事件について当事者の手続保障を強化しようとするものである。

　手続の開始に当たっては，①合意管轄が認められ（家事66条），②家事審判の申立書の写しが原則として相手方に送付されることになっている（家事67条）。また，審理に当たっては，①原則として，当事者の陳述を聴かなければならないこと（家事68条），②審問の期日

を開いて当事者の陳述を聴くことにより事実の調査をするときは，他の当事者は，その期日に立ち会うことができること（家事69条），③事実の調査をしたときは，とくに必要がないと認める場合を除き，その旨を当事者および利害関係参加人に通知しなければならないこと（家事70条），④原則として，相当の猶予期間を置いて審理を終結する日を定めなければならないこと（家事71条），⑤審理を終結したときは，審判をする日を定めなければならないこと（家事72条），としている。

| 審　　判 |

上のような手続で審理が行われた結果，家庭裁判所によって審判という判断（裁判）がなされる。たとえば，本編第12章で述べた例でいえば，後見開始をすべきであるかについて審判したり，遺産分割の具体的方法について審判したりするわけである。

　審判は，原則として，当事者および利害関係参加人ならびにこれらの者以外の審判を受ける者に対し，相当と認める方法で告知しなければならない（家事74条1項）。審判は，原則として，審判を受ける者（の1人）に告知することによって効力を生じるが，即時抗告をすることができる審判は，確定しなければその効力を生じない（同条2項）。

　金銭の支払，物の引渡し，登記義務の履行その他の給付を命ずる審判は，執行力ある債務名義と同一の効力を有する（家事75条）。たとえば，遺産分割の審判の場合，金銭の支払，物の引渡し，登記義務の履行その他の給付を命ずることができるから（家事196条），その審判に基づいて強制執行ができることになる。

審判に対しては，特別の定めがある場合に限り，即時抗告をすることができる（家事85条1項）。たとえば，後見開始の審判について一定の者が即時抗告をすることができるとの定めがあり（家事123条1項1号），遺産の分割の審判についても相続人が即時抗告をすることができるとの定めがある（家事198条1項1号）。即時抗告ができる期間は，原則として2週間である（家事86条1項）。即時抗告がなされると，高等裁判所を抗告裁判所として再度審理が行われることになる。

　ところで，旧家事審判法下での婚姻費用分担の審判の事案で，抗告審が相手方に抗告状や抗告理由書の副本を送達せず，反論の機会を与えることなく不利益な判断をしたことについて，憲法32条に違反しないとした判例があった（最決平成20年5月8日）。ただ，その判例も，できる限り相手方に攻撃防御の機会を与えるべきであったとはしていた。そこで，家事事件手続法では，抗告裁判所は，原則として，原審における当事者および利害関係参加人に対し，抗告状の写しを送付しなければならないこととされ（家事88条1項），また，原審における当事者およびその他の審判を受ける者の陳述を聴かなければ，原審判を取り消すことができないこととされた（家事89条1項）。別表第二に掲げる事項についての審判事件においては，原審判を取り消す場合でなくても，原則として，原審における当事者の陳述を聴かなければならないものとされている（同条2項）。

　なお，憲法違反を理由とする特別抗告の制度，高等裁判所が許可したときに許される許可抗告の制度，再審の制度も，民事訴訟法上の制度に準じて規定されている（家事94条・97条・103条）。

（1）**意　義**　家事審判手続では，審判が確定するまでの間に一定の時間がかかるため，審判手続で問題となっている財産が散逸したり，扶養料の請求をしている当事者が生活に困窮したりすることがありうる。そこで，本案の家事審判事件が係属する家庭裁判所は，仮差押え，仮処分，財産の管理者の選任その他の必要な保全処分を命ずる審判をすることができることになっている（家事105条1項）。民事保全法上の民事保全と似た制度であるが，「民事訴訟の本案の権利の実現を保全するため」（民保1条）のものではないから，民事保全そのものとは異なるいわゆる特殊保全処分である。

（2）**具体例**　たとえば，後見開始の審判の申立てがあった場合，家庭裁判所は，審判前の保全処分によって，財産の管理者を選任し，または事件の関係人に対し，成年被後見人となるべき者の生活，療養看護もしくは財産の管理に関する事項を指示することができる（家事126条1項）。しかし，管理者の選任だけでは本人の処分権は残るから，とくに必要があるときは，成年被後見人となるべき者の財産上の行為につき，財産の管理者の後見を受けることを命ずることもできる（同条2項）。

また，たとえば，遺産分割の審判の申立てがあった場合も，家庭裁判所は，管理者の選任等の保全処分（家事200条1項）ができるほか，仮差押え，仮処分その他の必要な保全処分を命ずることができる（同条2項）。

家事債務の履行確保制度

給付を命じる家事審判は，執行力を有する以上，民事執行法による強制執行手続をとることが可能である。しかし，家事審判で

問題となる債務の額は一般に少額であることが多いため強制執行手続では費用倒れになるおそれがあり，また扶養料の支払などは迅速に確保する必要がある。そこで，低廉でかつ迅速に債務の履行を実現するための制度として，いわゆる家事債務の履行確保制度が定められている（家事289条以下）。なお，この制度は，調停や調停に代わる審判で定められた義務の履行についても適用がある（家事289条7項）。

　履行確保制度の内容は，①履行の調査・勧告，②履行命令，から成る。

（1）**履行の調査・勧告**　　家庭裁判所は，権利者の申出があるときは，審判で定められた義務の履行状況を調査して，義務者に対して，その義務の履行を勧告することができることになっている（家事289条1項）。調査はもちろん，勧告も裁判ではない。また，勧告に法律効果は結び付けられていないから強力な制度ではないが，家庭裁判所による働きかけとして効果的なことも多い。

（2）**履行命令**　　家庭裁判所は，審判で定められた金銭の支払その他の財産上の給付を目的とする義務の履行を怠った者がある場合において，相当と認めるときは，権利者の申立てにより，義務者に対して，相当の期間を定めてその義務の履行をすべきことを命ずる審判をすることができる（家事290条1項）。法律上の制裁は，10万円以下の過料である（同条5項）。

家庭に関する訴訟，つまり人事訴訟は，広い意味での民事事件ではあるが，通常の民事訴訟とは異なるため，民事訴訟法の規定が修正されている。本章では，その修正点を重点的にみておく。

| 意 義 |

家庭に関する法的紛争でも，たとえば夫婦の関係にあるかどうかとか，親子の関係にあるかどうかというような基本的な身分関係の問題については，最終的に，判決手続という形で慎重に判断すべきであると考えられる。これが家庭に関する訴訟であり，人事訴訟ということもできる。

しかし，これらの事件は，一般の民事事件とは性質が異なるから，その訴訟手続も事件の性質に応じたものにしなければならない。そこで，身分関係の形成を求める場合や身分関係の存否の確認を求める場合については，民事訴訟法の特別法として人事訴訟法という法律が定められ，人事訴訟手続が用意されているのである。人事訴訟については，従来は人事訴訟手続法が規定していたが，2003（平成15）年にこれに代えて人事訴訟法が制定されるに至った。

管　　轄

人事に関する訴えは，当事者が普通裁判籍（住所等。民訴4条）を有する地またはその死亡の時に普通裁判籍を有した地を管轄する家庭裁判所の管轄に専属する（人訴4条1項）。

併合請求における管轄（人訴5条），遅滞を避ける等のための移送（人訴7条），関連請求に係る訴訟の移送（人訴8条）も認められている。

手　　続

手続は，人事訴訟法および人事訴訟規則に規定がないものについては，民事訴訟法によることになる（人訴1条・3条）。以下では，民事訴訟手続と異なる主な点についてのみみておくこととする。

(1) **参与員の制度**　家庭裁判所は，必要があると認めるときは，参与員を審理や和解の試みに立ち会わせて事件について意見を聴くことができる（人訴9条）。これは，人事訴訟に関して，一般国民の良識を反映させようとしたものといえるが，国民の司法参加の意義も有することになる。

(2) **訴訟能力の特例**　人事訴訟では，本人の意思をとくに尊重すべきであるという要請があるため，民事訴訟とは異なり，未成年者，成年被後見人等は，意思能力がある限り，単独で訴訟行為をすることができるとした（人訴13条1項）上で，裁判長が弁護士をその訴訟代理人に選任することができることとされている（同条2項以下）。ただし，成年後見人は，職務上の当事者として，成年被後見人のために訴訟担当者となることができる（人訴14条1項）。

(3) **民事訴訟との併合の許容**　民事訴訟法136条は，「数個の請求は，同種の訴訟手続による場合に限り，一の訴えですることができる。」と規定している。これに対し，人事訴訟法17条1項は，「人

第14章　家庭に関する訴訟　175

事訴訟に係る請求と当該請求の原因である事実によって生じた損害の賠償に関する請求とは，……一の訴えですることができる。」とした上で，「この場合においては，当該人事訴訟に係る請求について管轄権を有する家庭裁判所は，当該損害の賠償に関する請求に係る訴訟について自ら審理及び裁判をすることができる。」としている。つまり，たとえば，離婚の訴えは，職権探知主義によるから，民事訴訟と同種の訴訟手続とはいえないが，便宜のため，離婚の訴えに離婚原因によって生じた損害賠償の請求を併合することが認められているわけである。

(4) **職権探知主義**　　民事訴訟については資料の収集に関し弁論主義（➡第4章2）が適用されるが，人事訴訟については，弁論主義の根拠とされる私的自治も妥当せず，判決の効力も第三者に及ぶため，弁論主義は適用されない。つまり，裁判所は，①当事者が主張しない事実を認定することができ（人訴20条前段），②当事者間に争いのない事実に反する事実を認定することもでき（人訴19条1項），さらに，③当事者が証拠を提出していないものについても職権で証拠調べをすることができる（人訴20条前段）。このような制度を職権探知主義という。ただし，相手方の手続保障のため，①の場合の事実および③の場合の証拠調べの結果については，当事者の意見を聴かなければならないこととされている（人訴20条後段）。

(5) **当事者尋問等における公開停止**　　人事訴訟法22条は，当事者尋問や証人尋問により自己の私生活上の重大な秘密に係るものについて尋問を受ける場合において，一定の場合に，裁判官の全員一致により，その尋問を公開しないで行うことができる旨規定している。一定の場合とは，①陳述すると社会生活上著しい支障が生ずることが明らかであるため十分な陳述ができず，かつ，②他の証拠の

みでは適正な裁判ができない，と認められるときである。これは，プライバシーを保護しつつ，適正な裁判を確保するために，公開主義を後退させたものであり，公開主義の合理的な制約であると考えられている。

判　決

人事訴訟の確定判決は，第三者に対しても効力を有する（人訴24条1項）。夫婦であるとか親子であるとかという基本的な身分関係について，人によって異なるわけにはいかないため，判決が確定した以上，当事者でなかった者もその判決の結論を承認しなければならないとされているわけである。そのために，上にみたように審理について職権探知主義が採られていることになる。

また，人事訴訟の判決が確定した後は，原告であった者が，その訴訟で請求または請求の原因を変更することにより主張することができた事実に基づいて同一の身分関係についての人事に関する訴えを提起することはできない（人訴25条1項）。被告であった者が，反訴の提起により主張することができた事実に基づいて同一の身分関係についての人事に関する訴えを提起することもできない（同条2項）。これらの規定は，一般に，既判力の範囲を超えて別訴禁止という確定判決の特例的な効力を認めたものと考えられている。

附帯処分

婚姻取消訴訟や離婚訴訟の場合，併せて，親権者の指定や養育費の請求，財産分与の請求などの申立てがされることがあり，裁判所は，認容判決において，それらについての裁判もしなければならない（附帯処分についての裁判→人訴2条）。その際，事実を調査することができ，家庭裁判

所調査官による調査も活用することができる（人訴33条・34条）。

和解等　　　人事訴訟では，弁論主義が認められないのと同様に，一定の法律関係が確定するような訴訟の処分を当事者に許すことができない。したがって，訴えの取下げは可能であるが，訴訟上の和解，請求の放棄・認諾は認められない（人訴19条2項）。ただし，離婚訴訟と離縁訴訟については，協議離婚，協議離縁が認められているため，訴訟上の和解，請求の放棄・認諾をすることが許されている（人訴37条1項・44条）。

第3編

民事保全と民事執行

写真は，九州・有明海で行われた国営諫早干拓事業の象徴的なワン・シーンであり，諫早湾の潮受堤防の水門が閉じられた瞬間をとらえたものである（水門は，「ギロチン」ともよばれた）。その後，漁業被害の発生などに起因して，漁業者らが，国に対して，潮受堤防の排水門の開放を求める訴えを提起し，勝訴判決が確定した（①事件）。これに対して，干拓農地の農業者らは，国を相手に排水門開放の差止めを求める訴えを提起し，その後，仮処分決定を得た（②事件）。国は，①事件では排水門の開放義務を，②事件では開放しない義務を負うこととなった。①・②事件で，ともに強制執行として間接強制の申立て（民執172条1項）が行われ，最高裁まで争われた。2015（平成27）年1月22日に，最高裁は，①・②事件とも，間接強制決定を維持した。現在，国は漁業者に強制金を支払い続けている。国が仮に開門すれば，今度は逆に，農業者に強制金を支払うことになる。国は，基金創設の提案を行い和解による決着に積極的であるが，漁業者の反対もある。和解協議が再開されたが，見通しは定かではない（2018年3月現在）。

民事訴訟によって権利ないし法律関係を確定・実現するには相当の時間を要するが，それによって原告が著しく不利益を受け，場合によっては訴訟の目的を達成できない状態に陥るおそれがありうる。本章では，このような危険を防止して，民事訴訟および強制執行を補完する機能を有する民事保全の制度について概説する。

1　民事保全制度の目的

　たとえば，AがBにお金を貸したのに期限が来ても返してくれないとか，AがBに物を売ったのにBが売買代金を支払わないといった場合，AはBに対して訴えを提起し，最終的には，その勝訴判決に基づいて強制執行することによって満足を得ることになる。ところで，AがBに対して訴えを提起した当時には，Bは不動産を有していた，あるいは銀行預金があったとしよう。しかし，訴訟が決着するまでには相当の日時を要する。その間にBが不動産を第三者に譲渡してしまったり，銀行預金を引き出して費消してしまったりすれば，勝訴判決に基づいて，いざ強制執行しようとしても，みるべき財産がないということにもなりかねない。相手方に十分な資力がなければ，強制執行は空振りに終わり，勝訴判決も絵に描い

た餅になりかねないのである。そこで，訴訟に要するこのような時間的な経過によって原告が被りうる著しい不利益を回避しうる手段が必要となるが，それが仮差押えおよび仮処分という民事保全の制度である。

2 民事保全の種類

民事保全には，大きく分けて「仮差押え」と「仮処分」という2つの種類がある。「仮処分」は，さらに「係争物に関する仮処分」と「仮の地位を定める仮処分」に分けられる。

仮差押え　仮差押えは，貸金債権とか売買代金債権といった「金銭債権」のために，その将来の強制執行が不能ないし困難となることを避けることを目的として，債務者の財産を仮に差し押さえてその処分を禁止しようとするものである。たとえば，先の例で，AがBに対して貸金返還請求の訴えを提起するに際して，Bの有する不動産に対して仮差押えをしておけば，その後にBが不動産を第三者に譲渡しても，Aはそれを無視して当該不動産に強制執行することが可能となる。

仮処分　(1) **係争物に関する仮処分**　係争物に関する仮処分は，将来の強制執行の不能ないし困難を避けるという目的の点では仮差押えと共通するが，保全されるべき権利が金銭債権以外の債権（非金銭債権）という点で仮差押えと異なる。すなわち，この仮処分は，物の引渡請求権とか不動産の登記請求権などの保全を目的としており，「係争物」とは，

このような金銭以外の争いの対象となっている物（有体物）または権利のことである。係争物に関する仮処分は，このような「非金銭債権」のために，その将来の強制執行の不能ないし困難を避ける目的で，物の現状を維持する処置を講じようとするものである。この仮処分の代表的なものに，処分禁止仮処分や占有移転禁止仮処分がある。

(2) **仮の地位を定める仮処分**　仮の地位を定める仮処分は，前2者とは異なり，強制執行の保全を目的としない。権利関係に争いがあることによって現に著しい損害を被りまたは急迫の危険に直面していて，本案訴訟における法律関係の確定を待っていると，訴訟の目的が達せられなくなったり重大な不利益を受けることになるという場合に，仮にその法律関係の内容に沿うような法的状態（地位）を定めるものである。たとえば，従業員が解雇無効確認訴訟を提起して使用者と争っているときに，この本案訴訟において判決が下されるまでの間，従業員に収入が途絶えて生計がおびやかされる危険を避けるために，使用者を債務者とし従業員を債権者として，賃金（の一部）に相当する金銭の仮払いを命ずる仮処分がこれである。また，高層建築の工事着手前あるいは続行中に，隣地の所有者などが，日照・通風などの生活利益の阻害を理由に工事の差止めを求める本案訴訟を提起することを前提として，応急の対策として申し立てる建築工事続行禁止の仮処分もこれに当たる。

　インターネット上のウェブサイトの電子掲示板等に誹謗中傷を書き込まれた被害者が，掲示板管理者等に対して，その削除を命ずる仮処分を申し立てることも多くなっている。この仮処分は，名誉侵害やプライバシー権侵害を理由に削除を請求するものであり，人格権に基づく妨害排除請求権を被保全権利とする仮の地位を定める仮処分である。申立てが認められると書き込みの削除が命じられる。これによって債権者（被害者）はその目的を達成することができるので，このような仮処分は，「満足的仮処分」とか「断行の仮処分」とも呼ばれ，その後に本案訴訟が行われることはほとんどないようである。

　最近では，直接的な書き込みそのものを対象とするのではなく，そのような書き込みや投稿記事へと至る検索サービスに対する検索結果の削除請求ができるかも問題となっている。最高裁は，書き込み等がなされたウェブサイトの URL 等情報を検索結果の一部として提供する行為が違法となるか否かは，当該事実を公表されない法的利益と URL 等情報を検索結果として提供する理由に関する諸事情を比較衡量して判断すべきものとしている（最決平成29年 1 月31日）。

3　民事保全手続の構造——保全命令手続と保全執行手続の 2 段階

　民事保全の手続は，「保全命令に関する手続（保全命令手続）」と「保全執行に関する手続（保全執行手続）」の 2 段階に分かれる。保全命令とは仮差押命令と仮処分命令を包含する概念であり，保全執行も仮差押えの執行と仮処分の執行を包含する概念である。前者は，保全命令の申立ての当否を審理して保全命令を発するべきかどうかを判断する裁判手続で，後者は，発せられた保全命令に基づいてその内容を実現する執行手続である。この両者の関係は，通常の判決

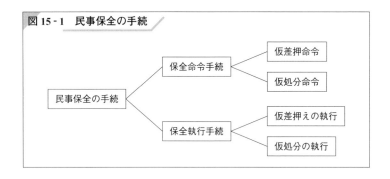

図15-1 民事保全の手続

手続と執行手続に対応するが，保全手続は，将来の強制執行の保全
や判決による権利関係の確定までの応急の措置を直接の目的として
いるため，保全命令手続と保全執行手続との関係は，通常の判決手
続と執行手続との関係に比べてより密接であり，一体的に連係して
いる。

　法律は，保全命令手続においても保全執行手続においても，仮差
押えと仮処分に共通な多くの規定をおき，そのうえで仮差押えと仮
処分について若干の特別規定をおくほか，仮差押えに関するいくつ
かの規定を仮処分にも準用する方法をとっている。したがって，仮
差押えと仮処分は多くの手続上の規律を共通としている。それゆえ，
以下では，まず，仮差押えについてその命令手続と執行手続につい
て概説し，その後に仮処分についてその独自の諸問題を中心に概説
することにする。

4 仮差押え

① 仮差押命令に関する手続

仮差押命令の申立て

仮差押えをしようとする債権者は，仮差押命令を求める申立てをする（民保2条1項）。仮差押命令事件の管轄裁判所は，本案の管轄裁判所または仮に差し押さえるべき物の所在地を管轄する裁判所である（民保12条1項）。「本案の管轄裁判所」とは，本来の案件（本案），すなわち保全すべき権利（前述の例でいえば，貸金返還請求権とか売買代金請求権）について審判する裁判所である。なお，民事保全に関する裁判所の管轄は，すべて専属管轄である（民保6条）。

　仮差押命令の申立ては，申立ての趣旨ならびに保全すべき権利および保全（仮差押え）の必要性を明らかにしてしなければならない（民保13条1項）。「申立ての趣旨」とは，債権者が求める保全命令の内容，すなわち，どのような内容の仮差押命令を求めるのかということである。そして，仮差押命令の申立ての場合には，仮に差し押さえるべき物（仮差押目的物。例：不動産，銀行預金など）を特定して記載しなければならない（民保規19条1項。ただし，動産の場合を除く）。

仮差押命令の要件

仮差押命令が発せられるためには，「保全すべき権利」および「保全の必要性」が存在することが必要である。

(1) **保全すべき権利の存在**　保全すべき権利を「被保全権利」

という。仮差押えは，前述のように，金銭債権の強制執行を保全するものであるから，その被保全権利は金銭の支払いを目的とする債権でなければならない（民保20条1項）。この債権は，条件付のものや期限付のものでもよい（民保20条2項）。

(2) **保全の必要性の存在**　「保全の必要性」は，いま仮差押えをしなければ，将来の強制執行ができなくなるおそれがあること，または強制執行をするのに著しい困難を生じるおそれがあることである（民保20条1項）。たとえば，債務者によって濫費，廉売，毀損，隠匿，放棄などがされて，その財産の減少をきたすおそれがあったり，担保権設定あるいは債務者の逃亡ないし転居などによって執行に障害を及ぼすおそれがあるときが，これに当たる。

――――――――――
**仮差押命令
申立ての審理**
――――――――――

仮差押命令の審理は，口頭弁論を開かないですることができ（民保3条），実際上も口頭弁論を開かないで，書面審理または当事者の一方（申立人）のみの審尋によって裁判するのが通常である。債務者（相手方）の審尋はほとんど行われず，口頭弁論を開かない場合は申立書が債務者に送達されることもないので，債務者の知らない間に仮差押命令が発せられることになる。これは，迅速手続の要求と債務者による執行妨害（たとえば，財産の隠匿など）を避ける意味を有している（密行性の要請）。

　仮差押命令の審理においては，保全すべき権利および保全の必要性が審理され，債権者はこの2つの存在を疎明（➡第5章2）しなければならない（民保13条2項）。保全命令事件では，迅速性の要請から，証明を要せず疎明で足りることとされている。

仮差押命令の申立てについての裁判は「決
定」でなされる（民保3条）。申立てについ
て訴訟要件（➡第3章1）を欠くため不適
法として申立てを排斥する場合も，仮差押えの要件，すなわち被保
全権利または保全の必要性について疎明がないとの理由で申立てを
排斥する（棄却に相当する）場合も，ともに申立ては却下される。申
立てが適法で，仮差押えの要件が存在するときは，仮差押命令が発
せられる。仮差押命令には，仮差押えの宣言と仮差押解放金が掲げ
られるほか，担保を立てさせる場合には担保に関する事項等が記載
される。

(1) **仮差押えの宣言**　　仮差押えの宣言は，債権者の債権（被保
全権利）の執行を保全するために債務者の財産（仮差押目的物）を仮
に差し押さえる旨の宣言で，目的物を特定してしなければならない
（民保21条。ただし，動産の場合は特定は不要）。

(2) **仮差押解放金**　　仮差押解放金は，仮差押えの執行の停止ま
たはすでにした仮差押えの執行の取消しを得るために債務者が供託
する金銭である（民保22条1項）。仮差押えは金銭債権の執行を保全
するためのものであるから，債務者がこの金銭債権を担保するに足
りる額の金銭を供託することによって相当額の価値を保全すること
ができれば，債権者にとって不都合はない。他方，債務者にとって
も，金銭の供託によって自己の財産に対する仮差押えの執行を未然
に防止したり，すでに仮差押えを受けた財産に対する執行を解放し
てその処分を可能にすることができる点に利点がある。

(3) **担　　保**　　担保は，違法または不当な仮差押命令の執行に
よって債務者の被る損害の賠償に供するため債権者が立てるもので，
仮差押命令は，担保を立てさせ，もしくは一定の期間内に担保を立

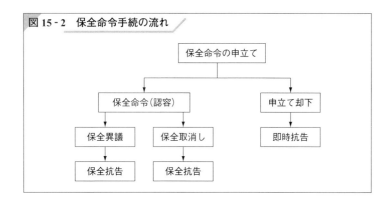

図 15 - 2　保全命令手続の流れ

```
              保全命令の申立て
                     │
         ┌───────────┴───────────┐
         ▼                       ▼
    保全命令(認容)            申立て却下
         │                       │
    ┌────┴────┐                  ▼
    ▼         ▼               即時抗告
  保全異議   保全取消し
    │         │
    ▼         ▼
  保全抗告   保全抗告
```

てることを仮差押執行の実施の条件として，または担保を立てさせないで，発することができるとされている（民保14条1項）。もっとも，実務では，ほとんどの事件で担保を立てさせている。

不服申立て　　仮差押命令の申立てが却下されたときには，債権者は即時抗告ができる（民保19条）。仮差押命令が発せられたときには，債務者は保全異議を申し立てることができる（民保26条）。

（1）**保全異議の意義**　保全異議は，仮差押命令に対する債務者の不服申立方法であり，仮差押命令を発した裁判所が債務者を関与させて再審理する手続である（民保26条）。すなわち，保全異議は上訴ではなく，同一審級における再審理を求めるものである。仮差押命令は，その緊急性の要請から，債権者の主張・疎明だけに基づいて発せられる場合が多いので，保全異議の手続の実質的な意味は，債務者の防御方法を審理することにある。

（2）**保全異議の審理手続**　保全異議の裁判は，債務者の申立てにより，仮差押命令を発した裁判所が行う。保全異議の審理も決定

手続で行われる（民保3条）。ただし，保全異議の申立てについては，口頭弁論または当事者双方が立ち会うことができる審尋の期日を経なければ，決定をすることができない（民保29条）。また，相当の猶予期間を置いたうえで審理を終結する日を決定しなければならないとされている（民保31条）。これらは，当事者双方に対等に主張および立証の機会を保障して，不意打ちを防止するためである。保全異議では，すでに密行性の要請はなくなっており，むしろ，一方審尋（債権者のみの審尋）で行われた仮差押命令に対する不服申立てとして，当事者の対等性を確保することが要請されるからである。

(3) **保全異議についての裁判**　保全異議の申立てについての裁判は決定でなされる（民保3条）。ただし，判事補が単独ですることはできない（民保36条）。

決定では，主文においてすでに発令されている仮差押命令の認可，変更または取消しが宣言される（民保32条1項）。仮差押命令を認可または変更する決定においては，債権者に追加担保を立てることを仮差押執行の実施または続行の条件とすることができ（民保32条2項），仮差押命令を取り消す決定においては，債務者が担保を立てることを条件とすることができる（民保32条3項）。保全異議の申立てについての裁判に対して不服のある当事者は，決定の送達を受けた日から2週間以内に，保全抗告をすることができる（民保41条1項）。

| 保全取消し |

保全取消しも，保全異議と同様，保全命令に関する債務者の不服申立方法であるが，保全異議が，保全命令自体に対する（発令当時における被保全権利ないし保全の必要性の不存在を理由とする）不服申立てであるのに対して，

保全取消しは，保全命令の存在を前提として，その後に生じた事由に基づいてこれを取り消す手続である。保全取消しの裁判は，債務者の申立てにより保全命令を発した裁判所または本案の裁判所が行う。

　取消事由は3つに類型化されている。すべての保全命令に共通するものとして，本案の訴えの不提起による保全取消しおよび事情変更による保全取消しがあり，仮処分命令に特有なものとして，特別の事情による保全取消しがある。

　(1)　**本案の訴えの不提起による保全取消し**　　これは，保全命令が本案訴訟の提起前に発令されている場合に，債務者の申立てにより，裁判所が，債権者に対して一定の期間内に本案の訴えを提起することを命じ（起訴命令の裁判），債権者がこれに応じない場合に，債務者の申立てにより，保全命令を取り消すものである（民保37条）。保全命令は本案訴訟による権利関係の確定までの暫定的処分であるから，債権者は保全命令を得たら速やかに本案訴訟を提起して権利関係の確定を図るべきである。債権者がその提起を怠るときは，債務者はそれを督促できることになっているのである。

　(2)　**事情の変更による保全取消し**　　これは，保全命令の発令後に，保全すべき権利もしくは権利関係または保全の必要性の消滅その他の事情の変更があるときに，裁判所が，債務者の申立てにより，保全命令を取り消すものである（民保38条）。たとえば，弁済，相殺などで被保全権利が消滅した場合，債権者が本案訴訟で敗訴してその判決が確定するなど保全の必要性がなくなった場合などがこれに当たる（最判昭和27年11月20日執保㊿）。

　(3)　**特別の事情による保全取消し**　　これは，仮処分命令に特有のものであるので（民保39条），仮処分の項において説明する（➡本

章 **5**）。

　保全取消しの申立てについての裁判に対して不服のある当事者は，決定の送達を受けた日から 2 週間以内に，保全抗告をすることができる（民保41条 1 項）。

　　　　　　　　　　　　　　保全抗告は，保全異議または保全取消しの
　　保 全 抗 告　　　申立てについての裁判に対する上訴である
（民保41条 1 項）。これらの裁判は，決定手続によってなされるから，上訴は抗告になる（➡第 **9** 章 **4**）。保全抗告の手続には，保全異議の規定がほとんど全面的に準用されており（民保41条 4 項），その手続は保全異議の手続に準じる。この裁判に対しては，さらに不服を申し立てることはできない（民保41条 3 項）。保全命令は暫定的な処分であり，別に権利の最終的な確定をする本案の手続（本案訴訟）があることから，保全命令に関する手続については 2 審級で足りるものとされている。ただし，特別抗告（民訴336条）や許可抗告（民訴337条）が認められる場合もある（最決平成11年 3 月12日執保㊈）

　② 　仮差押えの執行に関する手続

　　　　　　　　　　　　　　仮差押えの執行は，債権者の申立てにより，
　　執行の要件　　　裁判所または執行官が行う（民保 2 条 2 項）。
ただし，不動産や債権の仮差押えにおいては，仮差押命令の申立てには執行申立ても含まれているものとして，改めて執行申立書の提出を要しない場合も多い（民保規31条但書）。

　仮差押えの執行の要件は，強制執行の要件（➡第 **16** 章 **1** ）に対して次のような特質を有している。

　(1)　**執行文の要否**　　強制執行が執行文の付された債務名義の正

本に基づいて実施される（民執25条）のに対して，仮差押えの執行は仮差押命令の正本に基づいて実施され，原則として，執行文の付与を要しない（民保43条1項）。仮差押命令は，その性質から即時に効力を生じ，かつ直ちに執行される必要があるからである。ただし，仮差押命令の発令後に，債権者・債務者に相続・合併など承継があった場合などには，承継執行文の付与を必要とする（民保43条1項但書）。

(2) **執行期間**　強制執行には執行期間の定めがなく，その権利が存する限りいつでも執行できるのに対して，仮差押えの執行は，仮差押命令が債権者に送達された日から2週間以内に執行しなければならない（民保43条2項）。仮差押命令は，緊急の必要から発令当時の事情に基づいて暫定的な処置として発令されるものである。したがって，その性質上速やかに執行されることが予定されているし，日時の経過によって事情が変化して執行が不当なものとなるおそれも大きいからである。

(3) **債務者への送達**　強制執行は，債務名義が予めまたは同時に債務者に送達されたときに限り，開始することができる（民執29条）のに対して，仮差押えの執行は，仮差押命令が債務者に送達される前であっても実施することができる（民保43条3項）。債務者が債権者の動きを察知して隠匿または妨害工作に出る前に処置するという要請（密行性の要請）があるからである。

> **仮差押執行の方法**

仮差押えの執行の方法は，仮差押えの目的物によって異なる。おおむね金銭執行（➡第16章2）のそれと似ているが，執行保全を目的とするところから，原則として差押えの段階にとどまり，換価手続には進まない。

(1) **不動産に対する仮差押えの執行**　不動産に対する仮差押え
の執行には，仮差押えの登記をする方法と，強制管理の方法があり，
当事者は，両者を併用することもできる（民保47条1項）。実務では，
前者の方法による場合が圧倒的に多数を占める。

　登記の方法による場合は，仮差押命令を発した裁判所がそのまま
保全執行裁判所として執行を行う（民保47条2項）。不動産に対する
仮差押命令が発令されると，当該裁判所の裁判所書記官は，直ちに，
不動産所在地を管轄する法務局へ仮差押えの登記を嘱託する（民保
47条3項）。債権者は改めて仮差押執行の申立てをする必要はない。
仮差押えの登記がされた場合には，債務者は仮差押不動産について
所有権の譲渡や抵当権の設定などの処分を禁止されるが，強制管理
の方法とは異なって，通常の用法に従って不動産を使用または収益
することは差し支えない（民保47条5項，民執46条2項）。

　強制管理の方法による場合は，不動産の所在地を管轄する地方裁
判所が保全執行裁判所として執行を行うので，発令裁判所と異なる
ことがある。強制管理の方法による不動産に対する仮差押えの執行
は，配当手続がないことを除けば，強制執行としての強制管理（➡
第17章1）と同じ手続で行われる（民保47条5項）。仮差押えの執行
としての強制管理の場合には，満足の段階に進むことはないので，
管理人が，賃借人から地代，家賃，部屋代などを取り立てて供託し，
その事情を裁判所に届け出ることとされている（民保47条4項）。

(2) **動産に対する仮差押えの執行**　動産に対する仮差押えの執
行は，執行官が目的物を占有する方法によって行う（民保49条1項）。
債権者は，目的物所在地を管轄する地方裁判所に所属する執行官に
対して執行の申立てを行う。動産に対する仮差押えの執行は，動産
に対する強制執行（➡第17章2①）と同じ手続で行われる（民保49条

4項)。

仮差押物は執行官が占有・保管するのが原則とされているが，執行官が相当であると認めるときは，そのまま債務者に保管させることができ，また使用を許すことができる（民保49条4項，民執123条3項・4項）。執行官は適当な保管場所をもたないため，ほとんどの場合，債務者に仮差押物の保管を任せ，封印等をすることによって仮差押物であることを明白にする扱いがなされている。

仮差押えは目的物の現状を維持することを目的とするので，仮差押えの執行には原則として換価はない。しかし，例外的に動産の仮差押えの執行については，緊急換価が認められている。すなわち，仮差押えをした動産について著しい価額の減少を生ずるおそれがあるとき，またはその保管のために不相当な費用を要するときは，執行官はこの動産を動産執行の売却の手続（➡第 **17** 章 **2** ①）によって売却し，その売得金を供託しなければならない（民保49条3項）。たとえば，腐敗しやすいものであるとか，倉庫料が非常にかさむような場合がこれに当たる。

(3) **債権その他の財産権に対する仮差押えの執行**　　債権に対する仮差押えの執行は，仮差押えの発令裁判所が執行裁判所となり，第三債務者に対して債務者への弁済を禁止する命令を発する方法によって行われる（民保50条1項）。第三債務者に対する弁済禁止命令は，仮差押命令の中で掲げられるのが通常であり，これが第三債務者に送達されることによって執行がされることになる。

債権に対する仮差押えの執行は，換価・配当に関するものを除いて，債権に対する強制執行と同じ手続で行われる（民保50条5項➡第 17 章 **2** ②）。仮差押えの対象となるのは，債務者が第三者（第三債務者）に対してもっている債権であり，その代表は，貸金債権，給料

債権，銀行預金債権などの金銭債権である。

　その他の財産権に対する仮差押えの執行については，債権に対する仮差押えの執行の例による（民保50条4項）。

仮差押えの効力　仮差押えの効力は，目的物に対する処分禁止の効力であり，仮差押えの執行がなされると債務者は目的物についての処分を禁止される。ただし，この処分禁止の効力は，これに違反する債務者の処分行為（譲渡，担保物権や用益物権の設定など）を絶対的に無効とするのではなく，当該執行との関係で相対的に無効とするにとどまる。すなわち，当該処分行為はその当事者間では有効であるが，仮差押債権者には，仮差押えが有効に存する限り，対抗することができない。

5　仮処分

① 仮処分命令手続

仮処分命令の申立て　仮処分命令の申立てにおいても，仮差押命令の申立てと同様に，申立ての趣旨ならびに保全すべき権利または権利関係，および保全の必要性を明らかにしてしなければならない（民保13条1項）。申立ての趣旨とは，どのような内容の仮処分命令を求めるのかであり，債権者は希望する一定内容の仮処分を具体的に記載しなければならない。係争物に関する仮処分の被保全権利は，金銭債権以外の特定物の給付を目的とする請求権であり，保全の必要性は，現状の変更により債権者が権利を実行できなくなるおそれがあること，または，権利を実行するの

に著しい困難を生ずるおそれがあること（将来の強制執行の不能ない
し困難）である（民保23条1項）。仮の地位を定める仮処分の被保全
権利は，「争いがある権利関係」であり，保全の必要性は，債権者
に生ずる著しい損害または急迫の危険を避けるためこれを必要とす
ることである（民保23条2項）。

| 仮処分命令 申立ての審理 | 仮差押命令の審理と同様，決定手続で行い，口頭弁論を開かないのが原則である（民保3条）。ただし，仮の地位を定める仮処分 |

について，口頭弁論または債務者が立ち会うことができる審尋の
期日を経なければ，命令を発することができない（民保23条4項）。
仮差押えおよび係争物に関する仮処分が現状維持を目的とするのに
対して，仮の地位を定める仮処分は現状の変更を求めるものが多く，
債務者に重大な影響を与えるし，一般に密行性の要請もないことか
ら，債務者に立会いの機会を保障したものである。もっとも，その
期日を経ることによって仮処分命令の申立ての目的を達することが
できない事情があるときは，この限りでない（民保23条4項但書）。
たとえば，自動車の引渡断行の仮処分のように，債務者による執行
妨害のおそれが高い場合などがこれに当たる。

| 仮処分命令の申立て に対する裁判 | 仮差押えの場合と同様に，決定で裁判する。申立てを理由有りとする場合には，仮処分命令を発する。仮処分命令には，仮処分の |

方法が定められるほか，場合により仮処分解放金が定められ，また，
担保を立てさせる場合には担保に関する事項が記載される。仮処分
の具体的内容ないし方法は裁判所が裁量によって定める（民保24条）。

仮処分は金銭債権を保全するものではないが，被保全権利の性質によっては金銭の支払いで実質的に満足を受けうるものも存在する（たとえば，譲渡担保の実行のために目的物の引渡しを求める請求権）。そのような場合には，裁判所は債権者の意見を聴いたうえ，仮差押解放金（民保22条）と同趣旨の仮処分解放金の額を仮処分命令において定めることができる（民保25条・57条）。

仮処分命令に対する
不服申立て

仮処分命令に対して不服のある債務者は，保全命令を発した裁判所に，保全異議の申立てをすることができる（民保26条）。申立てを却下する裁判に対しては，債権者は2週間内に即時抗告を申し立てることができる（民保19条1項）。

仮処分命令に対する不服申立ての手続は，おおむね仮差押えの場合と同様である。すなわち，保全異議によって，仮処分命令申立ての当否が再審査されるほか（民保26条以下），本案訴訟不提起による保全取消し（民保37条），および事情変更による保全取消し（民保38条）によって債務者は仮処分命令の取消しを求めることができる。

このほかに，仮処分に特有の取消手続として，特別の事情による保全取消しがある（民保39条）。これは，仮処分命令により償うことができない損害を生ずるおそれがあるなどの特別の事情があるときに，債務者の申立てにより，裁判所が，債務者が担保を立てることを条件として，仮処分命令を取り消すものである。特別の事情としては，主力商品や原材料に対する仮処分によって，債務者の事業の継続が不可能あるいは著しく困難になる場合が挙げられる（金銭補償で足りる場合について，最判昭和26年2月6日執保⑨）。

| 原状回復の裁判 | 仮処分命令が保全異議または保全取消しの申立てによって取り消される場合において, |

仮処分命令が保全異議または保全取消しの申立てによって取り消される場合において,すでに仮処分命令に基づき債権者が物の引渡しもしくは明渡しもしくは金銭の支払いを受け,または物の使用もしくは保管をしているときは,裁判所は債務者の申立てにより仮処分命令取消決定において原状回復のためこれらのものの返還を命じることができる（民保33条・40条）。

② 仮処分の執行

| 仮処分執行の要件 | 仮処分の執行は,執行がはじめから問題とならない仮処分の場合を除き,原則として |

仮処分の執行は,執行がはじめから問題とならない仮処分の場合を除き,原則として仮差押えの執行または強制執行の例によるものとされる（民保52条1項）。執行開始の要件についても,仮処分命令（決定）は告知によって直ちに執行力を生じ,確定や仮執行宣言の必要のないこと,承継執行文以外の執行文を必要としないこと（民保43条1項），命令の送達前でも執行できること（民保43条3項），執行期間の制限があること（民保43条2項）など,仮差押えの場合と同様である。

| 各種の仮処分と執行方法 | 仮処分命令は,仮差押えの場合と異なり,被保全権利の種類,保全の必要性の態様に応じて,その内容も千差万別である。法律 |

仮処分命令は,仮差押えの場合と異なり,被保全権利の種類,保全の必要性の態様に応じて,その内容も千差万別である。法律は,債務者に対し一定の行為を命じ,もしくは禁止し,もしくは給付を命じ,または保管人に目的物を保管させることなどを挙げているが（民保24条），これは例示にすぎず,その他の処分も含めていろいろな組合せが可能である。したがって,その執行の具体的な方法も個々の仮処分の内容に従って様々である。たとえば,物の引渡し

や金銭の支払いを命ずる仮処分（断行の仮処分・満足的仮処分）では，物の引渡しの本執行の方法（民執168条〜170条➡第17章4②）や金銭執行の方法によって行われ，作為を命ずる仮処分では，代替執行（民執171条1項1号）または間接強制（民執172条）の方法により，また不作為を命ずる仮処分は，債務者の違反をまって違反の除去，将来のための適当の処分（民執171条1項2号）の形で執行がなされる（➡第17章4③）。このような場合の執行は，仮処分命令を債務名義とみなして（民保52条2項），本執行と同じように行われる。

　しかし，多くの仮処分は仮差押えと同じく暫定的な内容のものであり，それに適した執行方法がとられる。たとえば，動産の執行官保管の仮処分ならば，執行官が物の引渡しの執行の場合と同じように占有を取得するが，これを債権者に交付せず，仮差押えの場合と同じように保管する。また，仮の地位を定める仮処分の中には，この意味での執行がまったく問題とならないものもある。

　以下では，実際上多く利用されている若干の典型的な仮処分について，その執行方法と効力について概説する。

　　　　　　　　　　　　　　（1）**仮処分の内容**　占有移転禁止の仮
不動産の占有移転　　処分は，物の引渡し・明渡請求権の保全のた
禁止の仮処分　　　　めに，その物の現状維持を目的として，債
務者に対し，その物の占有を他に移転することを禁止し，その占有を解いて，執行官にこれを保管させることを内容とする仮処分である。係争物に関する仮処分の典型として，とくに不動産に関してよく用いられる。

　保全の必要性は，将来の引渡し・明渡しの強制執行が不可能または困難になるおそれによって測られる。たとえば，債務者が改築し

て建物の同一性を喪失させるおそれがある場合，あるいは自暴自棄になって建物を損壊するおそれのある場合，さらに重要なものとして，債務者が第三者を引き入れて占有させるおそれがある場合などに保全の必要性が認められる。

(2) **執 行 方 法**　債権者の執行申立てに基づき，執行官によって行われる。通例，「債務者は占有を解いて執行官に引き渡す」と命令の主文にあるので，不動産の引渡しの執行（民執168条）に準ずるようにもみえるが，基本型は同時に債務者の使用を許すものである。したがって，実際に執行官が行うのは，当該不動産を執行官が保管中であることを示す公示書を債権者側，債務者側立会いの下に建物に貼付して掲示し，公示書の損壊等に対する法律上の制裁（刑96条）を債務者に告げることのみである（民保規44条1項・2項）。

(3) **仮処分の効力**　この仮処分の目的は，主としていわゆる「当事者恒定効」を得ることにある。たとえば，建物の賃貸借終了を原因としてAがBに対してその占有する建物の明渡請求訴訟を提起したときに，その訴訟の係属中，当該建物の占有がBから第三者Cに移動すると，AとしてはCに訴訟を承継させる（民訴50条➡第8章2③）必要が生じる。しかし，占有移転禁止の仮処分が発せられ，執行されれば，訴訟の係属中に占有が第三者に移動していても，Aは第三者に訴訟を承継させる必要はなく，Bを当事者としたまま訴訟を追行し，そこで勝訴すれば，第三者に対して明渡しの強制執行をすることができる。これが当事者恒定効といわれる効力である（最判昭和46年1月21日執保⑩）。

この当事者恒定効が認められるためには，仮処分命令において，①債務者に対しその物の占有の移転を禁止し，②その物の占有を解いて執行官に引き渡すべきことを命じるとともに，③執行官にその

物の保管をさせ，④債務者がその物の占有の移転を禁止されていること，および執行官がその物を保管していることを執行官に公示させることが定められていることを要する（民保25条の2第1項・62条1項）。仮処分執行後にその物を占有した者には，債務者の占有を承継した者（承継占有者）と承継によらないで占有を取得した者（非承継占有者）とがありうるが，本案の債務名義は，承継占有者には仮処分執行についての善意・悪意を問わず，その効力が及び，非承継占有者の場合には悪意者にのみ及ぶ。この場合，執行後の占有者はその執行につき悪意と推定される（民保62条2項）。

　(4)　**債務者の特定**　　この仮処分命令の申立てをする場合にも，相手方である債務者を特定してするのが原則である。しかしながら，事案によっては，誰が占有しているのかが判然としなかったり，次々と占有者が変更されたりすると，債務者とすべき者を特定することが困難な場合もある。そこで，この仮処分の執行前に債務者を特定することを困難とする特別の事情があるときは，裁判所は，債務者を特定しないでこれを発することができるものとされている（民保25条の2第1項）。ただし，あくまでも発令時において特定しないでよいとされるだけであり，執行時には相手方が特定されなければならない。執行時にも占有者を特定することができない場合には，その執行をすることはできない（民保54条の2）。

不動産の処分禁止
仮処分

　(1)　**仮処分の内容**　　処分禁止仮処分とは，債務者に対し，その者に属する物や権利につき，譲渡，質権・抵当権・賃借権の設定その他一切の処分を禁ずる仮処分であり，主として不動産について行われる。この仮処分も係争物に関する仮処分である。多くの

場合，被保全権利は登記（とくに抹消登記）請求権であり，本案訴訟として登記請求訴訟が予定されている。この仮処分も当事者恒定効を目的としてなされる。また，同様の仮処分は，建物収去土地明渡請求訴訟を本案訴訟として建物について行われることもある。

(2) **仮処分の執行**　この仮処分の執行は，仮差押えと同じく，仮処分命令を発した裁判所が保全執行裁判所として，仮処分命令の趣旨を登記簿に記入することによってなされる（民保53条3項・47条2項・3項）。登記は書記官の嘱託によりなされる。

仮処分命令の趣旨を登記簿に記入するのは，次の方法による。登記請求権を被保全権利とするすべての場合に「処分禁止の登記」がなされ，このうち所有権以外の権利の保存，設定または変更についての登記請求権を保全するための仮処分である場合は，これに加えてさらに，「保全仮登記」がなされる。つまり，所有権に基づく登記請求権保全の場合および所有権以外の権利の移転または消滅については「処分禁止の登記」のみが行われる。このように場合を分けるのは，所有権以外の権利の保存，設定，変更に関する仮処分に必要以上に大きい効力をもたせないためである。

同様の仮処分の方法は，登記・登録の制度のある他の物や権利，たとえば，船舶・自動車・特許権等の処分禁止仮処分においてもとられる（民保54条，民保規22条2項）。

(3) **仮処分の効力**　処分禁止の登記がなされても，債務者は目的物の処分権を完全に失うわけではない。仮差押えの場合と同じように処分禁止の効力は相対的であって，これに違反する処分行為も絶対的に無効になるわけではなく，仮処分が存続する限り仮処分債権者に対抗できないというにとどまる。のみならず，仮処分に違反する処分であるか否かは，その処分が被保全権利とされた権利と両

立しえないものであるかどうかによって決まり，すべての処分行為が禁止されるわけではない（民保58条1項）。したがって，所有権移転登記請求権を保全する処分禁止仮処分の登記があっても，さらに所有権移転登記をすることができるが，債権者が本案で勝訴したときには，仮処分後の登記は，仮処分に違反するものである限り，当然に抹消され（民保58条2項），本案訴訟で命じられた通りの登記が行われることになる（当事者恒定効）。

　これに対して，抵当権の設定登記請求権を保全するときは，抵当権の順位を保全すれば目的を達することができるので（このためになされるのが，保全仮登記である→民保53条2項），債権者が本案の勝訴判決に基づいて本登記するときも（民保58条3項），後順位の登記を抹消する必要はない。

　不動産に関する処分禁止の仮処分であっても登記請求権を保全するものではなく，建物収去土地明渡請求権を保全するために建物について行われる場合には，その登記（民保55条）がなされた後に建物を譲り受けた者に対して，本案の債務名義に基づいて建物の収去およびその敷地の明渡しの強制執行をすることができる（民保64条）。

| 職務執行停止・代行者選任の仮処分 |

(1)　仮処分の内容　取締役の選任または解任の効力が争われるときに，登記簿上取締役となっている者の職務の執行を停止し，本案訴訟（例：株主総会における取締役選任決議取消しの訴え等）の確定に至るまで職務代行者を選任する仮処分である。株式会社の内部的紛争でよくみられるものであり，典型的な仮の地位を定める仮処分である。保全の必要性は，本来取締役たるべきでない者が現に取締役として職務を執行していることの疎明自体から直ちに認め

られるという説と，やはりこれにより具体的に回復すべからざる損害が会社ないし株主に生ずる可能性のあることを要するとの説がある。また，仮処分の相手方（債務者）たるべき者が当該取締役なのか，本案訴訟の被告たる会社なのか，あるいは双方なのか，説が分かれる。

(2) **執行方法** この仮処分は登記事項とされており，裁判所の嘱託による登記（法人登記や商業登記）がなされる（民保56条）。これは本来の執行ではないが，登記は対抗要件を備えさせるために必要であるから，執行に類する効果がある（広義の執行）。

(3) **仮処分の効力** この仮処分があると，取締役は当然にその職務権限を失い，代行者が権限を取得する。仮処分に違反して，職務執行を停止された取締役が行った行為は無効である。これは後に仮処分が保全異議・取消しなどによって取り消されても遡及的に有効にはならない。また，代行者がその権限によって行った行為は仮処分の取消しによって影響を受けるものでもない。当該取締役が辞任して新たな取締役が選任されても，仮処分命令が事情変更により取り消されない限り（民保38条），代行者の権限は存続する（最判昭和45年11月6日）。

> 従業員地位保全の
> 仮処分

(1) **仮処分の内容** 係争法律関係について，当事者の法律上の包括的な地位を定める内容の仮処分であって，労働紛争においてしばしばみられるものである。その主文として，たとえば，「債権者が，債務者に対し，雇用契約上の権利を有する地位にあることを仮に定める」などの表現が用いられる。この仮処分も仮の地位を定めるもので，本案訴訟の多くは解雇無効確認訴訟である。違

法・無効な解雇によって現に従業員として扱ってもらえない結果，賃金が支払われず，社宅の返還を迫られ，健康保険給付が受けられなくなり，組合活動が阻害されるなどの事実が保全の必要性を根拠づける。

(2) **執行方法**　この仮処分も形成的な効果しかなく，その内容の具体化のためには使用者側（債務者）の任意の履行に期待するしかないとされているので，やはり執行は問題とならない。もっとも，これに加えて後述のように，同時に賃金支払いが命ぜられているときは，この部分については金銭執行の方法による執行が可能である。

(3) **仮処分の効力**　この仮処分が任意の履行を促す効力しかないことから，このような仮処分は許容すべきでないという見解もあるが，債権者がその効力を承知のうえで申し立てる以上，許容すべきものとされている。また，このような仮処分のみを得ても使用者が仮処分に従って従業員として取り扱わず，職場も与えず給料も支払わない場合には，債権者（従業員）としてはさらに具体的な内容を命ずる仮処分，たとえば賃金の支払いを命ずる仮処分を求めなければならない。

> この章では，執行機関を通して国民がその権利を実現するプロセスである民事執行手続を概説する。民事執行は，金銭執行を基本形とするが，その対象により差異を有する。本章では，民事執行の基本形をまず説明し，その基本構造の理解と民事執行のアウトラインの理解に焦点をあてる。

1 民事執行制度の基礎

権利実現手段としての民事執行

社会における紛争というものは，多種多様である。その中で私人間の紛争を民事紛争（民事事件）といい，民事紛争を処理する国家制度が民事裁判制度である。民事裁判制度は，基本的には2つの段階から成る。争いのある権利を確定する段階と，それを実現する段階である。前者が民事訴訟で，後者が民事執行である。

民事訴訟は，権利関係を，私人間の権利義務の発生，変更，消滅を規律する実体法に基づき，「判決」という裁判所の判断によって確定するものである。通常，この裁判所の下した判断に基づき，紛争は自主的に処理され，権利は実現される。しかし，常に私人の任意の履行により権利が実現されるわけではない。近代国家は自力救

済を禁止した結果，強制的に権利を実現し，紛争を処理する必要が生じる。この法による強制的な権利実現の国家作用が民事執行である。つまり，民事執行は，国家が義務者（債務者）の財産を強制的に換価してその代金を権利者（債権者）に配当し，または直接目的物を引き渡すなどの処分をして債権者の満足を図る制度である。

民事執行の種類 民事執行とは，強制執行，担保権の実行としての競売等および換価のための競売（形式的競売）ならびに債務者の財産開示の総称である（民執1条）。

(1) **強制執行** 強制執行（民執22条〜174条）は，強制執行実施の要件である債務名義という文書に基づき，執行機関が私法上の請求権の強制的実現を図るものである。民事執行法は，執行によって満足を与えられるべき請求権が金銭を目的とするか否かで，強制執行をさらに金銭執行と非金銭執行に大別する。現代社会における金銭債権の果たす役割は大きい。そこで，民事執行法は，金銭執行に比重をおいて規定する。金銭執行は，執行機関が債務者の財産を差し押さえ，強制的に換価して，その代金をもって債権の満足にあてる強制競売の形態を基本とする。この基本的手続パターンを基礎にして，不動産，準不動産，動産，債権その他の財産権という執行目的物の区分に応じて詳細に規律されている。そして，民事執行法の規定構造は，この不動産執行，とくに不動産の強制競売に関する規定を基本として，他の執行形態に準用する構造を採っている。それゆえ，民事執行手続を学ぶうえで不動産の強制競売が民事執行の基本形態ということを意識する必要がある。

(2) **担保権実行としての競売等** 担保権の実行としての競売等（民執180条〜194条）とは，実体法上の担保権のうち，抵当権，質権

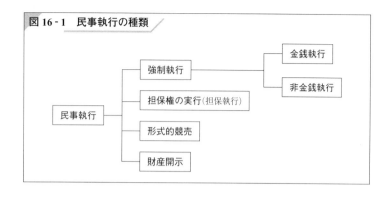

図 16 - 1　民事執行の種類

```
                                        ┌─ 金銭執行
                        ┌─ 強制執行 ────┤
                        │               └─ 非金銭執行
                        ├─ 担保権の実行(担保執行)
          民事執行 ─────┤
                        ├─ 形式的競売
                        │
                        └─ 財産開示
```

または先取特権の実行（物上代位も含む）として目的財産を競売その他の方法によって強制的に換価し，債権者の満足を図るものである。「担保執行」ともよばれる。なお，不動産担保権の実行方法としては，担保不動産競売のほかに，担保不動産収益執行（不動産から生ずる収益を被担保債権の弁済にあてる方法による不動産担保権の実行）の方法がある（民執180条）。現実の執行事件は，圧倒的に担保権の実行による。しかし，手続は，基本的に金銭執行の規定に基づいている。それゆえ，以下の手続に関する叙述は，強制執行を中心とする。

(3)　**形式的競売**　　形式的競売（民執195条）とは，対象財産の価値保存のための換価を目的とし，留置権による競売と，共有物分割のための競売（民258条2項）など民法等の法律による換価のための競売を含む。請求権の満足を目的としない点で，他の民事執行と性質を異にする。

(4)　**財産開示制度**　　財産開示制度とは，権利実現の実効性確保の見地から，債権者の申立てに基づき，執行裁判所が債務者に対して財産開示を命じる制度である（民執196条以下）。この制度は，債権者は債務者の財産を特定して強制執行を申し立てることになって

いることから，債権者に債務者の財産に関する情報もそれを探索するための法的手段もない場合には，執行対象財産の特定ができない結果，債権者が権利を実現できなくなることに配慮して，2003（平成15）年改正法（平成15年法134号）により創設された。

民事執行の担い手　**(1) 執行機関**　民事執行は，国家がその権限を独占して手続を実施する。この民事執行の実施を担当する国家機関を「執行機関」といい，裁判所（執行裁判所）と執行官が執行機関となる（民執2条。少額訴訟債権執行においては，書記官が実施する→民執167条の2第1項）。民事執行は，申立てによりこれらの機関が行う。このように，わが国は，原則として二元的構成の執行機関制度を採っている。二元的構成は，執行対象の種類および執行方法の内容的差異に対応しやすく，それぞれの機能的特性を発揮することにより執行の迅速性と実効性を確保することを目的としたものである。「執行裁判所」とは，執行処分を行う裁判所および執行官の行う執行処分に関する関与を行う裁判所をいう（民執3条）。執行裁判所となるのは，原則として地方裁判所であり，その構成は単独裁判官による（裁25条・26条1項）。「執行官」は，地方裁判所におかれ，法律の定めるところにより，執行や裁判所の発する文書送達等の事務を行う独立かつ単独制の司法機関である（裁62条参照）。その他，執行共助機関として，「裁判所書記官」等がいる（裁判所書記官の権限は，2004〔平成16〕年改正法〔平成16年法152号〕等により拡張され，執行共助機関というより，独自の機関に近づいている→民執167条の2・47条3項・49条・62条・64条・78条など参照）。

　(2) 執行当事者　民事執行手続は，判決手続と同様に，対立当事者が関与するという基本構造を採る。一般に，執行を求める者を

「債権者」といい，その相手方を「債務者」という。民事執行手続も，当事者は代理人によって行動することができる。また，民事執行は，私人の財産を対象とすること（この財産を「責任財産」という）から，その財産および執行処分に関して利害関係人が生じる。利害関係人は，その利害保護のために一定の要件の下に執行手続に関与することができる。

<hr>
強制執行実施の基礎　民事執行法は，強制執行を基本手続形として手続を規律する。そして，強制執行の手続の中心となるのが本章*2*に示す金銭執行の手続である。ここでは，金銭執行の手続の前提である強制執行実施の基礎について簡単に解説する。

　民事執行におけるすべての手続は，いうまでもなく，申立てにより始まる。申立ては，書面によって行われる（民執規1条・21条）。そして，強制執行は，国民の生活圏への国家による強制的介入であることから，その実施には，一定の要件（強制執行実施要件）を必要とし，それは，非金銭執行においても同様である。そして，この点につき，民事執行法25条は，「強制執行は，執行文の付された債務名義の正本に基づいて実施する」と規定する。つまり，強制執行の実施に際して，法は，権利の存在を高度の蓋然性をもって確証する文書である債務名義の提出とその執行力の存在と範囲を公証する執行文の付与を要求するのである。

　しかし，担保権の実行においては，債務名義は必要とされない。担保権の実行の場合には，その開始に際して，申立書とともに要求されるのは，担保権の存在を証する文書である（民執181条・190条・193条）。長年の実務慣行と，担保権の実行が担保権に内在する換価

権の直接の行使であるという考えに基づく。また，執行の迅速性確保の観点から，実体権の存否の審査に立ち入ることなしに手続が開始できることが要請され，その結果として，競売手続の開始については，担保権の存在を証する一定の文書を提出することを要件としたのである。強制執行手続と担保権実行手続の手続上の主たる相違は，この開始要件と後述の不服申立方法の点に集約される。

| 債務名義 |

強制執行の出発点をなすのが，「債務名義」である。債務名義とは，強制執行によって実現されるべき請求権の存在と範囲，その当事者ならびに責任財産（執行対象財産）の範囲を表示した，公の格式文書である（民執22条）。法は，特定の文書に執行力を認めたのである。執行力とは，一面で，債務名義に表示された請求権に強制執行による給付の実現可能性を付与したものであり，他面で，執行機関に対して，それに表示された請求権の強制執行についての実体的正当性を保障する効力となる。執行力ある債務名義は，執行文の付与によって成立する。しかし，少額訴訟における確定判決または仮執行宣言を付した少額訴訟の判決もしくは支払督促は，執行文を必要としない（民執25条但書）。こうした執行は，迅速性を要するからである。債務名義となるのは，以下のものである（民執22条）。

① 確定判決（民執22条1号）………（➡第7章 *1*）

② 仮執行の宣言を付した判決（同2号）………（➡第7章 *1*）

③ 抗告によらなければ不服を申し立てることができない裁判（同3号）………不動産執行における保全処分（民執55条・68条の2・77条），不動産引渡命令（民執83条）など，その内容が執行に適する具体的給付請求権を宣言する決定または命令がこれに

当たる。

④　仮執行の宣言を付した損害賠償命令（同3号の2）………犯罪被害者保護法（「犯罪被害者等の権利利益の保護を図るための刑事手続に付随する措置に関する法律」）により犯罪被害者および遺族に迅速簡易に損害賠償を認めるために創設された「損害賠償命令制度」（平成19年法95号）に伴い，導入された債務名義である。

⑤　仮執行の宣言を付した届出債権支払命令（同3号の3）………消費者契約に関して相当多数の消費者に生じた財産的被害を集団的に回復するために創設された消費者裁判手続特例法（「消費者の財産的被害の集団的な回復のための民事の裁判手続の特例に関する法律」〔平成25年法96号〕）による債務名義である。

⑥　仮執行の宣言を付した支払督促（同4号）………（➡第10章4）

⑦　訴訟費用，和解費用等の負担額を定める裁判所書記官の処分等（同4号の2）

⑧　執行証書（同5号）………「執行証書」は，金銭の一定額の支払いなどを目的とする請求について公証人が作成した公正証書に債務者が執行受諾の意思表示を付することによって成立する債務名義である。執行証書は，裁判所が関与しないで，債権者・債務者間の合意により簡単に成立する債務名義である。そのため，執行証書は実務上よく利用されているが，反面で，事後のトラブルが最も多い債務名義である。

⑨　確定した執行判決のある外国裁判所の判決（同6号）

⑩　確定した執行決定のある仲裁判断（同6号の2）

⑪　確定判決と同一の効力を有するもの（同3号に掲げるものを除く，同7号）………確定判決と同一の効力を有するか否かは，法律の定めるところによる。和解または認諾調書の記載（民訴

267条)，調停調書の記載または調停に代わる決定（民調16条・18条3項，家事268条1項），破産債権表の記載（破124条3項・221条1項）などが，これに該当する。

| 執行文の付与 | 強制執行の実施のためには，「執行文の付された債務名義」がなければならないが |

（民執25条。例外として，少額訴訟判決・仮執行宣言付少額訴訟判決，支払督促），債務名義の末尾に「執行文」を付記することによって強制執行の実施が可能となる（その文言は「債権者Aは，債務者Bに対しこの債務名義により強制執行をすることができる。」である→民執26条2項）。執行文は，申立てにより，執行証書については「公証人」が，他の債務名義については，「裁判所書記官」が付与する（民執26条1項）。また，この執行文付与によって執行当事者が確定される。一般的な執行文を「単純執行文」という。しかし，請求が債権者の証明すべき事実の到来に係る場合には，債権者がそれを証明する文書を提出する限りで，執行文が付与される（民執27条1項）。これを「条件成就執行文」という。また，債務名義に表示された当事者以外の者を執行当事者とする場合には，その当事者に対して強制執行ができることが書記官または公証人に明白であるか，または債権者がそれを証する文書を提出した場合に限り，執行文を付与できる（民執27条2項）。これを「承継執行文」という。

　なお，不動産引渡請求権または明渡請求権についての債務名義につき承継執行文を付与する場合で，当該債務名義に基づく強制執行をする前に当該不動産の占有を有する者を特定することを困難とする特別の事情がある場合には，債務者を特定しないで執行文の付与ができる（債務者不特定執行文→民執27条3項）。

2 基本形としての金銭執行

　民事執行法は，金銭執行を民事執行の基本形態とする。担保権の実行であろうと，原則としてこの手続構造を基礎とする。そこで，以下では，手続の流れに沿って金銭執行の基本構造を明らかにすることにより，民事執行手続のアウトラインを解説することにしたい。金銭執行は，執行機関が債務者の財産を差し押さえ，強制的に換価して，その代金をもって債権の満足にあてる強制執行である。金銭執行は，書面による申立てに基づき開始される。つまり，金銭執行は，申立てを経て，『差押え→換価（売却）→配当（満足）』の3つの段階を経る。そして，これが民事執行手続の基本構造となる。

①　差押え段階

　申立てが適法であれば，執行機関は執行目的の差押えに着手する。これにより，執行手続は，開始されることになる。以下，この段階での手続の基礎事項について概説する。

　金銭執行は，「差押え」によって開始される（民執45条1項・93条1項・114条2項・122条1項・143条など）。差押えとは，債務者の特定の財産を執行目的物として確保するために，執行機関が当該財産に対する債務者の事実上・法律上の処分（たとえば，不動産等の譲渡など）を禁止し，これを国家支配下に拘束することである。しかし，差押えは，債権者の権利の満足に必要な金銭価値を把握できれば，その目的を達する。したがって，その効力は，差押え後の債務者の処分行為を絶対的に無効とする必要はない（たとえば，差押え後も，債務者から所有権を譲り受けた第三者の所有権移転登記あるいは債務者に

よる抵当権設定登記などが認められる。これらの処分行為は，当事者間では有効な処分行為である。しかし，当該執行手続との関係では無効とされる〔手続相対効〕のである）。差押えは，執行機関による金銭執行の最初の執行処分である。差押えの方法は，執行目的物の種類により異なる（不動産：開始決定→民執45条1項，動産：執行官の占有→民執122条1項・123条1項，債権：差押命令→民執143条）。

2 換価（売却）段階

　差押えの次の手続は，差し押さえた不動産などを売却し，金銭に換える（換価）手続である。換価手続は，競売対象財産を買受人が競落し，代金を支払うことによって終了する。とくに，不動産執行・競売における換価手続は手続の中核となる。そして，差押不動産を適正価格により売却するために，まず不動産の現況を調査し，評価人に評価させることと，入札等による適正な売却手続が実行されることを保障しなければならない。この不動産執行・競売における売却準備手続における「適正価格形成」が，執行手続の生命線となる。民事執行法は，売却条件上売却によっても効力を失わずあるいは売却により生じる物的負担（不動産上にいかなる権利が存在するか）を個別具体的に公示し，また売却基準価額決定の基礎となる評価額算定の過程を公開して，適正な買受申出価額を得ようとする基本的態度をとる。このための調査を実施するのが執行官，評価人である（民執18条2項・57条・58条・168条2項など参照）。

3 配当（満足）段階

　金銭執行における債権者の満足は，一般に，目的財産の売却等によって得た換価金等をもってする「弁済金の交付」または「配当手

続の実施による配当」によって行われる。配当の実施に際しては，差押えなどの時の前後を問わず，配当に与る各債権者の債権額に応じて按分に配当する「平等主義」を原則として採る。しかし，執行参加の終期，方法につき厳しい制限を加えて（民執49条・51条・140条・133条・125条・154条・165条など），優先主義的要素をかなり取り入れている。

3 執行救済手続

① 民事執行における実体的正当性と適法性

民事執行は，国家権力による債務者の生活領域への強制的介入により債権者の権利を実現するための手続である。それゆえ，民事執行においては，債権者の債務者に対する実体法上の権利が存在しなければならず，その権利実現の手続は適法でなければならない。適法な手続は，債務者の基本的人権の保障でもある。つまり，民事執行はその実体的正当性と適法性が保障されねばならないのである。しかし，現実の執行においては，この正当性や適法性が守られないまま，債務者や第三者の生活領域への強制的介入が実施される場合がある。こうした場合の執行は受忍できない。受忍できない執行は，「不当執行」と「違法執行」に分けられる。実体法上違法で執行の実体的正当性に欠ける執行を不当執行といい，単に執行機関の執行行為が執行法上の規定に違背している場合の執行を違法執行という。

こうした不当・違法執行が放置されていいわけはない。そこで，民事執行法はこのような場合の是正・救済手段を規定する。そして，これらの手段は，他面で民事執行の正当性・適法性の保障機能を果

たすことになる。以下では，その是正・救済手段を概説する。

② 違法執行に対する救済手続

国家作用である民事執行処分は，執行機関が外観上執行処分と認められる行為をしたときに成立する。それゆえ，執行処分は，手続規定に違背する場合（違法執行）であっても，原則として有効である。しかし，違法執行をそのまま放置できない。そこで，執行機関が判断を誤り，なすべき処分をなさず，あるいはなしてはいけない処分をなす場合に，民事執行法は当事者および利害関係人にその是正・救済手段を用意した。それが，執行抗告（民執10条）と執行異議（民執11条）である。これらの制度は，機能を異にする執行裁判所と執行官という執行機関の二元的構成に対応したものである。

執 行 抗 告　執行抗告とは，民事執行手続に関する執行裁判所の裁判に対する上訴であり，特別の規定がある場合にのみ許される（民執10条）。一般の即時抗告に類似する。抗告裁判所となるのは，原則として高等裁判所である。抗告権者は，その裁判に対して不服の利益を有する債権者，債務者その他利害関係人である。その対象は，執行処分により手続が終了する場合の処分（申立ての却下など），権利変動を伴う重要な処分（不動産の売却許可決定など），手続から独立した処分（売却等の保全処分など）である。抗告理由は，手続違背に限られ，しかも法定されている。執行抗告による手続の遅延や執行妨害の防止のために，執行抗告には理由書の提出が義務づけられ（民執10条3項・5項1号），執行停止の効力は認められていない。また，執行抗告は，1週間の不変期間内に提起しなければならない（民執10条2項）。

| 執 行 異 議 |

執行異議とは，執行裁判所の処分で執行抗告できないもの，および執行官の執行処分ないしその遅怠に対する，1審限りの不服申立方法である（民執11条）。異議審となるのは，執行裁判所である。その実質は，抗告における裁判の更正である再度の考案（民訴333条）の申立てにすぎない。異議の裁判に対する上訴（執行抗告）は原則として許されない（例外，民執12条）。執行異議は，原則的に不変期間の制限もなく（例外，民執167条の5第3項など），また第三者の申立ても可能である。異議事由は，原則として手続上，形式上の瑕疵に限定される。しかし，担保権実行手続においては，重大な例外がある。つまり，担保権の不存在，消滅という実体法上の理由を異議事由として主張できるのである（民執182条・189条・191条・193条2項・195条。なお，2003〔平成15〕年改正法により執行抗告による実体的異議事由の主張も認められている→民執182条）。

③ 執行文の付与に対する救済手続

執行文の付与をめぐり争いが生じることがある。執行文付与は，執行機関の処分ではない。それゆえ，民事執行法は，この執行文付与をめぐっては，特別に救済方法を用意している。すなわち，①執行文付与等に関する異議（民執32条），②執行文付与の訴え（民執33条），③執行文付与に対する異議の訴え（民執34条）がある。

| 執行文付与等に
関する異議 |

執行文付与の申立てに関する処分に対しては，異議の申立てができる（民執32条1項）。つまり，①執行文付与が拒絶されたときと②執行文が付与されたときに，前者①に対しては，債権者が，後者

②に対しては債務者が，執行文付与要件の具備，不具備をそれぞれ異議事由として異議を申し立てることができるのである。この申立てには，当然に執行停止の効力は生じない（民執32条2項）。

執行文付与の訴え　執行文付与の訴えは，債権者が民事執行法27条規定の必要な事実の到来または執行力の拡張事由（承継事由）を証明する文書を提出できないときに，債権者が債務者を相手方として，このような文書の提出に代えて執行文の付与を受けられる旨の判決を求める訴えである（民執33条）。

執行文付与に対する異議の訴え　執行文付与に対する異議の訴えは，民事執行法27条の規定により執行文が付与された場合において，債務者が債権者の証明すべき事実が到来していないことまたは執行力の拡張事由（承継事由）の不存在を理由として，債務者が債権者を相手に，その執行文の付与された債務名義の正本に基づく強制執行を不許とする旨の判決を求める訴えである（民執34条）。異議事由が数個あるときは，債務者はこれを同時に主張しなければならない（民執34条2項）。

④　不当執行に対する救済手続

民事執行法は不当執行に対する救済方法として，債務者に対しては強制執行において請求異議の訴えを用意する（民執35条）。担保権実行においては，前述のように執行異議（または執行抗告）を設けるが，債務者は他に担保権不存在確認の訴え等を提起することができる。また，第三者のためには，第三者異議の訴えが用意されている（民執38条）。また，実体法上の要件が満たされれば，損害賠償請求

訴訟や不当利得返還請求訴訟をなすことができる。以下では，民事執行法独自の請求異議の訴えと第三者異議の訴えにつき概説する。

請求異議の訴え

請求異議の訴えとは，成立時に有効な債務名義について，その後そこに表記された請求権が消滅したり，あるいは表記内容やその態様に変化が生じたときに，債務者がその債務名義による強制執行の不許を求めて提起する訴えである（民執35条）。請求異議の訴えは，債務名義の成立後であれば，執行文付与以前であっても，執行開始前でも後でも，執行が完結するまではいつでも提起できる。

異議事由は，債務名義について当該執行の排除を求める理由となる事実である。たとえば，①弁済，詐欺・強迫による取消し，通謀虚偽表示，公序良俗違反など，請求権を消滅させたり，その発生を障害させる事由，②弁済期限の猶予など請求権の効力を排斥する事由，③不執行の合意など請求権の行使を制限させる事由，④執行証書などにおける代理権欠缺など債務名義成立の瑕疵に関する事由が請求異議事由となる。その手続は，通常の訴訟と同様だが，異議事由が数個あるときは，債務者はこれを同時に主張しなければならない（民執35条3項・34条2項）。また，確定判決の場合には，事実審の口頭弁論終結後に生じた事由でなければ，異議を主張できない（民執35条2項➡第7章2）。この訴えには執行停止の効力はなく，執行を停止するためには仮処分による（民執36条・37条）。

第三者異議の訴え

民事執行において執行対象財産（責任財産）となるのは，債務者の財産に限られる。しかし，執行機関は，判決機関などによって与えられた一定の外観的

徴表に基づき執行を実施する。その結果，対象面において実際の外観と実体法の権利関係が適合しない場合が生じる。つまり，第三者の財産が執行の対象となっていた場合や，債務者の財産が執行対象であっても第三者がその上に法的に保護される地位を有する場合である。このような場合に，民事執行法は，第三者に自らの権利および法的地位を保護するための手段を用意した。これが，第三者異議の訴えである（民執38条）。その手続は，一般の訴訟と同様である。第三者異議事由とされるのは，「所有権その他目的物の譲渡又は引渡しを妨げる権利」である（民執38条1項）。「目的物の譲渡又は引渡しを妨げる権利」とは何かをめぐり争いがあるが，今日では，第三者が執行対象物につき一定の権利ないし保護されるべき法的地位を有し，それが侵害され，かつその侵害につき執行を受忍する理由がない場合に認められる点では一致している。つまり，第三者が執行目的物の所有権者といえども，侵害がない限り，第三者異議の訴えは許容されないのである。

執行の停止・取消し 民事執行では，迅速性と効率性が要求され，いったん執行が開始されると，原則執行は止まらない。救済手続が開始した場合も同様である。しかし，執行を続行することは債務者，債権者の権利を不当に侵害することになりうる。そこで，民事執行法は，一定の要件の下で，執行の開始・続行を阻止する「停止」（民執39条）と，それにとどまらず，執行処分を除去する「取消し」（民執40条）という制度を設けている。

⑤ 財産開示制度

財産開示制度とは　債権者は，債務者の財産を特定して強制執行を申し立てることになっている。しかし，債権者に，債務者の財産に関する情報も，それを探索するための法的手段もないのでは，執行対象財産の特定は難しい。そのような状況は権利実現の実効性を減ずることになる。かかる点を考慮し債権者の申立てに基づき，執行裁判所が債務者に対して財産開示を命じる制度が財産開示制度である（民執196条以下）。

財産開示手続の概要　財産開示制度は，執行力のある債務名義の正本を有する債権者または一般先取特権者の申立てに基づき，裁判所の実施決定により開始される（民執197条1項・2項）。この申立てができる債務名義の種類は限定される。財産開示がなされると後日それが開示されない状態に回復することは不可能なことから，仮執行宣言付判決，仮執行宣言付損害賠償命令，仮執行宣言付届出債権支払命令，仮執行宣言付支払督促，執行証書は除外された（民執197条1項）。裁判所は，申立てに基づき，①強制執行等の手続において申立人が当該金銭債権等の完全な弁済を得ることができなかったとき，または②知れている財産に対する強制執行または担保権の実行を実施しても申立人が当該金銭債権等の完全な弁済を得ることができないことの疎明があったときには，財産開示手続を実施する旨の決定をしなければならない（民執197条1項・2項）。裁判所は，実施決定が確定すると，財産開示期日を指定し，申立人および債務者を呼び出さねばならない（民執198条）。財産開示期日は，非公開である（民執199条6項）。債務者（開示義務者）

は，財産開示期日に出頭し，そこで債務者は宣誓のうえで自己の財産について陳述しなければならない（民執199条1項）。債務者が虚偽の陳述等をした場合は，過料に処せられる（民執206条1項）。裁判所および申立人は，開示義務者に質問を発することができる（民執199条3項・4項）。

、

第 **17** 章　各種の民事執行

前章において，民事執行の基本構造について概説した。民事執行の全体
像の把握を目指すためには，基本構造をベースに個々にはどのような特
徴があるかを併せて把握する必要がある。民事執行法は，執行対象物に
よりその手続に差異を設けている。そこで，本章では，対象別の個々の
執行手続を概説することで，個々の特徴を明らかにし，その理解に焦点
をあてていく。

1　不動産に対する強制執行

　金銭執行の中心となるのは，不動産に対する強制執行（不動産執
行）である。不動産執行は，強制競売と強制管理に分けられる。以
下では，『差押え→換価（売却）→配当（満足）』という手続構造に
沿ってその特色を概説する。

**不動産執行における
差押え**

　不動産の強制執行は，執行機関が差押えに
着手したときに開始される。執行裁判所
（民執44条）は，債権者が執行力ある債務名
義の正本およびその他の必要書類を添付して強制執行の申立てをし
たときには（民執規21条参照），強制競売の開始決定をなす。それと
同時に債権者のために目的不動産を差し押さえる旨を宣言し，その

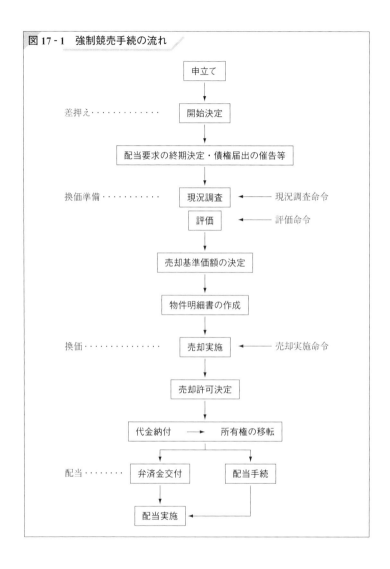

図 17 - 1　強制競売手続の流れ

```
                        申立て
                          │
差押え・・・・・・・・・・・・       開始決定
                          │
              配当要求の終期決定・債権届出の催告等
                          │
換価準備・・・・・・・・・・・       現況調査  ◀──── 現況調査命令
                          │
                         評価   ◀──── 評価命令
                          │
                    売却基準価額の決定
                          │
                    物件明細書の作成
                          │
換価・・・・・・・・・・・・・・       売却実施  ◀──── 売却実施命令
                          │
                     売却許可決定
                          │
            代金納付  ──▶  所有権の移転
                          │
           ┌──────────────┴──────────────┐
配当・・・・・・・・    弁済金交付              配当手続
           │
         配当実施 ◀────────────────────────┘
```

開始決定を債務者に送達しなければならない（民執45条1項・2項）。
これが送達されたときに，差押えの効力が生じる（民執46条1項前

段）。開始決定がなされたときは，裁判所書記官は直ちにその開始決定に係る差押えの登記を嘱託しなければならない（民執48条1項）。この差押えの登記がその開始決定の送達前になされたときは，差押えの効力は，この登記のときに生じる（民執46条1項但書）。一度開始決定がなされた不動産に対しても，他の債権者がさらに二重の開始決定をすることは，許される（民執47条）。

　強制競売の開始決定に係る差押えの効力が生じた場合には，裁判所書記官は，物件明細書の作成までの手続に関する期間を考慮して，「配当要求の終期」を定めなければならない（民執49条1項）。配当要求の終期を定めたときには，裁判所書記官は，開始決定がされた旨および配当要求の終期を公告し，仮差押債権者，抵当権者，公租公課庁に対して，債権の存否ならびにその原因および額をその終期までに届け出るべき旨を催告しなければならない（民執49条2項）。配当要求制度により，権利者に手続への参加の機会が保障され，また配当参加の有無についての情報が提供される。それが剰余の有無の判定，売却条件の確定の資料となる。これにより，差押え段階の手続は終了する。

保全処分　　差押えの効力が生じても，債務者は通常の用法に従って差押不動産を使用・収益できる（民執46条2項）。それゆえ，債務者その他の者の行為によって当該不動産の価格が不当に減少せしめられることが起こりうる。執行対象不動産の適正価格形成のためには，不動産価格の保全が不可欠である。そのための手段として，民事執行法は保全処分制度と地代等の代払いの許可制度（民執56条）を準備する。また，執行対象不動産を不法に占拠するなどの執行妨害行為対策の方法として注目さ

れたのが「保全処分」であった。したがって，今日，保全処分制度
は不動産価格の保全と競売機能の維持という2つの目的を有する。
この保全処分では，執行裁判所が債務者または不動産の占有者に対
して価格減少行為等の禁止または一定の行為を命令すること，占有
の移転を禁止すること，不動産を執行官に保管させることなどがで
きる。保全処分としては，「売却のための保全処分」(民執55条)，
「担保不動産競売の開始決定前の保全処分」(民執187条)，「買受けの
申出をした差押債権者のための保全処分」(民執68条の2)，「買受人
等のための保全処分」(民執77条) がある。これらは，相手方不特定
の場合も発令が可能であり (民執55条の2・68条の2第4項・77条2
項・187条5項)，また，保全処分の内容が公示されることになり (公
示保全処分→民執55条1項・68条の2第1項・77条1項・187条1項)，当
事者恒定効が認められる。

| 不動産執行における 換価手続 | 換価手続は，売却準備手続と売却手続に分けることができる。 |

(1) 不動産執行における売却準備手続

売却を適正に行い，買受人に不測の損害を与えないためにはまず不
動産上の権利関係を適確に把握する必要がある。民事執行における
適正価格形成のための民事執行法の基本的な態度は，売却条件上売
却によっても効力を失わず，あるいは売却により生じる物的負担を
個別具体的に公示し，また売却基準価額決定の基礎となる評価額算
定過程を公開して，適正な買受申出価額を得ようとするものである。
こうした適正価格の形成のためには，売却条件，とくに不動産上に
いかなる負担が存するかの情報が重要となる。そして，不動産の換
価に際しての物上負担の処遇に関しては，「引受主義」と「消除主

義」という2つの立場がある。前者は，差押えに対抗できる不動産上の負担を買受人が引き受ける建前を採る。後者は，差押えに対抗できる不動産上の負担を売却により消滅させ，買受人に負担のない完全な所有権を取得させる建前である。民事執行法は，消除主義を原則としつつ，担保権の種類に応じ，引受主義を併用する立場を採る（民執59条1項・4項）。そして，売却による先順位の権利の保護に関しては，「剰余主義」がある。これは，目的不動産につき先順位の権利を有する者との関係において，実体権としての権利の優先劣後に従い，差押債権者に優先する権利が競売における売却によって害されてはいけないとする原則である。ただし，民事執行法はこの原則を厳格には貫いてはいない（民執63条2項但書など参照）。

　この売却準備手段として，現況調査制度（民執57条），評価制度（民執58条），利害関係人の審尋制度（民執5条）等を準備し，物件明細書制度とその公開を規定した（民執62条1項・2項，民執規31条2項）。つまり，執行裁判所は執行官に対して不動産の形状，占有関係その他の現況について調査を命じ（民執57条），そして，執行官は所定事項を記載した現況調査報告書を提出しなければならない（民執規29条）。それから，執行裁判所は評価人を選任し，不動産の評価を命じ（民執58条），この評価人は不動産を評価し，評価書を提出することになる（民執規29条・30条）。そして，債権届出（民執50条），現況調査報告書，評価書等の資料に基づき，執行裁判所は，売却基準価額を定めなければならないのである（民執60条。買受けの申出は，この売却基準価額から20％に相当する額を控除した価額〔買受可能価額〕以上でなければならない〔同条3項〕。この「売却基準価額」および「買受可能価額」はバブル経済崩壊後の売却率の大幅な低下の改善のために，従来の「最低売却価額」に代えて導入されたものである）。そして，執行裁

判所は，不動産の強制執行に一般の人が参加しうるよう，売却条件等を記載した物件明細書を作成して，売却の1週間前までにその写しを備え置き，一般の閲覧に供しなければならない（民執62条）。この売却の促進のためには，この売却物件情報の提供が重要となる。実務では，売却の情報提供はいわゆる3点セット（物件明細書，現況調査報告書，評価書）の公開に基づき行われ，インターネットで閲覧できる（BITシステム→民執60条2項，民執規31条1項・3項）。また，民事執行法は，不動産の買受けを希望する者をこれに立ち入らせて見学させる競売不動産の内覧制度も準備する（民執64条の2）。

(2) **不動産執行における売却手続**　　売却の準備が整えば，次は，売却（換価）が実施される。売却の方法は，裁判所書記官が決定し，日時・場所を定め，執行官に売却実施命令を発する（民執64条1項・3項）。売却方法には，期日入札，期間入札，競り売り，特別売却がある（期間入札が一般的である）。債務者以外の者が（民執68条），当該不動産の買受けの申出をし，最高額を申し出た者が，最高価買受申出人となる（この者が通常「買受人」となる）。売却が実施された後，執行裁判所は，売却決定期日を開き，売却の許可または不許可を言い渡さなければならない（民執69条）。売却の見込みのない場合には，執行裁判所は，一定の要件の下，強制競売の停止または取消しができる（民執68条の3）。

　売却許可決定後の手続は，次のようになる。まず，売却許可決定確定後には，買受人は，裁判所書記官が定める代金納付期限までに代金を納付しなければならない（民執78条）。買受人は，代金を納付したときに，不動産を取得する（民執79条。代金は一括納付が原則であるが，ローン利用も可能である→民執82条2項参照）。不動産の危険負担もこのときに移転する。そして，買受人が代金を納付したときは，

裁判所書記官が，買受人のために所有権移転登記等を嘱託すること
になる（民執82条）。競売不動産の買受人にとっては，さらに，競売
不動産の占有の確保が重要である。この目的物の現実的取得のため
に，とくに不動産執行・競売では，競売不動産の簡易・迅速な占有
のため「不動産引渡命令制度」を設けている（民執83条）。

不動産執行における
配当 買受人が代金納付をすることにより，換価
手続は終了する。次の手続が，最終段階と
しての配当（満足）である。民事執行法は，
配当に関して以下の２つの手続を認める。

（1）**弁済金交付手続**　これは，債権者が１人である場合または
債権者が２人以上でも売却代金で各債権者の債権・執行費用の全部
を弁済できる場合に，配当表に基づかず，交付計画書を作成し，債
権者に弁済金を交付して配当を行う手続である（民執84条２項）。

（2）**狭義の配当手続**（配当）　執行裁判所は，代金の納付があ
った場合には，(1)の場合を除き，配当表に基づいて配当を実施しな
ければならない（民執84条１項）。これが，「狭義の配当手続」であ
る。配当手続は，配当期日において実施される。配当期日には，配
当を受けるべき債権者および債務者を呼び出さねばならない（民執
85条３項）。執行裁判所は，これらの者を審尋し，また書証の取調べ
もできる（民執85条４項）。配当期日では，これらの者について配当
の順位および額，債権の元本，利息等を定める（民執85条１項）。配
当の順位および額は，配当期日においてすべての債権者間に合意が
成立した場合には，合意により（民執85条１項但書），合意が成立し
ない場合には，民法，商法その他の法律の定めるところの優先順位
に従って記載される（民執85条２項）。配当の順位および額等が定め

られたときは，裁判所書記官は，期日において配当表を作成しなければならない（民執85条5項）。配当表には，売却代金の額および定められた配当の順位および額等が記載されねばならない（民執85条6項）。配当は，この配当表に基づいて行われる。

（3）**配当を受ける者**　　この配当にあずかれるのは，①差押債権者だけではない。他に，②配当要求の終期までに配当要求をした債権者，③差押えの登記前に登記された仮差押債権者，④差押えの登記前に登記された先取特権，質権または抵当権で売却により消滅するものを有する債権者がいる（民執87条1項）。なお，配当要求ができる者は，執行力のある債務名義の正本を有する債権者，開始決定にかかわる差押登記後に登記された仮差押債権者，民事執行法181条1項各号に掲げる文書により一般の先取特権を有することを証明した債権者である（民執51条1項）。

> **強制管理**

　不動産に対する金銭執行のもう1つの方法として強制管理がある。この執行方法は，不動産を執行裁判所の選任する管理人に管理させ，それにより得た収益をもって債権者に弁済し，債権の満足を図る方法である。たとえば，アパート，マンションなどが執行の目的物となっているとき，それらを売却しないで，そこから収益できる家賃等をもって債権者の満足に充てるのである（それゆえ，「収益執行」ともよばれる）。

　強制管理は，債権者の申立てに基づき，裁判所が強制管理開始決定を下すことで開始される（民執93条1項）。この差押えの効力の中心は，債務者の収益処分の禁止である。収益は，すでに収穫し，または後に収穫すべき天然果実およびすでに弁済期が到来し，または後に弁済期が到来すべき法定果実（地代・家賃など）に限られる（民

執93条2項)。執行裁判所は，この開始決定と同時に，管理人（強制
管理人）を選任する（民執94条1項。実務上は執行官，弁護士が選任され
ている）。管理人は，対象不動産に対して管理ならびに収益の収取
および換価権限を有する（民執95条1項）。強制管理のため，不動産
の占有等もできる（民執96条）。管理人は，裁判所の監督に服し（民
執99条），かつ債権者に対して善管注意義務を負う（民執100条）。配
当等を受けるべき債権者は，申立差押債権者・仮差押債権者，およ
び配当（交付）要求債権者に限られる（民執107条4項）。配当要求は，
執行力のある債務名義の正本を有する債権者に限られる。

2　動産および債権等に対する強制執行

金銭執行は，この他に動産，債権等に関する強制執行がある。い
ずれも基本的手続構造は，不動産執行と同様であるが，個々の局面
でその特色を有する。以下では，手続の流れに沿ってその特色を中
心に動産・債権執行を概観する。なお，登記または登録が公示方法
とされている船舶，航空機などの強制執行は，動産執行の対象とは
ならない。これらは，不動産執行に準じて行われる（「準不動産執
行」→民執112条以下）。

① 動産執行

**動産執行における
差押え**

(1)　**執行官による差押え**　動産執行は，
執行官の目的物に対する差押え（占有）に
より開始される（民執122条1項）。その際，
執行官は，差し押さえるべき動産の選択に当たり，債権者の利益を
害しない限り，債務者の利益を考慮しなければならない（民執規100

条)。動産執行では場所単位主義が採られ（民執規99条），そこにある動産が複合的に執行対象となる。動産執行は，執行官による強制力を加えた現実的執行処分によりなされるがゆえに，債務者保護の要請との調整が必要となる。そこで，執行官には超過差押え（民執128条），無剰余差押え（民執129条1項），二重差押え（民執125条1項）が禁止されている。そして，債務者やその家族の生活保障，生業の維持，債務者の職務保障など，種々の政策的理由から一定の財産については，「差押禁止財産」とされている（民執131条。債権については同152条）。二重差押えは禁止されるが，同一動産にさらに執行をする必要があるときは，先後の執行事件は併合される（民執125条2項〜4項）。

(2)　**差押方法の特色**　　執行官による差押方法は，①債務者が目的物を占有している場合（民執123条）と，②債権者または第三者がそれを占有している場合（民執124条）とで異なる。①の場合には，執行官が動産についての占有を債務者から奪い，自らがこれを占有することによって差押えがなされる（民執123条1項〜3項）。②の場合には，債権者または第三者が，任意に動産を提出または差押えを承認した場合に限り，執行官は差押えをなしうる（民執124条，同123条1項・3項〜5項）。動産の任意提出が拒まれる場合は，動産の引渡請求権に対する執行方法（民執163条）による。

(3)　**差押え後の第三者の占有の場合**　　執行官が債務者の動産を適式に差し押さえた後に，その差押物を第三者が占有するに至った場合には，執行官は自力執行的に直接差押物を取り戻すことはできない。その場合には，差押債権者は，執行裁判所に対して，第三者の占有を知った日から1週間以内に差押物の占有に至った第三者に対して差押物を執行官に引き渡すべき旨の命令を申し立てることが

できる（民執127条1項・2項）。

| 動産執行における換価手続 | 動産執行の場合には，執行官は，その裁量により，差押物に対する売却を入札，競り売りのほか最高裁判所規則で定める方法に |

より行う（民執134条。民執規114条～120条）。

| 動産執行における配当 | 動産執行における配当手続の特色は，①執行官による手続と②執行裁判所による手続 |

とに分けることができる点にある。

(1) **執行官による手続**　債権者が1人である場合または債権者が2人以上であっても売得金で各債権者の債権および執行費用の全部を弁済することができる場合には，執行官は，債権者に弁済金を交付し，余剰金を債務者に交付する（弁済金交付→民執139条1項）。弁済金交付の場合を除き，売得金等の配当について債権者間に協議が調ったときには，執行官はその協議に従い配当を実施する（執行官による配当の実施→民執139条2項）。

(2) **執行裁判所による手続**　しかし，この協議が不調のときには，執行官の届出によりまたは債権者による供託がなされ，事情届があったときには，供託の事由の消滅したときに，執行裁判所が配当等の手続を実施する。この手続には，不動産執行における配当手続の規定が準用される（民執142条2項）。なお，配当を受けるべき債権者は，差押債権者および所定の時までに配当要求をした債権者である（民執140条）。

② 権利執行

不動産・動産の有形的な財産だけでなく，権利とされる無形の財産権も執行対象財産となる。民事執行法は，無形の財産権を，その性質に応じて，債権に対する執行（民執143条～166条）とその他の財産権に対する執行（民執167条）に区分して，規定する（両者を併せて，「権利執行」とよぶ）。後者の手続は債権に対する強制執行（債権執行）の例による。以下では，債権執行手続を主に概説する。

債権に対する強制執行（債権執行）とは，執行債権者が，金銭債権の満足のために，執行債務者が第三債務者に対して有する金銭債権または船舶，動産の引渡しを目的とする債権（引渡請求権）を財産権として捉え，それを差し押さえ，換価し，債権者の満足にあてることを目的とする手続である。債権執行の場合には，換価が行われず，直接満足に至る場合を原則とする。それは差押債権者の第三債務者への取立てにより行われ，裁判所が直接関与することはない。この点が他の民事執行手続と根本的に異なる点である。したがって，債権執行では差押命令の発令段階が裁判所の関与する手続の中心となる。なお，近時，「電子記録債権」（その発生や譲渡について電子記録を要件とする金銭債権。電子記録債権法〔平成19年法102号〕により認められた）に対する執行も基本的には債権執行に基づくが，若干の手続特則が設けられている（民執規150条の9～150条の16）。

債権執行における差押え	債権執行では，執行裁判所が執行機関となり，その「差押命令」により手続は開始される（民執143条）。債権執行の申立てがあ

ると，執行裁判所は，申立ての適式性，差押禁止債権，超過差押え

などを判断して，適法と判断すれば，差押命令を発する。その際，裁判所は，債務者および第三債務者を審尋しないで発令する（民執145条2項）。執行裁判所は，差押命令において，債務者に対して債権の取立てその他の処分を禁止し，かつ第三債務者に対して債務者への弁済を禁止しなければならない（民執145条1項）。この差押命令は，債務者および第三債務者への送達時に差押えの効力を生じる（民執145条4項）。なお，「扶養義務等に係る定期金債権を請求する場合」の強制執行では，特別に期限到来に先立っての差押え（予備差押え）が認められている（民執151条の2）。

債権の取立て 債権執行の場合には，換価が行われる場合と，換価ではなく直接満足に至る場合がある。債権執行においては，後者が原則である。債権執行では，債権の取立てにより実質的執行は終わる（一般の取引では債権回収に「債権取立て」と「債権譲渡」があるが，民事執行では前者が原則となる）。この取立ては，債権者自身による場合と訴訟による場合とがある。

(1) **差押債権者の取立て** 差押債権者は，債務者に対して差押命令が送達された日から1週間を経過したとき，執行債権と執行費用の合計額の限度でその債権を取り立てることができる（民執155条1項）。しかし，この取立ては，債権者競合の場合は許されない。

(2) **取 立 訴 訟** 第三債務者が任意に支払いに応じないときには，差押債権者は取立権に基づいて「取立訴訟」を提起できる（民執157条）。この訴訟で，第三債務者に対して差押債権者への直接支払いまたは供託の方法による支払いが求められる。取立訴訟が提起された場合，受訴裁判所は，第三債務者の申立てにより他の債権者で訴状の送達の時までにその債権を差し押さえた者に対して，共同

訴訟人として原告に参加すべきことを命じることができる（民執157条1項）。供託義務を負う第三債務者（民執156条）に対する取立訴訟においては，原告の請求を認容するときは，裁判所は，単純に給付判決をするのではなく，請求にかかわる金銭の支払いは供託の方法によりすべき旨を判決主文に掲げなければならない（この判決を「供託判決」という→民執157条4項）。

(3) **転付命令等**　債権者は，優先的弁済効果を事実上受けるために，転付命令を申し立てることができる。「転付命令」は，執行債権・費用の支払いに代えて被差押債権を券面額で差押債権者に移付する命令である（民執159条1項）。転付命令は，その効力発生と同時に権利が移転し，弁済がなされたとの効力が生じることから（民執160条），第三債務者の無資力に対する危険負担を負うが，平等主義を採る民事執行法において優先的弁済機能を有する例外的存在となっている。

さらに，被差押債権が条件付きもしくは期限付きであるとき，または反対給付に係ることその他の事由によりその取立てが困難であるときは，譲渡命令（その債権を執行裁判所が定めた価額で支払いに代えて差押債権者に譲渡する命令），売却命令（取立てに代えて執行裁判所の定める方法により，その債権の売却を命じる命令）または管理命令（管理人を選任してその債権の管理を命ずる命令），その他相当な方法による換価を命じる命令を申し立てることができる（民執161条1項）。

債権執行における配当　債権執行においては，配当等の手続が行われる場合と行われない場合とがある。差押債権者が被差押債権を取り立てたとき，または転付命令や譲渡命令が確定したときは，それらの第三債務者への送達時に弁済の効力が

生じるので，これによって執行手続は終了し，配当等の手続は行われない。配当等の手続が行われるのは，①第三債務者による供託（民執156条1項・2項）または民事執行法157条5項による供託の場合，②売却命令による売却の場合（民執161条1項），③管理命令による管理の場合（民執161条1項・107条・109条），である。なお，債権執行における配当等の手続では，不動産強制競売および強制管理の規定が準用される（民執161条6項・166条2項）。

少額訴訟債権執行　少額訴訟債権執行は，少額訴訟に係る債務名義による金銭債権に対する強制執行である。簡易迅速な権利実現という少額訴訟の趣旨に鑑み，手続が簡易で迅速な権利実現が可能な債権執行に限って認められた（民執167条の2以下）。少額訴訟債権執行手続は，基本的には債権執行手続に準じる（民執167条の14）。その特色として，①執行裁判所を簡易裁判所とした点（民執167条の3），②執行機関を裁判所書記官とした点（民執167条の2第1項），③裁判所書記官が行う執行処分については，執行異議により不服申立てができ（民執167条の4第2項），それについての執行裁判所の裁判に対しては，さらに執行抗告ができる点（民執167条の5第4項），④債権執行手続への移行手続が規律されている点（民執167条の10〜167条の12）が挙げられる。

3 担保執行

金銭執行には，担保権（抵当権・質権・先取特権）の実行も含まれる。担保権の実行は，「担保権に内在する換価権」を基礎として，担保財産を強制的に換価し，その換価代金により被担保債権に満足

を与える手続で,「担保執行」とも称される。現実の民事執行事件,とくに不動産に対する執行事件のほとんどが担保権の実行である。ただ,手続的には上記の強制執行の規定を担保執行に準用する構成が採られている。以下では,担保執行の特色を概説する。

担保執行は,不動産,動産,債権を執行対象とする。不動産を目的とする担保執行としては,「担保不動産競売」(民執181条以下,手続は強制競売の手続に準ずる)と「担保不動産収益執行」(不動産から生ずる収益を被担保債権の弁済に充てる方法による不動産担保権の実行)の方法がある(民執180条。後者の手続は,強制管理の手続に準ずる〔民執188条〕。手続的には,担保権者による申立てがなされると〔民執181条〕,裁判所は開始決定をする〔民執93条〕。同時に,裁判所により管理人が選任され〔民執94条1項〕,管理人が賃料取立てなどの管理行為を行う。それにより得た収益を配当し,被担保債権の弁済に充てるというものである)。

担保不動産競売の特色としては,①民事執行法181条所定の文書が提出されたときに限り(実際は同条1項3号の「登記事項証明書」による場合が多い),開始される点,②執行異議で実体的事由を主張できる点(民執182条),③買受人の不動産取得は担保権の不存在または消滅により妨げられない点(これを「公信的効果」という〔民執184条〕。その根拠は手続上の失権効に求められる)などを挙げることができる。

動産を目的とする担保権実行(動産競売)では,目的動産の任意提出等がなくても,債権者が担保権を証明する文書を提出し,執行裁判所の許可を受けることにより動産競売が開始できる点(民執190条)に特色がある。その場合,執行官は目的動産の捜索もできる(民執190条・192条・123条2項)。動産競売で実務上問題(開始要件の点)となっているのは,動産売買先取特権の実行である。

債権等についての担保権実行と物上代位による権利行使は,債権

に対する強制執行に準じて実施される（民執193条）。債権・その他の財産権を目的とする担保権は，質権，一般先取特権，特別先取特権である。債権等についての担保権実行と物上代位による権利行使の手続は，担保権の存在を証明する文書が提出されたときに限られ（民執193条1項），差押えの範囲の制限規定（民執146条2項）の準用，および一般先取特権に関する競売以外では差押禁止債権に関する規定（民執152条・153条）の準用はない（民執193条2項）などの点で特色を有する。

4 非金銭執行

非金銭執行とは，金銭の支払いを目的としない請求権の満足のためにする強制執行をいう（民執168条以下）。非金銭執行は，執行目的物を金銭に換える必要はない。その執行方法は，直接強制，間接強制，代替執行による。「直接強制」とは，国家機関によって債務者の意思にかかわらず，債務の内容を実現する強制履行の方法である。「間接強制」は，不履行に対して強制金などを課することにより，債務者に心理的圧迫を与え，給付を促す方法である。そして，「代替執行」とは，給付実現の権限を債権者に与え，それに要した費用を債務者から取り立てる方法である。非金銭執行は，請求権の目的により，これらの方法のいずれかを採用して実施されるがゆえに，請求権の目的によりその手続構造が異なることになる。

① 非金銭執行の種類

非金銭執行における請求権の目的の種類は，①物の引渡し（これには不動産と動産がある），②作為，③不作為，④意思表示があり，

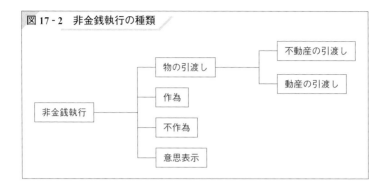

図 17 - 2　非金銭執行の種類

```
                                              ┌─ 不動産の引渡し
                          ┌─ 物の引渡し ──────┤
                          │                   └─ 動産の引渡し
              ┌─ 作為
非金銭執行 ────┤
              ├─ 不作為
              │
              └─ 意思表示
```

それぞれ手続構造が異なる。

② 物の引渡執行

　物の引渡しを目的とする請求権に関する強制執行は，不動産等の引渡義務の執行と動産の引渡義務の執行に分けることができる。執行方法は，原則，直接強制であるが，債権者の選択により，間接強制によることもできる（民執173条 1 項）。

不動産の引渡し・明渡し　不動産の引渡しまたは明渡しの強制執行は，執行官が債務者の目的物に対する占有を排除して，債権者にその占有を取得させる方法または間接強制による（民執168条 1 項・173条 1 項）。人の居住する船舶やトレーラー等も同様の方法で行う。直接強制による執行の場合，債権者に占有を得させる必要があることから，債権者またはその代理人の執行場所への出頭を要する（民執168条 3 項）。執行官は，債務者の占有する不動産等への立入権等を有し（民執168条 4 項），また，当該不動産等に在る者に対し，質問権，または文書提示請求権を有する（民執168条

2項)。そして，占有を排除するためには，賃借人など債権者に対抗できる占有権限を有する者を除き，執行官は，債務者や，その家族などの付随して居住する同居者を立ち退かせることもできる。

　なお，不動産明渡執行は，債務者の住所を奪うという苛酷な執行になるおそれがあることから，執行開始時に明渡執行の断行をするのではなく，執行開始時は一定の期間を定めて催告するにとどめ（民執168条の２），期間経過後に執行を断行する。

| 動産の引渡し |

動産の引渡しの強制執行は，執行官が債務者から目的物を取り上げて，債権者に引き渡す方法または間接強制による（民執169条１項・173条１項）。ここにいう動産は，人が居住している動産以外の動産である。執行に当たり，債務者が任意に目的動産を引き渡す場合，執行官はそれを受領できる（民執169条２項・122条２項）。また，執行官の立入り，捜索権等は動産執行の場合と同様である（民執169条２項・123条２項）。

　執行目的物を第三者が占有し，その第三者が債務者に引渡義務を負う場合には，債権者は，執行裁判所に債務者の第三者に対する引渡請求権を差し押さえて，請求権の行使を許す旨の命令を得る方法または間接強制により，引渡しの強制執行をすることができる（民執170条１項・173条１項）。債権者は，この命令が債務者に送達された日から１週間を経過したときに，第三者に対し引渡しを請求できる（民執170条２項・155条１項）。

3　作為・不作為・意思表示の執行

| 執 行 方 法 |

人に一定の行為を要求することを内容とする執行の場合，つまり，作為，不作為また

は意思表示を内容とするいわゆる「なす債務」の執行の場合には，その性質上，直接強制ができない。この「なす債務」の執行方法としては，わが国では，代替執行，間接強制，意思表示の擬制による方法が認められる。

執行方法の振り分け
基準

その振り分けは，次のようになる。①債務の性質上，「なす債務」としての作為・不作為を目的とする債務についての強制執行においては，直接強制は認められない（民414条1項但書。なお，改正民法施行後は民執171条1項）。②代替的作為債務（債務者自身によるも第三者によるも債権者の受ける経済的または法的効果に差異が生ぜず，代替性がある種類の債務。たとえば，建物の収去，車両の修理，貨物の運送，謝罪広告〔最大判昭和31年7月4日執保⑦〕など）についての強制執行については，代替執行の手続によるのが一般であるが（民414条2項，民執171条。なお，改正民法施行後は民執171条1項1号），間接強制も可能である（民執173条1項）。③代替執行もできない性質の債務（不代替的作為債務）については（たとえば，証券に署名すべき義務など），間接強制による（民執172条）。④不作為債務については，その違反の鎮圧については間接強制を，違反による物的状態の除去には代替執行を認める（民414条2項・3項〔改正民法では削除〕，民執171条・172条）。

間接強制については，かねてより，任意な履行を促すソフトな執行方法として積極的活用が主張されており，また，物の引渡債務や代替的作為・不作為債務については，事案によっては間接強制の方法がより迅速かつ効率的に執行の目的を達成することができる場合があるとされてきた。そこで，法は間接強制の適用範囲の拡張を行った。まず2003（平成15）年改正法により，上記のように，物の引

渡債務および代替的作為債務についても，間接強制ができることになった（民執173条1項）。そして2004（平成16）年改正法により，扶養義務等に係る金銭債権および定期金債権についての強制執行において間接強制による強制執行が可能になった（民執167条の15・167条の16）。また，子の引渡しや面会交流の執行方法として間接強制の活用が議論されている。

代替執行の手続　代替執行は，まず債権者による授権決定の申立てによる。授権決定とは，債権の満足のために行う特定の行為を債務者の費用で債務者以外の者に実施させることを債権者に委ねる旨の決定である（民執171条1項）。執行裁判所は，所定の執行要件を審査し，授権決定を出す。その際，債務者を審尋しなければならない（民執171条3項）。債権者は，授権決定に基づいて代替行為を実行する。その費用は，債務者の負担であり，前払決定があれば（民執171条4項），それを債務名義として金銭執行の方法で取り立てることができる。

間接強制の手続　間接強制は，まず債権者の強制金決定の申立てによる。強制金決定とは，債務者のなすべき作為を特定したうえで，その作為義務の履行を確保するために相当と認める一定の金銭を債権者に支払うべき旨を命じる決定である（民執172条1項）。これには，遅延の期間に応じて金銭の支払いを命じるものと，一定期間内に履行がないときに直ちに一定額の金銭の支払いを命じるものとがある。執行裁判所は，所定の執行要件を審査し，強制金決定を出す。その際，予め債務者を審尋しなければならない（民執172条3項）。この決定は，強制金支払いの債務

名義となる（民執172条5項・22条3号）。作為義務の履行がない場合には，債権者はこの決定に基づき金銭執行をなしうる。

不作為義務の強制執行の特色

不作為義務の強制執行は，代替執行ないし間接強制による。不作為義務（債務）は，多様である。つまり，債務者に一定の行為を禁止するものもあれば，債権者などの一定の行為を受忍するものもあり，さらには一回的な不作為を内容とするものもあれば，継続的不作為を内容とするものもあるのである。執行方法は，こうした債務内容の多様性と違反の具体的状況によって様々である。たとえば，違反が継続している場合には，単純な禁止違反であれば，間接強制により，その違反が物的状態を作出しているときには，代替執行によりその除却を行うことになる。一回的不作為義務違反の場合は，その債権は履行不能に帰することになるので，損害賠償を請求することになる。違反の反復および継続の防止のために，債権者は将来のための適当な処分を命ずる決定（物的設備の設置，担保提供など）を執行裁判所に申立てできる（民414条3項，民執171条。なお，改正民法施行後は民執171条1項2号）。

意思表示の強制執行

登記申請，株式譲渡承認申請など意思表示を目的とする債権については，法的擬制によって実現することとし，現実の執行手続は省略される（民執174条）。これらの債権については，直接強制は不可能であり，間接強制も迂遠だからである。意思表示は，原則として判決などの裁判確定時または調書の成立時に債務者がその意思表示をしたものとみなされる。例外は，意思表示に条件等がついている場合で，執行文の

付与を受ける必要があり，その付与時に意思表示をしたものとみなされる（民執174条１項但書）。

民事執行法改正（令和元年法律第２号）の概要

　民事執行法（昭和54年法律第４号）は，権利実現の実効性を一層高めることを目的として見直しに着手され，令和元年５月に改正法が成立し，公布された。その主要改正点は，次の３つと言えよう。すなわち，①財産開示制度の見直し，②不動産競売における暴力団員の排除，③子の引渡しの強制執行に関する明確な規律の整備である。以下，概要を説明する。

　①は，平成15年民執法改正で導入された「財産開示手続」が十分な実効性確保がなされておらず，利用実績が低調あることから，その見直しを実施したものである（民執法第４章「財産開示手続」が同章「債務者の財産状況の調査」に変更された。民執法１条も参照）。①についての個々の改正点には，対象債務名義の拡大⇒申立権者の範囲拡大（民執197条１項柱書き），罰則の強化（30万以下の過料⇒６ヶ月以下の懲役又は50万円以下の罰金，民執213条１項）もあるが，改正の中心は第三者からの情報取得手続の新設にある（民執204条以下）。これには，(a)登記所からの不動産に関する情報取得手続（民執205条），(b)市町村や厚生年金保険の実施機関等からの給与債権に関する情報取得手続（民執206条１項）および(c)銀行等の機関から預貯金債権，振替債権等に関する情報取得手続（民執207条１項）がある。②は，競売不動産が暴力団事務所に利用されている事例等の指摘を受け，暴力団員に該当する者の買受けを制限するものである（民執65条の２，68条の４，71条５号など）。③は，国内の子の引渡しの強制執行に関して固有の明文規定がなかったことから，その裁判の実効性を確保するとともに，子の心身に十分な配慮をした規定の創設を試みた。間接強制と直接的な強制執行の関係を明確にし，執行官の権限・責務を規定した（民執174〜176条）。その他の改正点として，差押禁止債権に関する規律の見直し（民執145条４項・155条２項）や債権執行事件終了に関する規定の見直しが行われている（民執155条４〜７項）。

倒産処理

タカタ倒産 負債1兆円超

製造業で戦後最大 再生法を申請

エアバッグの欠陥で大量リコール（回収・無償修理）を招いた自動車部品大手タカタ（東証第１部上場）＝┃＝が26日、東京地裁に民事再生法の適用を申請し、受理された。史上最大規模のリコールは、世界有数の自動車安全部品メーカーの経営破綻に発展した。

リコール費用の負担分を含めた実質的な負債総額は１兆円を超え、製造業で戦後最大の大型倒産となる。

高田重久会長兼社長はこの日午前、記者会見を開いて「債権者の皆さまに迷惑をおかけし、心より深くおわびする」と陳謝、「適切な時期に経営責任をとって辞任する」と話した。

米子会社、ＴＫホールディングス（ミシガン州、米連邦破産法11条（日本の民事再生法に相当）の適用を申請した。

九州（佐賀県多久市）とタカタサービス（東京都）も同事再生法の適用を26日に申請し、受理された。

東京証券取引所は26日、タカタ株を整理銘柄に指定し、7月27日に上場廃止とすると発表した。

<キーワード> タカタ 世界有数の自動車安全部品メーカー。1933年、滋賀県で織物製造業として創業し、87年に運転席用エアバッグを開発・シートベルトにも強み。2017年3月期の純損益は795億円の赤字で、3年連続の赤字だった。グループ従業員数は約4万6千人。

タカタは、中国の「寧波均勝電子」傘下の米自動車部品メーカーのキー・セイフティ・システムズ（ＫＳＳ）にほぼすべての資産を約1750億円で譲渡。ＫＳＳが「会社分割」の手法で、主力事業を切り出して新会社をつくり、事業を継続する。リコール費用の支払いや、欠陥エアバッグで生じた損害賠償などは、残るもう一方の会社が担う方向。

同社破産によって、タカタ製エアバッグの異常破裂は、2009年に米国で初めて事故が起き、因果関係が特定された17人が死亡した。リコール対象は個数規模にのぼり、この１兆円超の費用の大半を自動車メーカーが負担する。

自動車業界は初、自動車大手の高田氏ら経営陣は当初、リコール費用を肩代わりする自動車メーカーとの公平な費用負担を確定することにより、リコール費用の責任を主張。財務の悪化や人材流出もとづき、企業イメージが傷つきといい、話し合いで経営陣や株主の責任を主な経営再建処理の整理に、明確になる法的な整理の主張。しかし再建を模索していたが、消費者の企業イメージが傷つきといい、円滑な費用処理などを受け入れざるを得なくなった。

（青山直篤、木村聡史）

■戦後の製造業の大型倒産　（帝国データバンク調べ）

会社	業種	負債（億円）	倒産時期	倒産手法
パナソニックプラズマディスプレイ	プラズマディスプレイ関連製品製造	5,000	16年11月	特別清算
エルピーダメモリ	半導体製造	4,480	12年2月	
都築紡績	化学繊維紡織	2,418	03年11月	
新潟鉄工所	総合プラント製造	2,270	01年11月	
三田工業	事務用機械製造	2,056	98年8月	会社更生法
興人	パルプ・繊維製造	1,500	75年8月	
日本重化学工業	合金鉄製造	1,410	02年2月	
永大産業	合板製造	1,350	78年2月	
林原	糖質原料製造	1,322	11年2月	
アサヒコーポレーション	ゴム製履物等製造	1,300	98年4月	

世界的な自動車安全部品メーカーの民事再生申立て記事，2017年6月26日朝日新聞（関西発）夕刊1面。なお，アメリカ子会社も連邦倒産法第11章（Chapter 11）の申立てをしている。

第4編では個人や企業が経済的に破綻した場合（つまり，倒産）のその処理に関する手続を扱うが，この章はその基本中の基本について述べる。倒産とはどのような現象であり，これに法はどう対応しようとしているのか。裁判所外で倒産に対応する私的整理や，倒産処理の原型であると同時に中心でもある破産制度のポイントを説明する。

1 倒産の背景と倒産処理

　民事に関する手続の複雑・応用系となるのが倒産処理である。ここでは，多額の借金を抱え窮地に追い込まれた債務者とこれに対して債権をもつ債権者が集団として対峙する。債務者の財産関係を清算するにせよ，再建するチャンスが与えられるにせよ，債権債務への重大な影響があり，手続的規律が必要となる。倒産処理に関する法分野は民事手続法の一分野として定着するに至っており，第1編や第3編の話を前提としつつも，倒産という場面に応じた独特の手続法の世界も知っておいてもらいたい。

倒産と社会

　物々交換や現金取引の社会では倒産という現象は起きない。あるいは，富の公平な分

配を実現するとした社会主義社会にも倒産という現象はないはずであった。借金の取立て，夜逃げ，失業等々，倒産に起因するリアクションは誠に不幸なものであるから，倒産のない社会こそ理想に思える。しかし，借金という形で信用を受けた者がそれを基に事業を展開する中で人間社会は発展してきた。歴史が教える通り，赤字部門の損失を黒字部門の収益でカバーする社会主義体制ではやがて経済の活力を欠いてしまうのである。個別的には確かに倒産は不幸なことであるが，社会全体としてみれば倒産現象は経済の潤滑油の役割を果たしている。すなわち，倒産を契機としたリストラクチャリング（事業再構築）を繰り返して経済は発展するのである。

なるほど，倒産は信用取引の影の部分ではあるが，社会全体の中で避けられないものであるとすれば，これを上手に処理することで明日の活力につなげるのが賢いやり方である。倒産処理は，時代を越え，経済体制を越え，そして今も工夫が積み重ねられている人間の知恵の1つなのである。

個人の経済破綻

よほどの資産家は別として，私たち個人は自らの労働力を唯一の生活の糧としている。つまり，働くことによって得られる給料で家計のやり繰りをしているという意味で，私たちも経営者なのである。長期の人生設計を考えて，日常の消費分と貯蓄分のバランスをとるのがやり繰り上手というものであるが，堅実な家計にも決断とリスクが避けられないことがある。

個人の家計において最も難しい決断は，おそらく住宅の購入問題であろう。これをキャッシュで買う人はまずいないので，それから先は住宅ローンという借金生活に入る。さらに，人並みの生活をと

いうことで，車や家電のローンも加わることになる。ところが，これらは20年，30年と生活が順調に進むこと（相応の昇給も）を前提にしているが，すべての人が順調な人生を歩めるとは限らない。病気や怪我，そして失業といった不運が待ち受けていることもある。一時的なものであれば保険等でカバーできることもあるが，長引いてくると，どうするかまた決断が必要である。現在は消費者信用産業が発達しており，当座の資金の借入れが可能だからである（消費者金融のCMを思い起こされたい）。しかし，いったん借金返済のための借入れに手を染めてしまうと，えてして負債額は雪だるま式に増えてしまう結果となる。こうして起きる個人の経済的破綻への法的対応は，現代社会に不可欠な問題となっている（➡第19章1）。

企業の経営破綻　　人間が事業を行うに際して，個人企業の形態であれば，成功の際の利益を一人占めできるがその規模拡大には限界がある。共同企業による規模の拡大とリスクの軽減をもくろむのは必然であり，とりわけ出資額を責任の限度とする有限責任形態の企業（とりわけ株式会社）は，格段の事業展開を可能とした。しかし，逆に，有限責任は経営破綻に際してのリスクを限定したという意味で，破綻の発生を織り込んだものとみることもできる。

　企業経営が順調に回っているときは，人・物・金のバランスがとれている。すなわち，経営者が有能で，主力商品ないしサービスの評判が良く，そして資金繰りもスムーズな状態である。ところが，どんな企業も永遠に順調であり続けるわけではない。ライバル企業との競争に破れて売上げが振るわなくなったり，資金繰りがショートしたり，経営者が初心を忘れて放漫経営に流れたりで，長年の努

力で培った信用・ブランド力も崩れ去るのは一瞬である。懸命の打開策も実らず，手形が不渡りになったり，債権者が我先にとトラックで商品を引き揚げに来たり，不名誉な倒産記者会見（➡第4編扉記事）へと転落する例は，不況期にはビジネス界の日常風景でさえある。

2 倒産への対応

倒産という現象は，基本的には私的レベルでの出来事であるが，格別の法的対応を怠ると，混乱と不公平をもたらす危険性がある。すなわち，資力の低下した債務者を前に多数の債権者が群がれば，残った財産をめぐっての熾烈な奪い合いが予想されるからである。

私的整理と
法的倒産処理

倒産への対応は，裁判所の関与の有無を基準に，私的整理と法的倒産処理の2つに分かれる。かつては，裁判所の関与のない私的整理が多かったが，21世紀に入ると法的倒産処理の比率がいったんは高くなった。しかし，債務者の財産が乏しくなっている状態を前に，費用と時間を要する法的倒産処理を必ず踏むことを関係者に期待することはできない。むしろ，冷静に考えれば最も経済合理性が重視されるべき場面であるのだから，倒産への法的対応としてシステム化された裁判所における倒産処理の方法と同じことを，関係者の合意で私的整理の場面でも実現することは十分可能なはずであり，事業価値の毀損も回避できる。

具体的には，倒産に対応する実体法的規律（すなわち，債権や担保権の処遇，相殺や否認の可否等）や手続法的規律（すなわち，債権の届

出・調査・確定，関係者の集会や決議の方法等）は裁判所で行う倒産処理で示されているので，これをモデルに合意による処理が試みられることになろう。そこでは清算か再建かの処理方針と主要債権者の債権の行方が交渉テーマとなる。近年は，私的整理を公正かつ迅速に進めるためのガイドラインが策定されたり，私的整理の基盤整備が進められたりしている。

私的整理の意義　上に述べたように，経営破綻のすべてが裁判所の倒産処理手続に服しているわけではない。その必要性もなければ，不可能でもある。実際には，企業の場合であれ，個人の場合であれ，私的整理による処理が相当数ある。ここでは，企業倒産における私的整理について述べるが，個人の倒産でも，弁護士による債務整理や特定調停（➡第19章 *3* ）といった倒産処理における ADR（➡第11章 *1* ）メニューの実績は侮れないものがある。企業レベルでも，組織的な事業再生 ADR の取組みが始まっている。

私的整理の流れ　個別のケースに応じて柔軟に対応できるのが私的整理の長所であるから，もとより，私的整理に定型のパターンがあるわけではない。しかし，避けて通れない段取りはある程度描くことが可能である。

　すなわち，個々の債権者との支払猶予・権利減免の交渉が立ち行かなくなって，債権者会議を招集し集団化するのが開始の合図である。そこで，清算か再建かの基本方針が決められ，併せて以後の私的整理遂行の中心となる債権者委員数名とその代表となる委員長が選出される。債務者の財産関係および債務関係が洗い出され，整理

案を策定し実行する。清算であれば、早期に債務者の財産を換価し配当を行い、再建であれば、可能な弁済方法とそれに向けての経営建て直し策（経営合理化）を施すというものである。

私的整理の長短　私的整理にも一長一短がある。

まず、私的整理の長所を考えておこう。第1に、簡易・迅速・柔軟性を挙げることができる。すなわち、裁判所の倒産処理において履践されるような厳格な手続は要求されない。財産関係の調査や換価・配当も関係者の合意で簡便な方法で行えばよいのである。そして、このことが第2の長所たる、費用の安価性につながる。私的整理においても、弁護士等の専門家の助言・関与が必要なこともあるが、破産手続において管財人として全面関与する場合の報酬に比べると少なくて済むであろう。これは、資力が悪化し相当の権利減免を免れない倒産の場面ではきわめて意味のあることである。言い換えれば、以下に述べるような短所にある程度目をつぶっても私的整理が選択されるのは、低コストによってもたらされる配当率アップに期待してのことなのである。

これに対する、私的整理の短所を挙げておこう。第1は、強制力の欠如である。したがって、債権者各自の回収行動や担保権の実行を止め、あるいは債務者の財産隠しや偏頗（へんぱ）弁済を控えさせることは、もっぱら関係者の任意の協力に待つしかないのである。第2に、手続の不安定性・不透明性である。すなわち、債務者が誠実で、好適な人物が債権者委員長に就任することが私的整理成功の鍵であるが、これを担保するものは当然にはない。したがって、委員長がその地位を利用して不正を働いたり、整理屋が入り込んで荒らされたりするリスクがつきまとうのである。

弁護士や公認会計士等の専門家の関与率を高めたり，委員長の地位に法的規制（信託法が考えられる）をかける等の工夫による短所の克服が課題となる。近時は各種の私的整理と裁判所の手続との連携（相互乗入れ）もみられる。

私的整理の準則化

21世紀に入り倒産法の改正作業が一段落するのと前後して，私的整理の整備も進められた。これには，国家的な課題となった不良債権の処理を促す一環として，政府（行政）が関与する産業再生機構（その後，企業再生支援機構，地域経済活性化支援機構と名前を変えながら受け継がれてきたが，恒久的なものではない）や中小企業再生支援協議会による私的整理と，事業再生実務家協会という民間組織が提供する事業再生 ADR とがある。合わせて準則型私的整理と呼ばれている。手続実施者として専門家の関与体制が整い，安定した私的整理が可能となる。しかし，準則化されても私的整理としての債権者全員一致の枠組みの中にあり，多数決による決着には裁判所の手続との連携が必要となる。

行政倒産処理

倒産への対応は，一般に，私的整理と法的倒産処理に分かれる。そして，裁判所における法的倒産処理が倒産の最終受け皿ともいうべきものであるが，その中間に，債務者の業種，あるいは地域への影響のいかんで，行政が倒産への対応に乗り出す場合がある。1990年代の一連の金融破綻にその例を見出すことができる。

もともと多数の顧客を相手にする金融業（銀行，保険，証券）には行政（監督官庁）の強い規制があった。つまりは，横並びの護送船団方式で経営破綻など念頭になかったが，規制緩和とバブル経済期

における営業スタンスの違いはその後の金融機関の淘汰をもたらした。ところが，破綻した金融機関の処理をいきなり裁判所における倒産処理に委ねては，債権者となる預金者，保険契約者，証券顧客の混乱を避けられない。大蔵省（当時）や金融再生委員会等の行政庁がリードして破綻先の救済を試みることがなされてきた。しかし，信用秩序の維持が大義名分であっても，公的資金をつぎ込んで破綻した金融機関を救う行政倒産処理には批判も限界も少なくなかった。預金者等の保護は，預金保険機構，保険契約者保護機構，投資者保護基金の整備によって図る一方で，金融機関の破綻への対応としても，裁判所における倒産処理のもつ実体法的規律・手続法的規律が要請されることになった。1996（平成8）年に狭義の金融機関の更生手続，破産手続の特例を定めた法律を制定し，その後，証券会社，保険会社向けの規定も追加し拡充を図った（金融機関等の更生手続の特例等に関する法律）。

　こうした行政主導型の倒産処理は，地方自治体が関係した第三セクターの破綻にも多くみられるが，安易な補助金交付には住民の批判も強く，透明性確保のため法的倒産処理が選択される例が増える傾向にある。また，夕張市が財政再建団体となった際には，地方自治体に特化した破綻処理法制の整備も話題となった。アメリカにその例がある。

倒産と裁判所　　行政による倒産処理があることが示すように，個人の破綻であれ，企業の破綻であれ，裁判所が倒産処理を引き受けるというのは決して必然ではない。とりわけ，いったん破綻に陥った企業が，その後の対応策いかんで再建が可能かどうか，そもそもどんな再建策がありうるかといったこ

とは，高度の経済的かつ経営的事項であり，固有の司法作用に属していない（職業裁判官ではなく，商人を裁判官の給源とした裁判所が倒産処理を担っている国もある）。しかし，倒産処理における最大の焦点は，結局のところ，債権債務関係の行方という民事実体的問題にあると考えることができる。つまり，清算やむなしということであれば何割の配当が可能なのか，逆に再建ということであれば，どの程度の権利をカットして残額は何年で支払う予定なのか，ということである。これは民事上の権利の確認，そして実現にほかならず，民事手続法の一環として倒産処理が裁判所で扱われる所以なのである。

　もっとも，民事手続法の一環をなすとはいっても，第1編で扱った判決手続とはかなり異なったものになっている。

3　倒産処理の種類とあらまし

倒産4法制　裁判所における倒産処理手続は，現在，4つの種類がある。すなわち，①破産，②特別清算（会社510条以下・879条以下），③会社更生，④民事再生の4つである（図18-1参照）。一般に，①と②が清算型，③と④は再建型と分類されるが，清算か再建かの区分けは曖昧な点もある。とりわけ，倒産処理の技法として事業譲渡（一体としての事業を売却すること）を用いるケースでは，その観が強くなった。すなわち，この場合，債権者に対しては譲渡代金の分配がなされるという点で清算がなされる一方，事業譲受先で当該事業が継続されるという点では再建的ともいえるからである。言い換えれば，事業譲渡の方式は，清算型にとっても再建型にとっても有用な手段とされるに至っているのである。

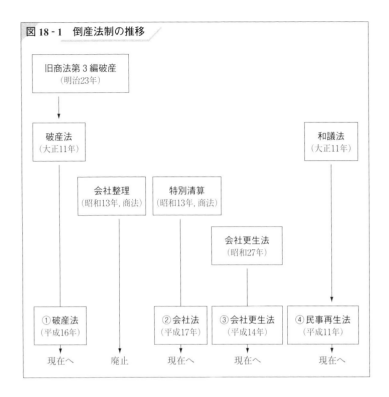

図 18 - 1　倒産法制の推移

旧商法第３編破産
（明治23年）

↓

破産法
（大正11年）

和議法
（大正11年）

会社整理
（昭和13年，商法）

特別清算
（昭和13年，商法）

会社更生法
（昭和27年）

①破産法
（平成16年）

②会社法
（平成17年）

③会社更生法
（平成14年）

④民事再生法
（平成11年）

現在へ　　　廃止　　　現在へ　　　現在へ　　　現在へ

　そのほか，国際的な倒産事件に関する外国倒産承認援助法による各種の援助処分もある。

　これらの倒産法制は，1999（平成11）年の民事再生法の制定を皮切りに，会社更生法，破産法と相次いで全面的に改正された。

諸法制のあらまし

　各手続について，一言で述べておこう。まず，①破産は，法人・個人に共通の手続であり，裁判所によって選任された破産管財人を中心に，債務者の全財産を換価し債権者に公平な配当を試みる厳格な清算手続である。

歴史的にも，そして体系的にも，倒産処理手続のベースとなるものである。②特別清算は，清算中の株式会社に清算遂行上の支障または債務超過の疑いがある場合に協定を多数決で可決する方法で清算するものであり，単行法ではなく，会社法に収められた倒産処理である。次の③会社更生も，株式会社特有の倒産手続であるが，窮境に陥ったものの再建の見込みがある場合に，更生管財人の手で担保権者も含む関係者の利害を調整する更生計画で長期的かつ抜本的な再建を目指す大企業向けの手続である。そして，最後の④再生手続は，旧破産法と同時に制定され2000（平成12）年３月まであった和議法による和議手続に代わって新しく作られたもので，会社更生より簡略に再建を目指す手続である。

すなわち，再生手続は，法人にも個人にも共通する一般的な再建型の手続であり，手続開始後も債務者の財産管理処分権を剝奪することなく，再生計画に債権者の過半数の同意を得て権利関係の調整をすることで事業や経済生活の再生を図ることを目的としたものであるが，個人向けには特則が用意されている（➡第19章4）。

現行の４つの手続すべてについて詳しく述べることは本書の目的を超える。個人の倒産については第19章で，企業の倒産については第20章で，別途扱うので，本章では，４法制のベースという意味も含めて，破産手続のエッセンスを示しておきたい。

4 破産手続の概要

倒産処理手続は破産手続から発展した。すなわち，残余財産を債権者間で分配する破産手続の萌芽は，すでにローマ法の時代にその起源がみられるとされるが，当初は，破産は債権者から受けた信用

に債務者が背くという意味で，これを罪悪視し債務者に厳しく臨む，つまり懲罰的色彩が濃かった。しかし，破産した者にも立ち直りのチャンスを与える発想（今の免責に相当する）が聖書にあることでもわかる通り，債務者を救済し再起の機会を与えることも破産手続の使命として意識されるようになった（➡第19章2）。さらには，事業形態の発達すなわち株式会社の展開とともに，破産手続は終焉段階にある事業の破綻処理制度として洗練・工夫されて行き，やがて再建型の手続も発展させて行ったのである。

　　　　　　　　　　　　破産手続を規律する破産法は，手続法に位
破産法の特徴　　　　置づけられながら多数の実体規定をもつと
いう特徴を有している。すなわち債権，契約，担保，相殺，詐害行為といった民事実体法上の権利にかかわる問題が破産という究極の局面でどうなるかというのが破産法の一方の大きな柱であることを意味し，その上で，この実体権の処遇に向けての手続的規律が破産法のもう一方の柱としてあるというわけである。加えて，わが国の破産法は破産犯罪に関する罰則規定も取り込んでいる。

　また，実際の事件との関係における破産法の規律は，会社法（企業倒産の場合），消費者法（個人倒産の場合），労働法，税法，環境法，経済法と交錯する問題も多くあり，法律問題の坩堝（るつぼ），法律学の総合芸術と比喩されるくらいである。

　　　　　　　　　　　　次に，破産手続の流れを説明しよう。骨格
破産手続の流れ　　　をなす流れは，図18-2のチャートに示し
た通りである。

　まず，破産手続も関係者の申立てによって始まるものとされてい

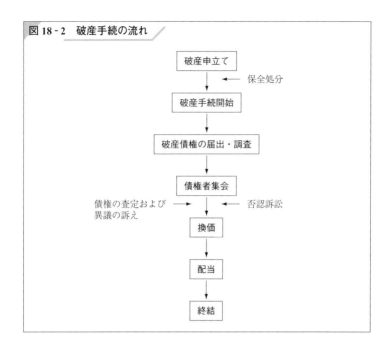

図 18 - 2　破産手続の流れ

破産申立て

← 保全処分

破産手続開始

破産債権の届出・調査

債権者集会

債権の査定および →　← 否認訴訟
異議の訴え

換価

配当

終結

る。例外的に，他の倒産手続が失敗したことから裁判所の職権で破
産に移行してきたり，債務者の業種によっては，監督官庁が破産を
申し立てることもあるが，直接の利害関係者である，債権者または
債務者自身が申し立てるのが原則である（破18条）。破産手続を開始
する実質的要件（これを破産原因という）は，継続的一般的に債権者
への支払いができなくなる支払不能の状態（破15条）であり，法人
の場合は負債が資産を上回る債務超過（破16条）でもよいとされる。

　費用が予納され破産原因が認定されれば，正式に破産手続が開始
されるが，それまでの間，混乱を防ぐ意味で，弁済禁止，処分禁止
等の保全処分が出されることもある（破24条以下）。開始決定ととも

に，破産管財人（原則として，弁護士が選任される扱いである）が選任
され（破78条），原則として，債権届出期間，債権者集会期日，債権
調査期日等が決められる。破産手続開始後は，債権者は個別的な権
利行使ができなくなり（破42条・100条），配当を希望するのであれ
ば破産債権の届出をする。債権調査期日において異議がなければ破
産債権は確定する（破124条）。異議が出た場合は，破産債権の査定
決定（破125条）等を経て確定する（破131条）。一方，破産管財人は
就任とともに，債務者の財産（破産財団という→破34条）の管理処分
に着手し，配当に向け，破産財団に所属する財産を換価する。換価
は，民事執行の方法，あるいは任意の方法でできるだけ高く売るに
越したことはないが，現実はかなり厳しい。配当は，配当表を作成
し関係者の閲覧に供した上で，中間配当，最後の配当と順次なされ
るが，事案に応じ簡便な配当手続によることもできる。

破産裁判所

破産事件を担当する裁判所は地方裁判所で
あり，これは専属管轄とされている。そし
て，具体的な事件の担当を決める土地管轄の原則は，営業者の場合
は主たる営業所の所在地，営業者でない場合はその普通裁判籍（つ
まり，住所地→民訴4条2項）の所在地となっている（破5条1項）。
例外的に，財産所在地を管轄する地方裁判所となることもあるほか，
事件の適切な処理のため管轄が拡大されている（破5条2項以下）。
裁判所が破産事件を運営するに当たり，手続の節目ごとに決定の方
式で判断を示し，また，破産事件の実践を担う破産管財人を選任し
かつ随時監督も行う（破74条・75条）。

　ところで，破産手続をはじめとする倒産処理における裁判所の関
与の仕方は，口頭弁論を経て権利義務の判定を行う判決手続におけ

るそれとは相当異なる（また，4法制それぞれでも裁判所の関与に違い
がある）。権利義務の判定が必要となる場面もあるが，実践面を担
当する破産管財人等の機関を選任しその任務遂行を支援し監督する
といった形での関与がメインとなる。その意味で，倒産処理は裁判
所が行政的に関与する非訟事件（➡第11章2）と位置づけられてい
る。したがって，倒産処理に際しての裁判の方式は決定とされ，口
頭弁論を経る必要はなく，職権で必要な調査をすることとなってい
る（破8条，会更8条，民再8条）。この方式の合憲性は確認されてい
るが（最大決昭和45年6月24日倒産⓵-⓵），この場合も，利害関係のあ
る者に手続的な関与の機会が実質的に確保されているか否かが大事
であることを忘れてはならない。

破産管財人

破産裁判所の監督の下，個々の破産事件の
現場をあずかるのは破産管財人であり，破
産事件には種々の法律問題が絡むことから，ほぼ全件で弁護士が選
任される扱いとなっている。破産管財人は，破産財団を管理し（破
78条），したがって，破産財団に関する訴訟について当事者適格を
有し（破80条），破産手続のあらゆる局面で各種の権限を行使して職
務に当たるものとされ，利害関係者に対し善管注意義務を負ってい
る（破85条。最判平成18年12月21日倒産⑲）。その職務の執行につき費
用の前払いを受け，報酬も受けるが（破87条），規模の大きい破産事
件では，所属の法律事務所をあげての仕事となり，かつ長期戦とな
るため，受任できる弁護士に絞りがかかることもある。管財人とな
る弁護士は，多くの法律問題に精通し，また企業財務・経営にも長
け，決断力や行動力のある者が理想とされる。

| 破産財団 | 破産財団とは，破産管財人が管理処分する |

破産財団とは，破産管財人が管理処分することになる債務者の財産の総体である。破産財団の範囲は，破産手続開始時を基準時とし，所定の差押禁止財産（民執131条）を除く債務者の一切の財産である（破34条）。これは，外国にある財産を含むという意味で，対外的効力をもつものである。

破産手続開始決定を受けた状態では，当然のことながら，破産財団は負債総額を下回っていることが多い。この乏しい破産財団が，破産債権者（破産者に対し破産手続開始前の原因に基づき財産上の請求権をもっている者をいう→破2条5項）の満足に充てられるのであるが，破産手続遂行のコストもまたここから賄うほかない。破産財団が負担するという意味で財団債権とよばれ，最優先で弁済される（破2条7項・148条・150条）。これに対し，差押禁止財産（破34条3項，民執131条）や破産手続開始後に破産者が得た財産は自由財産とし，個人の破産者の更生に役立てられるものとされる（➡第19章2①）。

以下で説明するとおり，配当に至るまでに破産財団は変遷する。この変遷は破産実体法に関係するものである。破産実体法は，民法等の平時実体法の特則となり，破産財団の増減を左右する。

| 破産財団の減少 | 破産財団は，観念的には破産手続開始時に |

破産財団は，観念的には破産手続開始時に法定の範囲で固定されている（これを法定財団という）。しかし，破産管財人が現実に占有管理しているもの（これを現有財団という）は，しばしば法定財団と一致しない。たとえば，何かの事情で他人の財産が混じっていることもある。しかし，これは本来破産財団に属すべきものではないから，権利者から返還の要求があれば管財人はこれに応じなければならず，その結果，破産財団は減少することになる。このような本来の権利者の権限を取

戻権とよんでいる（破62条以下）。

　また，破産財団に属する財産でありながら，破産手続開始前に特定の債権者らの担保に提供されているものも多い。担保とはまさに倒産時の備えであるから，破産手続においても担保権者の地位は最大限尊重されなければならない。破産財団に属する財産を格別に取り除く権利，すなわち別除権として破産手続外で担保権の実行ができるものとされている（破2条9項・65条）。担保目的財産の価値が別除権者の被担保債権額を下回っていれば，もはや当該財産は一般破産債権者とは無縁のものとなるが，上回っていれば，余剰額が破産債権者の満足に回される。いずれにせよ，主要な財産が担保に提供されている現実を考えると，別除権の行使により破産財団は大幅に減少するので，破産手続は残りカスの平等の観を呈することになる。

　さらに，破産債権者の中に，破産者に対して債務を負担している者が存在していることも少なくない。すなわち，破産債権者と破産者の間で債権債務が対立している場合であり，お互いの債権が担保となっている状態である（相殺の担保的機能→民505条）。破産債権者のこのような地位は破産手続においても尊重されなければならないので，相殺権としてやはり破産手続外での行使が保障されている（破67条1項）。相殺権の行使があれば，相殺可能額の範囲（破68条以下）で破産財団は減少する結果となる。もっとも，こうした相殺の有利な地位を破産が迫った危機時期以降に作り出したような場合にまでこれを認めるのは不公平なので，一定の範囲で禁止される場合がある（相殺禁止→破71条以下）。また，最高裁は債権債務は2者間で成立していることを要するとし，3者間相殺を否定している（最判平成28年7月8日）。

上記はただでさえ少ない破産財団が減るばかりで，いささか寂しい。破産管財人は破産財団の減少に付き合わされるほかないのだろうか。ここで救世主として浮上するのが否認権という，管財人が行使できる破産財団増殖権限（破167条）である。

たしかに，破産管財人は，破産手続開始時の財産状態で破産財団の占有管理に着手するほかない。実際，開始前の保全処分で債務者の管理処分権に制限がかかっている場合を除いて，債務者は自分の財産をどう処分しようが基本的には自由である。しかし，破産手続開始前の債務者による不当な財産処分や一部の債権者のみへの不公平な弁済行為を容認するほかないようであれば破産手続はあまりに無力にすぎよう。そこで，民法の詐害行為取消権（民424条以下）を破産手続用に強化し，破産手続開始前の詐害的行為の効果を否定し破産財団を回復する可能性を開いたのが否認権（破160条以下）である。

否認権は，責任財産を減少させる行為に対処する詐害行為否認（破160条・161条）と債権者間の公平を害する行為に対処する偏頗行為否認（破162条）という2つの基本類型のほか，各種の特別類型が定められている（破163条・164条・165条・170条）。行為の態様に応じ，要件そして証明責任のあり方を工夫し，破産手続の理念ともいうべき債権者間の公平を確保し，配当率の上昇に寄与している。破産法では最も判例の多いところで，まさに破産法の存在意義をなすのが否認権である。

破産手続においては，破産手続開始の時点を基準に各種の規律がなされる（したがっ

て，破産手続開始決定は何月何日何時何分と時間まで記載される。官報の公告欄で確認できる）。つまり，破産手続開始を基準に法律関係の状況が一変するものとされる。ところが，破産者が抱えている法律関係，とりわけ契約関係や訴訟は長期間の継続関係にあって，その中途で破産手続開始という事態を迎えることが多い。賃貸借契約，雇用契約，請負契約，保険契約等を考えればわかる。これらの契約においては，破産手続開始の時点において契約当事者（すなわち，破産者とその相手方）双方に履行の完了していない債務が残っていることが少なくない。そして，契約当事者の破産は，破産者側の債務の履行に影響のあることであるし，そもそも中途段階にある契約の始末をつけないと破産手続を終えることができない。

　破産手続の便宜，そして双務契約相手方の利益を考慮して，双方未履行の双務契約を処理するための規定が用意されている（破53条・54条）。すなわち，破産管財人に履行か解除かの選択権を与え，双務契約のバランスに応じた効果となるように工夫している。

　ところで，瞬時で終わる契約（たとえば，現金取引）を除くと，契約関係に入ってから相手方が破産することは多くの双務契約にあって計算にいれておくべき事態ともいえる。各契約の根拠条文の中には，契約当事者一方の破産に備えての規定がある場合が少なくない。たとえば，使用者の破産（民631条），注文者の破産（民642条），保険者の破産（保険96条）等である。これらは，破産が清算に向かう手続であることから各契約の解除（解約）を導く規定となっている（いろいろ問題はあるが，契約時に一方当事者の倒産に備えた特約をおくことも多い）。

　こうした契約当事者破産の場合の明文規定は，一部の契約，そして一定の事態にしか対応していないので，契約処理に関する破産法

の原則規定の汎用性は高い。さらに，実務で展開されている各種の新種・特殊契約も多くあり，そもそも破産法53条の性質論，そして適用の可否をめぐっては多くの議論があるところである（ファイナンス・リース契約につき，最判平成7年4月14日倒産㋕，ゴルフ・クラブ入会契約につき，最判平成12年2月29日倒産⑧⃝-1⃝）。

　以上に述べた，破産法の基本事項は，多くのものが他の倒産手続にも，そのままないし若干の変容をして現れることになるので，まず破産法からマスターするのが倒産法の学習には効果的である。

本章では，個人が経済的に破綻した場合の倒産処理について説明する。会社員，主婦あるいは学生といった事業を営んでいない個人債務者の経済的破綻（一般に消費者倒産という）を主たる対象とするが，同時に，小規模な自営業者等の倒産についても触れることにする。

1 個人破産の現状とその背景

個人破産の現状 　個人の自己破産の申立件数は1980年代以降急増を続けていたが，2003年をピークとして減少傾向にある（図19‑1参照）。これは，貸付金の取立て方法や過剰融資が社会問題となり，それを受けた貸金業規制法（貸金業法）や出資法および利息制限法の改正によって金利規制と過剰貸付けの規制が行われたこと，さらに一連の最高裁判決（最判平成18年1月13日，最判平成21年1月22日など）によって過払い金問題が解消されつつあることによるものである。しかし，最近ふたたび増加の傾向を示しつつあり，これは貸金業法の規制を受けない銀行カードローンによるものと指摘されている。

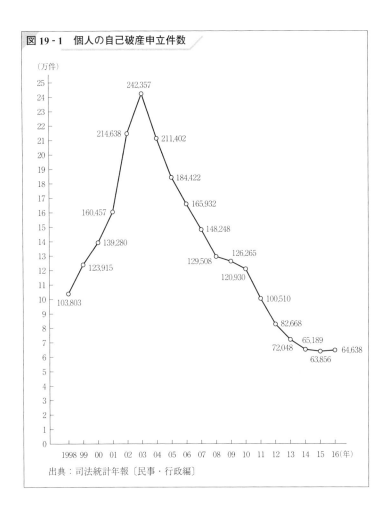

図 19‑1　個人の自己破産申立件数

（万件）

242,357

214,638

211,402

184,422

165,932

160,457

148,248

139,280

126,265

129,508

123,915

120,930

103,803

100,510

82,668

72,048

65,189

63,856

64,638

1998 99　00　01　02　03　04　05　06　07　08　09　10　11　12　13　14　15　16（年）

出典：司法統計年報〔民事・行政編〕

消費者信用の危険性・
不確実性

　個人破産が急増してきた背景には，消費者
信用市場の急成長があった。消費者信用と
総称される取引形態（販売信用・消費者金
融）は，一般に短期返済を予定した無担保融資であるが，その反面，

金利や遅延損害金は年率14〜20％と高めに設定されている。そのため，１回の融資は比較的小口で行われるが，それを多重に利用した場合の債務負担は，返済期間・利息のいずれの面でも，相当に重いものになる。しかも，消費者が返済に充てうる財産は，通常は給料などの将来の収入のみであるから，勤務先の倒産，リストラによる失業，本人や家族の病気，親戚や知人の保証債務の現実化など，予期せぬ収入減や支出増が生じると，たちまち返済困難に陥るおそれがある。要するに，消費者信用は，もともと経済的破綻を招きやすい危険性・不確実性をもっているともいえるのである。そして，何らかの事情で破綻に陥った後にも，消費者信用のもつ手軽さ・気軽さが，債務返済のために借金（キャッシング）を繰り返す自転車操業の継続を促し，債務を雪だるま式に増やす傾向を強めているのである。

個人の倒産と倒産処理の方法　このように幾重にも債務を負担している債務者を「多重債務者」というが，こうした状態が続くと，ますます負債が増大し，債務者本人にとって不利益となる可能性が高いと同時に，債権者にとっても不公平な事態になることが考えられる。なぜなら，債務者の財産がきわめて少ない状態で自由な取立てを認めると，先に弁済を受けた債権者のみが利益を受け，取立てが遅れた債権者は債権回収の機会を失うことになり，債権者間の平等が確保されなくなるからである。

(1)　**破産手続**　そこで，債権者の平等を維持しつつ，このような状態にある債務者の経済的な再出発を図るためには，集団的な債務処理の方法が必要となる。その代表的かつ最終的なものが破産

手続である。破産手続による倒産処理の方法は，経済的破綻に瀕した個人にとっていわば究極の救済策ともいえる。しかし，それが究極のものであるだけに，そこには光の部分だけでなく，種々の影の部分も存在する。すなわち，個人債務者は，破産者としてその全財産を失うとともに，経済的信用も失墜する。そのため，経済的に再起更生を図る場合にも事実上の困難を伴う。他方，債権者にとっても，厳格な手続によって多大の時間と費用を要したわりには，少額の弁済しか受けられないことが多いのである。

(2) **その他の方法**　破産に至る前に，債務者と債権者側との話合いで一定の債務処理方法を定めることによって破産的清算を避けることができるならば，こうした影の部分も薄めることができる。そのような方法として，民間団体が行うカウンセリング・サービスや弁護士による私的整理などのほかに，簡易裁判所での債務弁済協定調停も利用されてきた。とくに後者については，従前のそれを多重債務者用に充実させた特定調停法（➡本章 *3*）が制定されている。また，企業を破産させずに，再建を図る制度として，2000（平成12）年 4 月から民事再生法が施行されているが，さらに，この民事再生法が一部改正され，個人を対象とする民事再生手続（個人再生手続）の制度が設けられ，2001（平成13）年 4 月から実施されている。以下では，これら個人の倒産処理の方法を順次説明していくことにする。

2　破産手続による倒産処理

　破産手続とは，経済的破綻に至った債務者の財産を管理し，これを換価したうえ，すべての債権者に平等な弁済を確保する法的な制

度である。その意味では，破産手続は，個人，企業（法人）ともに利用することができる手続であるが，個人破産の場合には，企業破産とは異なるいくつかの特徴がある。

1 破　産　手　続

自己破産の申立て

不幸にして経済的破綻に陥った債務者は，究極の拠り所として，自己破産の申立てをする。「自己破産の申立て」とは，債務者自らが破産の申立てをするという意味にすぎないから，必ずしも個人破産に特有のものではない。しかしながら，企業の破産の場合には，多少とも配当が見込まれ，また否認権（➡第18章4）による利益なども期待できるので，債権者申立ての事件もしばしば見られる。これに対して，個人破産では，圧倒的に自己破産の申立てが多い。個人の場合には，財産がほとんどなくなってから破産の申立てを考えることが多く，債権者から破産の申立てをする利益がほとんどないのに対して，債務者の方は，免責を得ることを主たる目的として破産手続の利用を考えるからである。

破産手続開始の効果

破産手続開始の申立てがなされると，裁判所は破産原因（➡第18章4）について審理し，破産手続開始の決定をする。開始決定によって破産手続が開始されると，破産者がそのときに所有する一切の財産は，原則として「破産財団」（➡第18章4）を構成し（破34条），破産管財人（➡第18章4）によりその管理・処分がなされることになる（破78条）。破産者となった債務者は，破産手続開始時に所有する財産についての管理処分権を失うのである。この点においては，個人破産であると企業

破産であると異ならない。

　このような財産上の効果のほかに，破産手続開始によって債務者は社会生活上，一定の制約を受けることになる。すなわち，破産者は，破産手続を円滑に進めるために，破産管財人等に対して負債の状況など破産に関し必要な説明をする義務があり（破40条），所有している不動産，現金，有価証券，預貯金等の重要な財産を裁判所に開示しなければならない（破41条）。裁判所の許可がなければ，転居や長期の旅行をすることができないし（破37条），郵便等による通信の秘密も制限される（破81条）。また，破産法には規定はないが，民法その他の法律によって，破産者は後見人・保佐人などになることはできないし，弁護士・公証人・弁理士・公認会計士などになる資格がないとされている。これらの資格制限は，個人破産に特有のものである。ただし，破産者であっても権利能力，行為能力に影響を受けないし，選挙権も喪失しない。また，破産者であることを理由に会社を解雇されることもない。

自由財産

　会社などの法人と異なり，個人は破産後も消滅することなく生き続けるのであるから，その再起更生のためには，破産者であっても自らが管理・処分可能な一定の財産を必要とする。このように，破産財団の範囲に含まれず，破産者が自由に管理・処分できる財産を「自由財産」という。自由財産は，個人破産者にとっては経済的な再起更生の基礎として重要な意味を有する。これには，破産手続開始後に破産者が取得した新得財産（たとえば，破産者がその労働によって得た賃金など）と標準的な世帯の必要生計費の３ヵ月分に相当する額（民執131条３号に規定する額に２分の３を乗じた額であり，具体的には99万円）の金銭およ

び差押禁止財産（債務者等の生活に欠くことができない衣服・寝具・家具・台所用具などの一定の財産→民執131条・152条等）がある（破34条3項1号・2号）。

同時破産廃止

破産手続は、本来、破産者の財産を処分して破産債権者に公平かつ（不十分ながらも）最大限の満足（配当）を提供することを目的とする制度である。しかしながら、債務者の財産が非常に少なく、破産手続の費用を支払うことにさえ不足することがわかっている場合には、そのまま破産手続を進めたとしても、債権者への配当の原資となる財産がないのであるから、無意味であるばかりでなく無駄でもある。そこで、このような場合には、裁判所は破産手続開始の決定をしたうえで、それと同時に破産手続を終了させる「破産廃止」の決定をする（破216条）。この決定は、破産手続開始の決定と同時に行われるので、「同時破産廃止（または同時廃止）」という。個人の自己破産事件では、企業の破産とは異なって、破産財団が乏しく、破産管財人の報酬などの手続費用も賄えない場合が多く、大部分がこの同時廃止によって終了している。同時廃止においては、破産管財人の選任などの同時処分はなされず、破産手続は実施されないものの、破産手続開始の効力がいったん発生することに変わりはなく、資格制限などの効果も生じる。同時廃止となった場合でも、破産者は免責を受けることができる。

② 破 産 免 責

免責制度の意義

個人の破産に最も特徴的なのが、この免責制度である。免責とは、破産手続を経て、

配当によっても弁済されなかった債務について，破産者の経済的更生のために，裁判によってその責任を免除するものである。

　破産手続が終了した場合でも，破産者は破産財団から弁済できなかった債務について当然に支払わなくてよくなるわけではない。全額の弁済を受けられなかった破産債権者は，残額について破産終結後も破産者の責任を追及することができるのが，むしろ原則である（破221条参照）。企業（法人）が破産する場合は，破産手続が終了すれば企業（法人）は解散し消滅する。したがって，破産手続終了後に，配当されなかった残債務について債権者が追及することはありえない。しかしながら，個人の破産の場合には，破産手続が終了してもその個人が消滅してしまうわけではない。個人破産者が破産手続終了後も残債務について無限責任を負い，債権者からの追及に対して，依然として弁済の義務を負わなければならないとすると，その者の経済的な再出発は著しく困難なものとなる。そこで，わが国では，1952（昭和27）年に，会社更生法を制定した際に破産法も改正して，個人破産者の経済的更生を容易にするために免責制度が導入されたのである。

免責制度の理念と
合憲性

　この免責制度の理念に関しては，２つの異なった考え方が対立している。一方には，破産手続による破産債権者の利益の実現に協力した誠実な破産者に対する特典とする考え方（特典説）があり，他方には，破産法の理念の１つである債務者の再起更生を重視して，不誠実ではない破産者の更生の手段であるとする考え方（更生手段説）がある。これらの理念的な対立が破産法の解釈に決定的な影響を及ぼすというわけではないが，免責不許可事由の解釈や裁量免責

の運用において差異が生じうる。すなわち，特典であることを強調するときには，厳格な運用に結びつきやすいし，更生手段であることを強調するときには破産者に寛大な態度が導かれやすい。

また，かつて，免責制度は，債権者の側からみると，残額債権を実質的に消滅させてしまうことになる点で，憲法上の財産権の保障（憲29条）に違反するのではないかが問題とされたことがある。しかし，この点について，最高裁は，公共の福祉のために憲法上で許された必要かつ合理的な財産権の制限であって，憲法には違反しないと判示しており（最大決昭和36年12月13日倒産⑧²），学説もこれを支持している。

| 免責の手続 |

個人である債務者（破産手続開始の決定後にあっては，破産者）は，破産手続開始の申立てがあった日から，破産手続開始の決定が確定した日以後1ヵ月を経過する日までの間に，裁判所に対し，免責許可の申立てをすることができる（破248条1項）。もっとも，自己破産の申立ての場合には，債務者自身が反対の意思を表示しているときを除き，破産手続開始の申立てと同時に免責許可の申立てをしたものとみなされるので，改めて免責許可の申立てをする必要はない（同条4項）。

免責許可の申立てがなされた場合，裁判所は，破産管財人に免責不許可事由（破252条）の有無等についての調査をさせたり，債権者等の意見を聴くなどして，事情を調べたうえで，免責を許可すべきか否かを判断することになる。破産者について免責不許可事由のいずれにも該当しない場合には，免責許可の決定をする。また，免責不許可事由が一応認められる場合であっても，裁判所は，破産手続開始の決定に至った経緯やその他の一切の事情を考慮して，相当と

認めるときは免責を許可することができる（裁量免責という→破252条2項）。

　免責許可の申立てがあれば，同時廃止によって破産手続が終了したとしても，免責についての裁判が確定するまでの間は，破産者の財産に対して破産債権に基づいて強制執行等をすることはできないし，すでに行われていた破産債権に基づく強制執行等の手続も中止される（破249条1項）。

| 免責不許可事由 | 免責不許可事由には，次のものがある（破252条1項）。 |

　①　債権者を害する目的で，破産財団に属する財産を隠匿・損壊または債権者に不利益な処分をして破産財団の価値を不当に減少させる行為をしたこと（破252条1項1号）

　②　破産手続の開始を遅延させる目的で，著しく不利益な条件で債務を負担し，または信用取引により商品を買い入れてこれを著しく不利益な条件で処分したこと（同2号）

　③　特定の債権者に対する債務について，当該債権者に特別の利益を与える目的または他の債権者を害する目的で，債務者の義務に属しない担保の供与をしたり債務消滅に関する行為をしたこと（同3号）

　④　浪費または賭博その他の射倖行為をしたことによって著しく財産を減少させ，または過大な債務を負担したこと（同4号）

　⑤　破産手続開始の申立てがあった日の1年前の日から破産手続開始の決定があった日までの間に，破産手続開始の原因となる事実があることを知りながら，当該事実がないと信じさせるため，詐術を用いて信用取引により財産を取得したこと（同5号）

⑥　業務および財産の状況に関する帳簿，書類その他の物件を隠滅し，偽造し，または変造したこと（同6号）

⑦　虚偽の債権者名簿を提出したこと（同7号）

⑧　破産手続において裁判所が行う調査において，説明を拒み，または虚偽の説明をしたこと（同8号）

⑨　不正の手段により，破産管財人，保全管理人，破産管財人代理または保全管理人代理の職務を妨害したこと（同9号）

⑩　7年以内に免責許可の申立て等があったこと（同10号）

⑪　破産法の定める義務（説明義務・重要財産開示義務・免責調査協力義務等）に違反したこと（同11号）

免責許可の効果　免責許可決定が確定したときは，破産者は，その破産手続による配当を除き，破産債権についてその責任を免れることになる（破253条）。免責により債務そのものが消滅するとする見解もあるが，免責された債務は自然債務（債権者が履行を強制することができない債務）となると解するのが通説である。

　免責許可の効果は，破産債権の優劣，届出の有無，知れているかどうかを問わず，すべての破産債権について生じるのが原則である。ただし，債権の性質等から免責を受けられない（非免責債権）とされているものがある（破253条1項各号）。すなわち，①租税等の請求権，②破産者が悪意で加えた不法行為に基づく損害賠償請求権，③破産者が故意または重大な過失により加えた人の生命または身体を害する不法行為に基づく損害賠償請求権（②の請求権を除く），④破産者が養育者または扶養義務者として負担すべき費用に関する請求権（民752条・760条・766条・877条等），⑤雇用関係に基づいて生じた

使用人の請求権および使用人の預り金の返還請求権，⑥破産者が知りながら債権者名簿に記載しなかった請求権，⑦罰金等の請求権，は非免責債権であり，免責の対象とはならない。

　また，免責は，破産債権者が破産者の保証人その他の共同債務者に対して有する権利，および第三者が破産債権者のために供した（物的）担保には影響を及ぼさない（破253条2項）。保証債務や担保権は，そもそも主たる債務者から満足を受けられない場合に備えて設定されるものだからである。

　他方，免責許可の決定が確定したときは，破産者は当然に復権し（破255条1項1号），破産手続開始により制限されていた公私の資格を回復する（これを「復権」という）。

3　特定調停手続

特定調停の意義 　特定調停とは，支払不能に陥るおそれのある債務者の経済的再生に資するため，このような債務者等が負っている金銭債務に係る利害関係の調整を促進することを目的として設けられた民事調停の特例となる調停手続である（特定債務等の調整の促進のための特定調停に関する法律1条。以下，特定調停法と略称する）。

　そもそも民事調停（➡第11章1③）は，調停委員を交えた話合いで民事紛争を解決する手続であるが，従来から，経済的破綻のおそれのある債務者の債務調整の手法として，おおいに利用されていた（債務弁済協定調停といわれていた）。民事調停法の下での実務上の工夫ないし実務慣行を基礎として，債務の集団的整理のための特別法として，特定調停法が制定されたのである（2000〔平成12〕年2月17

日から施行）。このように特定調停は，民事調停の一類型であり，多くの点で民事調停と共通するが，倒産処理に適合するための特色を有している。以下では，その点を中心に説明する。

特定債務者

この手続の対象となる債務者は，「特定債務者」と呼ばれるが，それには，①支払不能に陥るおそれのある個人または法人，②その事業の継続に支障を来すことなく弁済期にある債務を弁済することが困難である事業者（個人または法人），③債務超過に陥るおそれのある法人，が含まれる（特調2条1項）。このように，特定調停の利用対象者は必ずしも個人に限定されていない。立法の経緯からは，この制度の主たる対象はいわゆる個人の多重債務者と考えられるが，現実には，企業倒産にも活用されている。

特定調停事件の
一括処理

特定調停が行われるには，特定債務者が調停申立ての際に特定調停手続による調停を行うことを求める旨の申述をすることが必要である（特調3条1項・2項）。特定調停事件では，1人の債務者から多数の関係権利者を相手方とする申立てがなされることも珍しくない。むしろ，多重債務者は，複数の債権者を相手方として特定調停を申し立てるのが通常である。このような場合には，同一の申立人に係る複数の事件は同一の裁判所で処理されることが望ましい。特定調停事件についても，相手方の住所地等の所在地を管轄する簡易裁判所が管轄裁判所となるのが原則である（民調3条）。しかし，ここでは，集団的処理を容易にし，事案に応じて最も適切な裁判所で事件を扱うことができるようにするための工夫がなされている。

すなわち，民事調停法の要件（民調4条1項但書）を緩和し，管轄違いの裁判所に申立てがなされた場合にも，事件を処理するために適当であると認めるときは，土地管轄の規定に拘束されることなく，事件を他の管轄裁判所に移送し，または自ら処理することができるものとされている（特調4条）。また，簡易裁判所間の裁量移送に加え，地方裁判所への裁量移送も許されている（特調5条）。これらの規定により，同一裁判所に同一特定債務者に関する複数の特定調停事件が係属するときは，これらの手続をできる限り併合して行わなければならない（特調6条）。

民事執行手続の停止

特定調停が申し立てられ，債務整理に向けた話合いがなされている途中で，債権者による民事執行の手続が進行し，特定債務者の財産が処分されてしまい，それによって特定債務者の経済的基盤が損なわれることになれば，特定調停の成立が困難になってしまう。そこで，特定調停法は，特定債務者の経済的再生に資する合意の形成を図るために，裁判所が申立てにより一時的に特定調停の目的となった権利に関する民事執行手続の停止を命ずることができるとしている（特調7条）。民事調停手続においても，公正証書に基づく強制執行または担保権実行のための競売の停止を認めているが（民調規6条1項），特定調停においては，その停止範囲を拡充して，債務名義（➡第16章 1 ）の種類を問うことなく，執行が停止されうる。停止が認められる典型的な例としては，①特定債務者の生活に欠くことができない自宅や事業に欠くことのできない重要な土地建物について，債権者がことさら調停を有利に進めようとして差押えをした場合（濫用的な場合）や，②民事執行手続の開始後に特定調停の申立てがされ，差押債権

者も民事執行手続の取下げはしないものの調停の手続には応じても
よいという意向を有している場合等が考えられる。

| 調停委員の指定 | 調停委員会は，裁判官である調停主任1人 |

調停委員会は，裁判官である調停主任1人
と，民事調停委員2人以上とで組織される
（民調6条・7条1項）。調停委員会を組織する民事調停委員は，裁判
所が事件ごとに指定する（民調7条2項）。この点においては，民事
調停と特定調停とで異なるところはないが，特定調停は，特定債務
者の経済的再生に資するとの観点から，公正かつ妥当で経済的合理
性を有する内容の合意の形成を目指すという特性を有しているため，
特定調停を行う調停委員には，そのような合意を取りまとめるのに
相応しい専門的な知識経験が求められる。そこで，特定調停法は，
裁判所において，事案の性質に応じて必要な法律，税務，金融，企
業の財務，資産の評価等に関する専門的な知識経験を有する者を，
調停委員会を組織する民事調停委員として指定すべき旨を定めてい
る（特調8条）。

| 関係者からの資料収集 | 特定調停においては，申立人である特定債 |

特定調停においては，申立人である特定債
務者について倒産手続が開始されるおそれ
があることを前提として，特定債務者の資力の状況を把握し，相手
方たる債権者に対する残債務額等を確定したうえで，特定債務者の
支払能力に応じた再建計画案を策定することになる。そして，この
ような手続を迅速かつ的確に進めるためには，当事者双方から残債
務額等に関する資料を速やかに提出させる必要がある。

とくに，特定債務者の借入金債務について利息制限法の制限利率
を超える約定利息の支払いがされている場合には，これを元本に充

当する計算をする必要がある。そのためには，具体的な弁済日，弁済金額等の取引の経緯に関する資料が重要である。そこで，特定調停法では，当事者双方（申立人のみならず相手方である債権者等も含まれる）が，特定調停の対象たる債務の発生原因および内容，弁済状況等の事実を明らかにすべきことを定めている（特調10条）。調停委員会は，当事者または参加人に対して事件に関係のある文書等の提出を求めることができ（特調12条），当事者等が正当な理由なくこの提出の要求に応じないときは，10万円以下の過料に処せられる（特調24条）。

調停条項案 特定債務者は経済的に破綻するおそれのある者であり，特定調停が成立しない場合には倒産手続に至る可能性も高い。そこで，特定調停が成立した場合にも，特定債務等の調整の内容が倒産手続と比較して債権者間の公平を欠いたり，あるいは実行可能性が乏しいような不合理なものであってはならない。そのため，特定調停が成立するためには，調停条項が「特定債務者の経済的再生に資するとの観点から，当事者間に公正かつ妥当で経済的合理性を有する内容のもの」（特調18条）でなければならないものとされている。そのような内容の合意が成立する見込みがない場合または成立した合意がそのような内容のものであると認められない場合には，調停委員会は，特定調停が成立しないものとして，事件を終了させることができる（特調18条）。また，調停委員会もそのような内容の調停条項案しか提示できない（特調15条）。

| 特定調停の限界 | 特定調停も「調停」であることから，合意を拒絶する債権者に対しては，債務免除などを強制する効力をもたない。また，債権者と債務者との個別的合意形成を目的とする手続であり，総債権者を手続に組み込むことが必ずしも保障されていない。したがって，総債権者に対する関係で清算を行い，その後に債権者の意思を問わず残債務を免責するという，破産およびこれに基づく免責手続に完全に代替するものではない。しかし，債務者にとっては，破産手続開始の決定による法律上の資格制限などの不利益を避けることができるという利益が認められる。すなわち，特定調停は，関係者の合意を重視する手続であり，より早期の（比較的「傷の浅い」多重債務者に対する）倒産処理に適した手続として位置づけられるのである。

もっとも，特定調停の利用は2003年には52万7000件に達したが，その後の貸金業法等の改正と最高裁の一連の判決によってもたらされた過払い金問題の解消によって，2016年には約3000件の利用にまで減少している（司法統計年報による）。

4 個人再生手続

個人再生手続とは，経済的破綻に瀕した個人債務者が破産しないで再生でき，債権者も破産の場合よりも多くの債権回収を図ることができるようにすることを目的として，民事再生法の特則として設けられた個人版の再生手続である。これには，「小規模個人再生」と「給与所得者等再生」の二種類がある。そこでは，個人の再生手続に合わせて，債権調査手続や再生計画案の認可のための手続等が簡素化・合理化されている。また，これと同時に，住宅ローンを抱

えて経済的破綻に瀕した個人債務者が，住宅を手放すことなく経済
生活の再生を図ることができるようにするための「住宅資金貸付債
権に関する特則」も設けられている。ここでは，これらの個人再生
手続および住宅資金貸付特則について概説する。

1 小規模個人再生手続

　小規模個人再生は，債務者がその収入の中から，原則として3年
間（最長5年間）にわたり，3ヵ月に1回以上の割合で債権者への
弁済を行うという再生計画を作成し，これを遂行することによって，
残余の債務の免責を受け，経済生活を再建するという手続である。

手続の利用対象者　この手続の利用対象者は，「将来において
継続的に又は反復して収入を得る見込み」
があり，かつ，再生債権の総額（住宅ローン債権の額，別除権の行使に
よって弁済が受けられる額および再生手続開始前の罰金等を除く）が5000
万円を超えない個人債務者である（民再221条1項）。たとえば，商
店主や農業者などの個人で事業を行っている者が，利用対象者に該
当すると考えられるが，サラリーマン等も利用可能である。これに
対して，専業主婦のように自らの収入がない者は利用対象者に該当
しない。利用対象者が，再生手続開始の申立ての際に，小規模個人
再生によることを求めた場合に，この手続が行われる（民再221条1
項・2項）。

小規模個人再生手続の機関　個人再生手続においては，通常の再生手続
における監督委員（➡第20章3）や調査委
員の制度は設けられておらず，これに代え

て，職務内容が必要最小限のものに限定された個人再生委員の制度が設けられている（民再223条）。その職務内容は，①再生債務者の財産および収入状況の調査，②再生債権の評価に関する裁判所の補助，③再生債務者が適正な再生計画案を作成するために必要な勧告，などである（民再223条2項）。個人再生委員は必置の機関ではないが，現在の実務（東京地裁）においては，選任されるのが原則とされている。

なお，後述の給与所得者等再生においても同様である（民再244条）。

再生債権の届出・調査　債権者は，債務者が小規模個人再生を求めるに際して提出した債権者一覧表（民再221条3項）に記載された自己の債権額に異存がないときは，債権届出を要せず，債権者一覧表の記載通りの届出をしたものとみなされる（民再225条）。

債権調査手続についても，通常の再生手続におけるように，最終的に債権確定訴訟までをも行って，再生債権の内容を実体的に確定する，という重厚な手続は設けられていない。個人再生委員の調査結果に基づいて，裁判所が決定により評価をし，再生手続内で取り扱われる再生債権の存否，額等を手続的にのみ確定するという簡易・迅速な債権調査が行われるにすぎない（民再226条・227条）。

異議のなかった債権（無異議債権）と，異議が述べられたために評価の申立てがされ裁判所による評価がなされた債権（評価債権）の合計額が，再生債権の基準となる（基準債権という）。

| 再生計画 | (1) **弁済期間**　再生計画に基づく弁済期間は，原則として3年間（特別の事情がある場合に限り5年を超えない期間）であり，この弁済期間中，3ヵ月に1回以上の割合による分割弁済をしなければならない（民再229条2項）。

(2) **弁済額の基準（最低弁済額要件）**　再生計画に基づく弁済総額は，破産の場合の配当額を上回るものでなければならず（民再174条2項4号），かつ，基準債権の総額が3000万円を超え5000万円以下の場合にはその10分の1以上（民再231条2項3号），基準債権の総額が3000万円以下の場合にはその5分の1以上または100万円のいずれか多い額（ただし，上限は300万円）でなければならない（民再231条2項4号）。

(3) **再生計画案の決議**　小規模個人再生では，債権者集会の制度が採用されていないので，再生計画案は書面等投票の方法により決議される（民再230条3項）。反対の意思を表明した者が議決権者総数の半数に満たず，かつ，反対の意思を表明した者の議決権の額が議決権総額の2分の1を超えないときは，可決されたものとみなされる（消極的同意要件→民再230条6項）。

(4) **再生計画の認可とその効力**　再生計画案が可決されると，裁判所は，不認可事由がある場合を除き，再生計画認可の決定をする。再生計画の認可決定が確定すると，原則としてすべての再生債権者の権利が再生計画の定める一般的基準に従い，当然に変更される。ただし，抵当権や保証人，物上保証人に対しては影響は及ばない（民再177条2項）。すなわち，債権者は保証人や物上保証人に対して，再生計画の一般的基準による権利変更前の債権全額により，権利をいつでも行使することができる。

(1) 再生計画の履行　個人再生手続は，再生計画認可決定が確定した時点で当然に終結する（民再233条）。個人再生委員の任務もそれによって終了する。したがって，その後の再生計画の履行は，すべて債務者の努力に任されることになる。再生計画が不正の方法によって作られたとき，あるいは，債務者がその履行を怠ったときには，債権者は再生計画の取消しを裁判所に対して申し立てることができる（民再189条1項。なお，民再236条・242条）。取消しの決定が確定すると，裁判所は，破産原因があると認めるときには，職権をもって債務者に対し破産手続開始の決定をすることができる（民再250条1項）。

(2) 再生計画の変更　再生計画認可の決定があった後，やむをえない事由で再生計画を遂行することが著しく困難となったときは，再生債務者の申立てにより，再生計画で定められた債務の期限を延長することができる（民再234条）。計画の変更が認められるのは，「期限の延長」だけであり，延長できる期限は，最長2年間である。最初の再生計画の弁済期間は原則として3年間，特別な事情がある場合は5年間まで認められている（民再229条2項2号）ので，再生計画の変更による期限の延長が認められる場合は，最初の再生計画から考えると，結局，最長7年間の弁済期間がありうることになる。

(3) ハードシップ免責　ハードシップ免責とは，再生計画の履行途中でその後の遂行が期待できない苦難（ハードシップ）に立ち至った場合は，そこで履行の打ち切りを認め，免責するという制度である。アメリカ連邦破産法に存在する制度の考えを取り入れたものである。①債務者の責めに帰することができない事由により再生計画を遂行することが極めて困難となり，②再生計画により変更さ

れた債権の4分の3以上の弁済を終え、③再生計画認可決定時の清算価値以上の弁済を終え、④再生計画の変更でまかなうことが極めて困難である、との要件をすべて満たしていなければならない（民再235条1項）。ハードシップ免責が申し立てられると、裁判所は債権者の意見を聴いたうえで（民再235条2項）、免責の可否を決定する。

② 給与所得者等再生手続

給与所得者等再生は、手続対象者をサラリーマン等に限定し、かつ最低弁済額を法定することによって、小規模個人再生より簡略化された手続で、その経済生活の再生を図ろうとする手続である。

> **手続対象者**

給与所得者等再生の手続を利用できる個人債務者は、小規模個人再生を利用できる債務者、すなわち「再生債権の総額が5000万円を超えない」債務者のうち、一般のサラリーマンのように、「給与又はこれに類する定期的な収入を得る見込みがある者であって、かつ、その額の変動の幅が小さいと見込まれるもの」（民再239条1項。変動の幅としては年収ベースで20%が一応の基準となっている）である。

> **再 生 計 画**

(1) 弁済額の基準　給与所得者等再生では、再生債務者の手取収入から再生債務者およびその被扶養者の最低限度の生活費の額（その算定方法は政令によって定められている。「民事再生法第241条第3項の額を定める政令」〔平成13年3月16日政令50号〕）を控除した額（可処分所得）の2年分以上を、原則として3年（最長5年間）で弁済することが必要である

（民再244条・229条）。なお，この場合にも，最低弁済額要件（民再231条2項3号・4号）を満たすことが必要である（民再241条2項5号）。

(2) **再生計画案の決議**　このように，給与所得者等再生では，債務者の収入額と政令で定められる生活維持費の額によって弁済すべき額が定まることから，再生計画案は再生債権者の決議に付されず，裁判所は単に再生債権者の意見を聴くにとどまる（民再240条1項）。

| 申　立　制　限 |

給与所得者等再生には，小規模個人再生にない申立制限がある。すなわち，①以前に給与所得者等再生が行われ，その再生計画が遂行された場合は，その再生計画認可決定確定の日から，②以前の個人再生手続でハードシップ免責（民再235条）の決定が行われた場合，その再生計画認可決定確定の日から，③破産法に基づく免責許可の決定が行われた場合，その決定確定の日から，それぞれ7年以内に給与所得者等再生手続を行うことはできない（民再239条5項2号）。このような場合には，再生債権者の意見に基づかないで裁判所が再生計画の認可決定をすることは不適当だからである（債務者は，小規模個人再生か，あるいは通常の再生手続を利用すべきことになる）。

| 給与所得者等再生の利用の現状 |

個人再生事件のうち，小規模個人再生が約9割を占め，給与所得者等再生の利用は約1割にとどまっている（平成28年度司法統計年報による）。手続としては，小規模個人再生の場合には再生計画案の認可決定を得るために再生債権者の書面決議が必要であるのに対し，給与所得者等再生の場合には決議は不要であるため，給与所得

者等再生の方が簡易である。しかし，最低弁済額は，小規模個人再生が再生債権の総額を基準にして算定するのに対し，給与所得者等再生では年収と家族（被扶養者）数などを基準とした可処分所得によって算定される。この可処分所得の計算の基礎となる必要生計費（最低限度の生活費）の額が政令によってかなり低額に定められているため，給与所得者等再生における最低弁済額の方が高額となることも多く，それが利用の少ない原因といわれている。

③ 住宅資金貸付債権に関する特則

住宅資金貸付債権に関する特則は，住宅ローンを抱えて経済的破綻に瀕した個人債務者が，その生活の基盤である住宅を手放すことなく経済生活の再生を図ることができることを目的とした制度である。住宅ローンの支払いが困難となった人が，その支払いのために他の消費者金融業者などから借金を重ねて行きづまり，自己破産を申し立てるケースは少なくない。また，破産にまで至らないとしても，支払いが滞れば最終的には抵当権が実行されて，せっかくのマイホームも手放さざるをえなくなる。そこで，そのような事態を避けるために，再生計画の中に，住宅ローンの弁済の繰り延べを内容とする住宅資金特別条項を定めることができることとし（民再198条・199条），その再生計画の効力を住宅に設定された抵当権等にも及ぼし（民再203条1項），住宅資金特別条項に基づく弁済を継続している限り，住宅に設定されている抵当権の実行を回避することができるようにするのが，この手続である。

なお，住宅資金貸付債権に関する特則は，小規模個人再生および給与所得者等再生の他，通常の再生手続にも適用されるものである。

| 適 用 対 象 |

(1) **住　宅**　特則の適用対象となる「住宅」は，個人である再生債務者が所有し，自己の居住の用に供する建物（店舗兼住宅のときには床面積の2分の1以上が居住用であること）であるものに限られる（民再196条）。居住用のものが2つ以上あっても，1つに限られる。

(2) **住宅貸付債権**　「住宅貸付債権」とは，住宅ローン債権のことであり，いわゆるリフォーム・ローンもこれに含まれる。ただし，これらの債権または保証会社の求償権を担保するための抵当権が住宅に設定されているものに限られる（民再196条3号）。

他方，①たとえば，親族が保証債務を履行した結果，代位取得（民500条）された住宅資金貸付債権（民再198条1項本文），②保証会社の代位弁済後6ヵ月以上経過した後に民事再生手続の申立てがなされたとき（民再198条2項），③住宅に住宅ローン関係の抵当権以外の担保権が設定されているとき（民再198条1項但書・2項後段）等は，特別条項を定めることができない。

| 提 出 権 者 |

住宅資金特別条項を定めた再生計画案は，再生債務者のみが提出することができる（民再200条1項）。債権者からの提出はできない。特別条項は，一般の再生債権を弁済しながら，さらに住宅貸付債権の元本，利息および遅延損害金について，繰延べしつつも，全額を支払うことで住宅を保持しようとするものである。したがって，住宅の保持を望む再生債務者の意思に基づくことが必要であり，債権者側から提案する利益はないと考えられるからである。

住宅資金特別条項で定めることのできる
「弁済の繰延べ」には，3つの態様がある。

(1) **原　則**　まず，再生計画認可決定の確定後に支払時期の到来する住宅ローンの約定弁済額は，約定の通りに弁済することとし，それに加えて，確定時までに弁済するべき元金とそれに対する確定時までの約定利息，遅延損害金と確定時までの元本を繰延べすることにより発生する約定利息を，一定期間内に支払うという方法である。その一定期間というのは，最長でも確定時から5年間，住宅資金特別条項以外の債権の弁済期間がそれよりも短ければその期間でなければならない（民再199条1項）。

(2) **弁済期間の延長型**　次に，上記による特別条項を定めた再生計画の認可の見込みがない場合に，住宅ローン債権への弁済の期間を延長して，延べ払いをするという方法がある。これによって，住宅ローン債権への毎期の弁済額を減らすことが可能となる。ただし，この場合にも，住宅ローン債権の元本および利息の全額ならびに遅延損害金の全額を支払う必要がある。また，期限の延長は最長でも10年を限度とし，最終弁済期における再生債務者の年齢が70歳を超えることはできない（民再199条2項）。

(3) **元本猶予期間の設定型**　上記の型の特別条項も遂行可能性がないと見込まれる場合には，さらに，一般の再生債権に対する再生計画上の弁済期間である「一般弁済期間」の範囲内で定める期間（最長5年）中は元本の一部について弁済を猶予する特別条項を定めることができる（民再199条3項）。3年から5年の一般弁済期間中は他の一般債権の再生債権への弁済を中心として，住宅ローンについては元本の一部および利息のみ支払い，元本猶予期間の終了後は繰り延べた住宅ローンへの弁済を中心に行うという方法である。

さらに，債権者の同意があれば，以上の(1)から(3)までとは異なる内容の住宅資金特別条項を定めることもできる（民再199条4項）。すなわち，債権者の同意があれば，元本について一部免除することも理論上は可能である。

再生計画の議決と認可

　住宅資金特別条項は，住宅資金貸付債権の内容を変更するものではあるが，元本，利息および損害金を全額弁済するものであることから，住宅ローン債権者や保証会社は再生計画案についての議決権を有しない（民再201条1項）。ただし，裁判所は，住宅ローン債権者の意見をあらかじめ聴取しなければならない（民再201条2項）。

　特別条項を定めた再生計画は，それが遂行可能であると裁判所が積極的に認定できなければ認可されない（民再202条2項2号）。特別条項を定めた再生計画の効力は，住宅および住宅の敷地に設定されている抵当権，住宅資金貸付債権の保証人，連帯債務者等にも及ぶ（民再203条1項）。また，再生計画の成立が保証会社の代位弁済後であるときは，当該代位弁済は，遡及的になかったものとみなされる（民再204条1項本文）。すなわち，代位弁済を受けた金融機関は受領した金銭を保証会社に対して返還し，再生計画の特別条項により変更された住宅資金貸付債権を再度取得することになるのである（これを「巻戻し」という）。

第 **20** 章　企業の倒産

本章は，前章が個人の倒産を扱ったのに対し，企業の倒産について，とくに経営困難な状態に陥った企業の再建を目指す制度である会社更生と民事再生について述べるものである。このような制度が存在する理由を考えたうえで，両制度の違いに注意しながら各々の特徴を概説する。

1　再建型手続の存在理由

　倒産処理の一般的イメージは，破綻した企業を解体する清算型の手続であろう。終焉を迎えた企業に残されたわずかばかりの財産を換価し債権者に配当する，企業にとっては幕引きの場面である。しかし，企業の破綻の原因は様々であるし，破綻したとはいえ，その程度や影響力は千差万別であろう。たとえば，相当の資産を有しブランド名も知られているが，資金繰りに窮したという場合，あるいは地域の名門企業で雇用関係や下請関係で地元に多大な影響があるような場合，などを想像してみよう。破綻に至った以上解体清算の結末しかありえないのであろうか。有機的一体としての企業を何らかの形で活かす方法があってもよいように思われる。

| 清算価値と
継続企業価値 | 破綻した企業を破産手続で清算する場面を考えてみよう。稀に破産手続開始後も営業が続けられていることもあるが（たとえば, |

患者のいる病院が破産した場合）, 多くの場合, 企業はもはや死に体となっており, 財産を換価するにしても値崩れは避けられないだろう。すなわち, 種々の財産が一体となって事業を継続している場合には, 個々の財産の単純な総和を超える価値があった（継続企業価値 going-concern value）ものも, ばらばらに切り売りされるとすれば, 二束三文で買い叩かれてしまう（清算価値 liquidation value）のが関の山だからである。その意味で, 国民経済的には破産手続は無駄の多いものということになるが, 債権者からすれば, せめてこの清算価値分が確実に確保されることが, 法的倒産処理の最低保障であると言い換えることもできよう（清算価値保障原則という）。

　仮に, 上の意味でいう, 最低保障としての清算価値が確保されるのであれば, いったんは破綻に陥った企業でも, 直ちにこれを解体清算するのではなく, 何らかのテコ入れをしてもう一度建て直すチャンスを与えるのも悪くないであろう。次元は異なるが, これを身近なたとえで説明してみよう。子どものいる夫婦が喧嘩して, 別れるだの何だのと騒いでいるとしよう。周りの人はすぐに離婚を勧めるだろうか。普通は仲直りさせることを試みるであろう。家族はばらばらになるより, 一緒の方が何倍も心強く幸せなことが多いからである。清算（離婚）することはいつでもできるが, 仲直りしてもう一度一緒にやってみるのもよい。人間のやることは完璧ではありえないので, 一度失敗してももう一度チャンスが与えられる, 敗者復活の思想が人間社会の中にあるはずである。破産免責, そして会社更生や民事再生は, 経済的破綻という失敗に対する敗者復活を

体現したものなのである。

　条文でこれを表現したものとして，民事再生法174条2項4号にいう「債権者の一般の利益」とは，清算価値が最低保障されることが再建を試みる条件であることを意味するものである（破産配当を下回ってはいけないと規定した小規模個人再生の場合の民事再生法236条がこのことをより的確に表現している）。

事業の公益性と
再建基準

清算価値を最低限として再建を試みて継続企業価値の回復を図るというのが，再建型倒産手続の理論的な正当化根拠であるが，今日の再建型倒産手続を基礎づけるのはこれにとどまらない。

　すなわち，当該企業が営んでいる事業が相当の公益性をもっているという場合，この公益性が再建を基礎づけることもある。これは言うなれば，再建型倒産手続の政策的正当性ということになろう。たとえば，1990年代に相次いだ金融機関，証券会社，保険会社の破綻を考えてみよう。最終的に破産に至った例（山一證券）もあるが，これらの企業は多数の顧客と取引を結んでおり，その日常生活に浸透している。破綻が直ちに破産に結びつくほかないとしたら人々の生活はパニックになる。預金保険等のセイフティ・ネットの整備はもちろん，再建を試みる制度的手当て（金融機関等の更生手続の特例等に関する法律〔金融更生特例法〕）そして資金的手当てが用意されているのは，その事業の公益性にとくに配慮してのことといえよう。あるいは，もっと日常的な例で考えても，その町に1つしかないような病院，その地方唯一の公共交通を提供している鉄道会社が破綻した場合も，事業の収益性を度外視してでも再建を待ち望む声が起きるであろう（わが国の会社更生法の起源はアメリカ法に求めることがで

きるが，アメリカの会社更生の歴史はまさに鉄道会社の更生から始まったのである）。

さらに，雇用が不安定な国にあっては，雇用の確保を目的に企業の再建を正当化することもある（社会政策的再建）。

| 悪法論の洗礼 |

わが国における本格的再建型倒産手続の幕開けは，戦後の旧会社更生法の導入による。「窮境にあるが再建の見込のある株式会社について，債権者，株主，その他の利害関係人の利害を調整しつつ，その事業の維持更生を図る」（旧会更1条）ため，すべての更生債権，更生担保権，株主を手続に巻き込み，大胆にその権利を変更することも行ってきた。ただ，個人企業が法人成りしたものも多いため，営利目的の私企業を，債権者らの多大な犠牲の下に救済するものではないか，という会社更生法悪法論が唱えられ，債権者らの財産権を不当に侵害するとして，違憲論の洗礼を受けることになった。最高裁は，企業解体による国民経済的損失を避けるためのやむをえない合理的な制限であると切り抜けた（最大決昭和45年12月16日倒産②）が，悪法論をきっかけに，濫用的な利用を制限するための取下げ制限，少額債権・下請け債権の優遇などの一部改正がなされたことは忘れるべきでない。

また，ここで扱う狭義の倒産処理ではないが，1990年代の住専破綻や金融関連破綻において，多額の公的資金がつぎ込まれたときの議論も忘れるべきではない。最終的に清算に行き着いた例もあるが，何らかの形で救済されたものも少なくない。too big to fail（「大きすぎるものは潰せない」）の論理は，破綻の原因がバブル経済に乗った安易な経営にあっただけに，道徳的頽廃（モラル・ハザード）であるとの批判が巻き起こった。公的資金注入による当時の救済（資金援

助）がペイ・オフ方式（預金保険金の支払い）の解禁前のやむをえない選択であることを確認しておくべきであろう。いたずらに公的援助で破綻した企業を救済することは，公正な競争秩序を害する問題もあるのである。

　再建型倒産手続の目的は，破綻した企業の事業を国民経済的観点から維持することにあるが，これは当該企業を破綻に至らしめた旧経営陣の責任を不問にしたまま丸ごと救済しようとするものではない。事業の再建と経営の責任を分離することは，再建型倒産手続を考えるうえで不可欠の視点なのである。

2 会社更生手続

　第2次世界大戦後，破産免責とセットで，アメリカ法に倣い企業のための本格的な再建型倒産手続として会社更生法は制定された。先行して当時存在していた和議や商法上の会社整理では企業の再建には不十分であったので，会社更生法は再建型倒産手続として相当徹底した枠組みを具備するものとされた。

　2000（平成12）年4月以降，再建型倒産手続の主役は民事再生法になった観があるが，立法史的にその基礎となり，事業と経営を明確に分離しているという意味で再建型倒産手続の哲学を貫いているのは会社更生法である。本書の目的に必要な範囲で，会社更生手続のエッセンスを述べておこう。ちなみに，更生の2文字をつなげると「甦る」という字になり，会社更生の狙いをよく示している。

会社更生の要件　　会社更生は，前述のように，窮境にあるが再建の見込みのある株式会社のための制度

である。同法の適用には2つのポイントがある。

(1) **株式会社**　まず，株式会社に関する制度であるとされているので，利用適格が株式会社に限定されている点である。わが国では，個人企業が法人成りしている例も多いが，一般に株式会社には広範な事業を展開しておりその倒産が地域経済や国民経済に影響を与えるものがありうるとの認識による。この利用適格のことを更生能力といい，更生能力を有するのは株式会社に限られ，個人（自然人）はもちろんのこと，持分会社（会社575条）や社団法人などには，この手続は認められないのである（例外は，金融更生特例法による協同組織の金融機関や生命保険相互会社である）。したがって，たくさんの入院患者を抱え地域に不可欠な医療を提供していた病院（医療法人）といえども，会社更生を使うことはできないのである。

(2) **更生の見込み**　次に，再建可能性，すなわち「更生の見込み」があるかどうかである。破綻の度合いが強く，業種的にも将来の展望を開けないような企業が再建の試みをしても無駄になることが多い。むしろ，下手に再建型倒産手続を経ているうちに余計に財務状況が悪化してしまわないとも限らないので，さっさと清算する方がましというわけである。その意味で再建可能性が問われる。

　もっとも，現行会社更生法では，旧法と違い更生の見込みといった経営に関する将来の不確実な判断を手続開始時に要求することをしなくなった。その結果，手続開始要件は緩和され，民事再生法に準じ，「事業の継続を内容とする更生計画案の作成若しくは可決の見込み又は事業の継続を内容とする更生計画の認可の見込みがないことが明らかであるとき」（会更41条1項3号）といった手続的な見通しが問われることに変わった。

　会社更生は企業再建のための抜本的な手続
であることもあり，その特徴は，担保権者
を含め企業を取り巻くあらゆる関係者を手続に取り込んでいること，
そして当該会社の資本構成そのものの変更を予定していること，に
現れている。

(1)　**担保権の扱い**　まず，担保権の扱いである。会社更生は，
倒産に対する備えであり倒産時にこそ威力を発揮する担保権をも手
続内に取り込むものとされている。普通，相手方に大口の与信をす
る債権者（金融機関が典型である）は，債権保全のため，関係者（た
とえば社長）の個人保証をとったり，事業用の資産に抵当権を設定
したりすることが多い。とくに抵当権などの物的担保をもっている
者（譲渡担保権者も含む）は，破産や民事再生ではその地位が最大限
尊重され，別除権（➡第 **18** 章 **4**）として倒産手続の外で本来の権利
行使が許されている（破65条，民再53条）。しかし，これから会社を
再建しようというときに，担保権が実行され事業用の財産を失うこ
とになっては再建は覚束ない。そこで，会社更生法では，担保権者
といえども更生手続に拘束させ，権利変更も行うことにしたのであ
る。これを更生担保権（会更2条10項）という。すなわち，担保権
者も債権の届出に始まり，更生手続に服してしか権利行使できない
ことになる。

(2)　**資本構成の変更**　次に，後者の資本構成の変更であるが，
これは会社更生によって再建されるのは，実は会社というよりその
会社の事業の方であることを意味するものである。会社更生に至っ
た原因そして破綻度合いは様々であろうが，多かれ少なかれ経営に
問題があり，財務状況はほとんど債務超過であろう。このような会
社を，従前の組織そして資本構成をそのままにして再建のチャンス

を与えては，債権者の犠牲の下，債務者が生き残るモラル・ハザードの批判を免れまい。したがって，まず，原則として，会社更生は経営陣を一掃するところから始まる（会更67条3項参照）。すなわち，裁判所によって選任される更生管財人の手で再建の途につくものとされている。さらに，債務超過で現在の資本が無価値と化していることに照らし，実務上では既存株式をすべて無償消却した上で新たな資本を導入することが多い。したがって，旧来の株主は一掃され，その会社は新しい株主の持ち物となって行くのである。さらに，破綻に至る過程で会社に損害を与えた旧経営陣の責任を簡易迅速に追及する査定制度（会更100条以下）も存在している。

**関係人の優先順位
　　——公正衡平な差**

前述のように，会社更生は債権者はもちろん，担保権者から株主まで手続内に取り込んでいる。しかし，これらの者の権利は，実体法的に異なったものであり，一定の優劣の順位もあるはずである。このことは，更生手続においてどう反映されるのであろうか。本来，実体法上の秩序を尊重しその権利の実現に寄与するのが手続法の使命であるから，会社更生法も，もともとの優劣関係（プライオリティ）を無視するものではない。

会社更生法168条1項は，関係人のプライオリティを次のように確認している。すなわち，①更生担保権，②優先更生債権，③一般更生債権，④約定劣後更生債権，⑤優先株主権，⑥その他の株主権，の6種類である。各々の組をさらに細分類することは妨げないが，同質の権利は平等に，異なる権利の間では公正衡平な差を設けるべきものとされている。

担保権者が債権者より優位に立ち，株主が最も後れるわけだが，

公正衡平な差の理解をめぐっては，絶対優先説と相対優先説の理論的対立がある。前者は，上位のクラスの権利者が全額の満足を受けてはじめて次のクラスの権利者も満足にあずかれるという考え方である。これに対し，後者は，絶対優先説のようにプライオリティを厳格に解するのではなく，相対的に各クラスの優劣が守られていればよいとするものである。実務は，後者で対応している。

　さらに，平等と公正衡平な差のあり方を考えさせる問題として，倒産企業の内部関係者の債権の劣後的処遇の可否がある。これは，たとえば，会社の取締役や親会社が一般債権の届出をしてきた場合に，他の債権と同列に扱ってよいか，破綻に何らかの経営責任があるような場合は，劣後的（弁済率を少なくするとか，弁済期を遅らせるなど）に扱うべきではないかという問題であり，劣後扱いする例は少なくない。逆に，商取引債権を金融債権者より優位に扱う例もある。

　関係人による更生計画の可否もクラス分けした各組ごとになされるが，組毎に可決要件は異なっている。株主が過半数，債権者が2分の1超，担保権者が3分の2以上であるが，担保権者の組では計画の内容いかんでさらに厳しくなることもある（会更196条）。なお，組ごとに更生計画を決議していく際に可決要件に達しない，すなわち不同意の組が現れる可能性もある。しかし，各組に拒否権を与える形で再建を断念するのは忍びないこともあるので，不同意の組を保護する所定の条項を定めて更生計画を認可することもできるものとされている（会更200条，いわゆるクラム・ダウン）。

| 更生計画 | 関係人の権利の処遇方法をはじめとする具体的な再建ビジョンを集約するのが更生計 |

画である。更生計画には，関係人の権利変更や弁済に関する条項，事業などの譲渡の条項，資本関係の条項，定款や役員変更の条項，新会社設立などの条項が必要に応じて定められるものとされている（会更167条）。提案される計画の内容は個々の会社によって異なるが，担保権の組でも権利がカット（減免）されることは珍しくなく，債権者の組ではカット率も高いし弁済期間も長期化し，関係人にとっては厳しい内容となることが多い。

　更生計画案の提出権は，管財人のほか，会社自身，債権者や株主にも認められているが（会更184条），実務上，更生会社のほぼ全権を担って職務を行っている管財人によって提出されるのが普通である。計画案が提出されると，裁判所は，これを審理する関係人集会（第2回集会），次いで決議のための関係人集会（第3回集会）を招集する（実務上，これらの集会は併合して開催されることが多い）。更生計画案の決議方法として，関係人集会のほか書面等投票の方法によることも可能となった。前述の多数決要件に達し計画が可決されれば，裁判所は計画の認否を判断することになる（認可要件は199条2項に6項目にわたって規定されている）。

　いったん破綻した企業を再建していくためには，新たな資本の投入，そして種々の組織機構の再編が必要となろう。具体的には，スポンサーを探し，新たな経営者を得ることが必要であり，思い切った人員削減も敢行されるであろうし，優良部門と不良部門の見極め，すなわち選択と集中が行われることになろう。なかには，手続を進めていくうちに再建プランを描くことが難しくなり，やむなく清算を内容とする更生計画が作成されることもある（会更185条）。

　債務の弁済期限は15年が限度とされている（会更168条5項）。計画の履行中も手続は裁判所に係属するものとされ，遂行または遂行

表20-1　会社更生と民事再生の比較

	会社更生	民事再生
対　象	株式会社	法人・自然人
開始原因	破産原因またはその手前	破産原因またはその手前
機　関	更生管財人	債務者自身（DIP），監督委員，管財人
関係者(議決権者)	担保権者 債権者 株主	一般債権者
担保権の処遇	更生担保権	別除権
可決要件	過半数・$\frac{1}{2}$・$\frac{2}{3}$・$\frac{3}{4}$・$\frac{9}{10}$以上（会更196条）	頭数で過半数＋議決権の$\frac{1}{2}$以上（民再172条の3）
履行監督(手続終結)	最後または遂行確実まで（会更239条）	監督委員がいるときの3年間（民再188条）

が確実になるまで裁判所の監督が及ぶことになっている（会更239条1項）。なお，更生手続は，他のあらゆる倒産手続に優先するものとされているが，逆に会社更生が途中で頓挫し，破産手続などに移行することも少なくない（これを牽連破産という）。

表20-1に，会社更生と民事再生の比較表を掲げた。

3 民事再生手続

和議から民事再生へ　　従来，再建型の倒産手続の中で最も多く利用されていたのは和議法による和議手続であった。和議法は旧破産法と同時に制定され，債務者の種類を問わず誰でも利用できる，再建に向けての倒産手続を提供していた。

しかし，和議手続はすこぶる評判の悪い制度であった。実際，悪評の原因もたくさんあった。その主なものを列挙すると，①申立原因が破産原因と同一で（支払不能，債務超過）再建を試みるには遅き

に失した，②濫用的申立てが少なくなかった（取下げ率が高かった。具体的には，弁済禁止の保全処分を得て手形不渡りによる銀行取引停止処分を回避し，ほとぼりが冷めると申立てを取り下げるというものである），③担保権への規制がないため，担保権者の理解が得られないと再建が難しかった，④債務の減免措置しか念頭においておらず，組織変更は一般法に委ねられていた，⑤和議条件の可決・認可によって手続が終了する扱いであったため，履行の確保が覚束なかった，等々であり，債務者の側から見ても，債権者側から見ても不備の多い手続であった。とりわけ，最後の点は致命的で，たとえば和議債権の5割を10年かけて弁済するという和議条件であったとしても，確実に履行される保証がなく，債権者の和議への不信感は大きかった。

　法制審議会の倒産法部会は，折からの不況による倒産件数増大もあり，主として中小企業向けの再建型倒産手続の整備を緊急の課題として真っ先に取り上げた。和議法の欠陥をできるだけ是正し，柔軟で機能的な再建型倒産手続として，折しも，金融再生，産業再生の諸プランが制定された年に結実したのが民事再生法であった。ネーミングも受け，2000（平成12）年4月の施行以来，最初の10年は目論見どおりの利用状況であったが，その後，利用件数は政府の経済政策（アベノミクス）の影響を受けて変動している。

　以下，通常の再生手続のあらましを述べることとする（個人再生は，➡第 19 章 *4*）。

再建型の一般法　　民事再生法は，前身の和議法と同様，利用対象者を限定していない。中小企業向けに制定されたという経緯があるが，個人の利用も妨げないとし（制定から約1年後には，個人の再生向けに特則が整備された），法人も株式会

社に限ることなくあらゆる形態の債務者が利用でき，蓋を開けてみると，大型の倒産事件でも利用されることになった。後で述べるように，民事再生法はその中に多様なメニューを用意し，大きな事件から小さな事件まで柔軟に対応ができるので，再建型倒産手続の一般法の地位を確立した。

　すなわち，これによって，中小企業はもちろんかつて会社更生の方法が使えず本格的再建手段を欠いていた病院（医療法人）や学校法人にも機能的な再建型倒産手続が手当てされることになったし，個人にも，破産以外の多重債務解決方法がもたらされることになった（➡第19章3・4）。

　また，再生手続が再建型であることを表すものとして，手続開始原因の定め方に注目することが可能である。破産原因を手続開始原因としたかつての和議が，再建には手遅れにすぎたことを踏まえ，民事再生は，破産原因たる事実のほか，会社更生に倣い，「債務者が事業の継続に著しい支障を来すことなく弁済期にある債務を弁済することができない」場合も開始原因として認めることになった（民再21条）。このことと，経営権の維持を基本方針としていることが，経営者をして早めの手続申立ての決断を促し，それが再建にも功を奏することが期待できるのである。

**民事再生の
基本パターン**

かつての和議も，民事再生と同じ経営権温存型であったが，他方で整理委員と和議管財人の2つの機関をおく無駄もあった。民事再生法は，手続機関に関しては簡素化を図ることを旨としつつ，個別の事案に応じた対応ができるように各種メニューを用意した。

　(1) **ＤＩＰ型**　　まず，民事再生の建前としての基本パターンで

ある DIP 型である。これは，債務者が元の経営陣のままで再建に当たる方式（Debtor in Possession 占有債務者）をいう（民再38条）。すなわち，手続開始後も債務者が管理処分権を失うことなくそのまま業務遂行に当たるものである。中小企業においては，企業と経営者は一体であり，経営者その人なくして企業の再建も考えにくいという場合が少なくない。経営者の事業経験・手腕を活かすというのが，この方式の根底にある考え方と思われる（民再5条3項以下の管轄規定により，法人とその代表者や関連会社の一体的処理も行いやすくなった）。もっとも，この場合の債務者は，再生手続の機関たる意味もあるので，債権者に対し公平誠実義務を負うべき存在とされている（民再38条2項）ことに注意しなければならない。

(2) **監督型**　　債務者の管理処分権を奪うことをしないという点では，DIP 型と同じであるが，裁判所によって選任される監督委員の監督の下で再建を目指す後見的な方法である（民再54条以下）。DIP 型の利点は理解できても，企業を破綻に至らしめた経営者にすぐ全幅の信頼を寄せよといっても抵抗感があろう。実務の主流は，弁護士を監督委員に選任するこの方式となっている。

(3) **管理型**　　管理命令を発し，保全管理人および管財人に債務者の業務遂行・財産の管理処分を委ねる管理型である（民再64条以下）。これは，経営者に問題があって破綻した場合で，元の経営者をそのままにしておいたのでは，再建できる企業も再建できなくなってしまうという場合である。この型も用意されたことで，株式会社以外の債務者企業にも会社更生に準じた本格的な再建手続利用の道が開かれたことになる。

(4) **簡易型**　　このほか，民事再生法立法作業の終盤で付け加えられた2つのパターンがある。というのも，仮に DIP 型や監督

型によったとしても，民事再生法の基本的な内容は，中小企業には
やや重装備といえるものであった。そこで，規模が小さく債権者間
の対立もないようなケースでは簡略化した手続でもよいのではない
かということになった。具体的には，債権調査手続を省略してすぐ
に計画案の決議に入る簡易再生（民再211条以下），さらには計画案
の決議も省略する同意再生（民再217条以下）の２つの方式である。
私的整理が先行しそこで基本方針が固まったようなケース（プレパ
ッケージ型）の後方支援装置として利用されている。

民事再生の利害関係人 民事再生法は，正式の意味での手続関係人
を債権者に絞った。これは，担保権者や株
主まで手続関係人として複雑な構成となる会社更生とは方針を異に
するものである。

(1) **担保権者** 担保権についてはこれを別除権と扱い，再生
手続によることなく担保権の行使が可能とされた（民再53条）。さら
に，担保権の行使によって満足を受けられない部分に限って再生手
続で弁済を受けられるという不足額責任主義も採られているなど，
担保権者の扱いは破産手続に準じている。ただ，むやみに担保権が
実行されては事業の再建に支障が生ずる場合がありうるので，民事
再生法は明文で競売手続の中止を命じうることを定めた（民再31条）。
さらに，新しいアイディアとして，担保権の目的財産が債務者の事
業の継続に欠くことができないような場合に，債務者等は，当該財
産の価額に相当する金銭を裁判所に納付することでその財産に付着
する担保権をすべて消滅させうるという，担保権消滅請求制度が導
入され（民再148条以下），他の手続もこれに続いた。もっとも，要
件や手続は３法で異なる（会更104条以下，破186条以下）。

(2) **再生債権者**　　次に，再生債務者に対し再生手続開始前の原因に基づいて生じた財産上の請求権が再生債権とされるが，これは再生手続における正式の利害関係人として手続に服する。すなわち，再生手続によらなければ権利行使ができず，債権届出期間内に債権の届出をし債権調査を経る必要がある。債権調査は，書面による異議の方式により，異議がなければそのまま確定する。これに対し，異議が述べられた場合の処理方法として，裁判所に再生債権の査定の申立てをすることができるものとされた（民再105条）。さらに，この査定の裁判で決着がつかないときは，査定の裁判に対する異議の訴えによる（民再106条）。このように，書面異議，査定の裁判という方式が採用され，会社更生や破産でもこれに倣うことになったのである。

(3) **労　働　組　合**　　民事再生法は，それまで（会社更生を除いて）固有の手続関係者とは必ずしも認知されてこなかった労働組合（または従業者の過半数を代表する者→労基32条の4，会更46条3項3号参照）の手続関与権を明確にした。これは，再建の可否・方法は労働者の地位にきわめて大きな影響があり，また労働者の協力なくして企業の再建が難しいことを考えればきわめて妥当なものであろう。具体的には，営業譲渡や再生計画案の決議の場面における意見聴取（民再42条3項・168条）のほか，労働組合への所定の事項の通知や労働組合の意見陳述権も法定された。

| 情　報　開　示 |

ところで，かつての倒産手続では，直接の利害関係人であるにもかかわらず債権者について，必ずしも主体的関与の機会が確保されてこなかった。民事再生では，このことへの反省に基づいて導入された工夫がある。す

なわち，裁判所主催の債権者集会は任意化する一方で（民再114条），債務者側で積極的に債権者への説明会（民再規61条）を開くなどして実質的な情報開示に努めるべきものとされたのである（利害関係人の記録の閲覧に関する規定も整備された→民再16条・17条）。

また，私的整理では活発な活動をしているとされる債権者委員会を本手続では公認し（民再117条），債権者の関与可能性を強化した。これは逆の言い方をすれば，再生手続においては，債務者も債権者も主体的に手続に関与する姿勢，ひいては関係人の自己決定・自己責任が重視されることになったことを意味する。従来，裁判所における倒産手続になると，手続機関や裁判所が丸抱えする形となり，本来の利害関係人である債権者や債務者が疎外感を味わっていたことと大きな違いとなってこよう。反面，積極的関与に向けた利害関係人の意識改革も求められているといえよう。

民事再生の否認権　民事再生法は，一連の倒産法改正作業の最初を飾るものであった。そのため，民事再生法は倒産実体法に関しては後の破産法改正まで待って改正された。しかし，否認権に関し，監督委員による否認権行使という新たな方法を導入した。

かつて和議法に存在した否認権は，破産や会社更生におけるそれと違って，手続開始前の詐害的行為を取り消して財産の増殖や債権者間の公平に資するというものではなかった。これに対して，民事再生法は破産や会社更生と同種の否認権を導入した（民再127条以下）ので，再建型倒産手続の一般法にこの制度が整備された意義は小さくない。そして，管財人のような全権掌握の機関を原則としておかない中で否認権を機能させるために，監督委員による否認権行

使の可能性を認めた（民再56条・135条1項）のである。アメリカでは，DIP債務者が否認権行使権限ももつものとされており，民事再生でも同様の理解がありえたものの，自らの行為を否認することへの違和感そして実効性の観点から，監督委員による行使が導かれた（ドイツの倒産法における自己管理方式も否認権の行使に関して類似の監督機関に委ねている）。ただ，監督委員は本来は財産の管理処分権をもたない機関である関係で，否認権を行使する場合の手続的位置づけは訴訟参加を絡めるものとなり，複雑な理論的問題につながることとなった（民再138条）。

|損害賠償の査定| また，法人の役員の責任追及に関しても若干の工夫が講じられた。すなわち，役員の責任追及を簡易・迅速に行う手段として，損害賠償請求権の査定の制度が導入された（民再142条以下）。この制度そのものは会社更生や従来の会社整理などのそれに倣うもので，これ自体が新しいものであるわけではない。しかし，民事再生法に導入された含意として，株式会社の役員にとどまらず，法人全般の役員の責任追及手段としてこの制度が使えるようになったことに意義があるのである。

　そして，管財人の選任が例外となる中でこの制度が機能していくには，申立権者の工夫が必要なところ，監督委員に委ねる否認権と違い，ここは再生債権者に直に査定の申立権を認めた（民再143条2項）。実際には，整理回収機構が債権者として利用する例が多い。

|再生計画の意義と内容| 再生債務者の事業を再生させる青写真は，基本的には再生計画案（民再154条以下）に描かれることになる。すなわち，経済的に破綻した事業の再生に向

け、「民事上の権利関係を適切に調整」（民再1条）するのが民事再生の出発点であるから、再生計画案には、再生債権の権利変更に関する条項と共益債権および一般優先債権の弁済に関する条項が必ず記載されることになる（民再154条1項）。これ自体は、弁済率・弁済期間が提示されていた和議条件と異なることはない。民事再生法では、その他にも各種の相対的必要的記載事項および任意的記載事項に関する規定もあり、和議条件より内容は豊富となっている。

　再生計画における権利変更に関しては、債権者間の平等が原則であるが、衡平を害さない限りで少額債権や劣後債権について別段の定めができるとされており（民再155条1項）、形式的平等ではなく実質的平等が意図されている（なお、個人再生の場合はむしろ形式的平等の意味と理解される→民再229条）。さらに、分割弁済の期限は、最長10年と定められ、いたずらに長期化することを避けた（民再155条3項）。

　再生計画案は、再生債権者にも提出権が認められているが、通常は再生債務者によって提出されることになろう（民再163条）。裁判所は、計画案の提出を受けて、原則としてこれを債権者による決議に付す。決議の方法は、書面による決議の制度もあるが、債権者集会によるのが一般である（民再169条）。書面による決議は一見簡便にみえるが（書面決議は、債権者数が少ない小規模個人再生では有効である→民再230条）、かえって手間や費用がかかり、むしろ債権者をはじめとする利害関係人が意見を述べる場の確保という点でも債権者集会による方式が実務で好まれている。

**再生計画案の
可決・認否**

計画案の可決要件は、和議や会社更生におけるのと比べ緩和された。すなわち、出席（または投票）債権者の過半数で、総債権額

の2分の1以上の債権者の同意があれば可決される（民再172条の3第1項）。そして，可決されれば，所定の不認可事由がない限り，裁判所は再生計画を認可することになる（民再174条，可決要件が潜脱された例として，最決平成20年3月13日倒産⑨）。

再生計画の認可決定が確定すれば，ここで認められた権利を除き再生債務者はすべての再生債権について責任を免れる，免責効が発生する（民再178条）。そして，再生債権者の権利は再生計画の定めに従って実体的に変更され，そしてこれが債権者表に記載されることで，確定判決と同一の効力を有し債権者表によって強制執行も可能となる（民再180条）。

再生計画の履行確保
　再生計画の認可決定が確定すれば，今度はそれを履行する段となる。従前の和議は，この点に欠陥があり，債権者の不満を買っていた。そこで，民事再生法ではいくつかの工夫がなされた。

まず，監督委員や管財人が選任されていない場合であるが，この場合は認可決定の確定で直ちに再生手続は終結するものとされており（民再188条1項），一見，従前の和議と同様に映る。しかし，この場合も，手続そのものは終結しても，債権者委員会が計画の履行を監視する可能性が示唆されている（民再154条2項）。履行は債権者の利害に直接影響するものであり，監視へのインセンティブもはたらくのである程度の効果が期待できよう。

これに対し，監督委員が選任されたケースにおいては，再生計画が遂行されるまで，または認可決定確定後3年が経過するまで再生計画は終結しないものとされている（民再188条2項）。つまり，実務の運用は監督委員を選任しているので，再建がある程度まで軌道

に乗る最初の3年，監視の目を光らせることになる。さらに，管財人が選任される場合は，再生計画が遂行されるまで，または遂行されることが確実であると認められるに至るまで終結しないものとしている（民再188条3項）。

再生計画の変更など　以上の終結時期の工夫のほかにも，履行確保につなげることを意図したと思われるものが存在する。すなわち，再生計画の変更・取消し，手続の廃止も間接的にこれに寄与するものと考えられる。

第1の計画の変更は，当初の計画どおりの履行が難しくなったときに直ちにこれを頓挫させるのではなく，計画を変更して，言い換えれば軌道修正することで次善の履行を確保しようとの意図が読み取れる。第2の計画の取消しは，総債権額の10分の1以上の再生債権者の申立てでできるものであり（民再189条3項），こうした監督権限があることが履行の確保につながると期待されるものである。第3の再生手続の廃止は，計画が遂行される見込みがなくなった場合に，債務者等もしくは監督委員の申立てによりまたは職権でなされるもので（民再194条），続いて職権による破産手続開始（民再250条）を導きうる（牽連破産）ものであることが，間接的に履行を確保することにつながると期待されるものである。

**民事再生法による
倒産法の再生**　2割司法。これは，司法制度改革論議の中で，現代社会において司法が期待される役割のわずかにしか応えていないことの象徴的表現として使われたものである。この割合は，実際の倒産現象との関係で現に倒産法がそして裁判所の倒産手続が果たしている役割

に関しても当てはまっていた。すなわち，多様な選択肢があるように見えながら，個人の破綻でも企業の破綻でも，裁判所の倒産手続の利用率は従来は低かったからである。このうち私的整理で処理されるのはまだましで，まともな処理がないままの事件も実に多かった。

　ところが，民事再生法，その個人版特則の追加，特定調停法，外国倒産承認援助法，会社更生法，破産法と改正作業が進み，状況は変わり，裁判所の倒産手続の利用率はいったんは高くなった。とくに，民事再生は，機能的な再建手段を欠いてきた中小企業にはまさに救世主であった。いまや，これを倒産法にひとくくりにすることはミスリーディングであるとの意見も聞く（民事再生や会社更生でも報道で「倒産」の2文字が付される現実は，思いのほか再建の足かせになるようである）。

　破綻処理策として曖昧さを拭えないかつての私的整理や債権放棄交渉，はたまた公的資金援助や安易な国有化には，国民は警戒感をもつものである。明確なルールによる透明な破綻処理制度として，裁判所の倒産手続は磨きをかけていかなければならないであろう。また，私的整理の手続も進化し，これを支える実務家の力量も向上している。民事手続法の一翼としての倒産法の動きに今後も注目していこう。実際，その後裁判所の倒産手続の利用件数が減ってきており，また民事再生を利用した企業の追跡調査によると，必ずしも生存率が高くないという現実もあり，常に改善の工夫は続けられる必要がある。

事項索引

　　　　な　行

　　　　は　行

ま　行

や　行

ら　行

わ　行

判 例 索 引

ARMA

有斐閣アルマ

民事手続法入門〔第5版〕
Introduction to Japanese Civil Procedures, 5th ed.

2002年 4 月10日	初 版第 1 刷発行
2005年 4 月20日	第 2 版第 1 刷発行
2009年 3 月30日	第 3 版第 1 刷発行
2012年 9 月25日	第 4 版第 1 刷発行
2018年 4 月 5 日	第 5 版第 1 刷発行
2020年 2 月10日	第 5 版第 2 刷発行

著　者　　佐和日川松　藤田野嶋村　鉄吉泰四和　男弘久郎徳

発 行 者　　江　草　貞　治

発 行 所　　株式会社　有　斐　閣
郵便番号 101-0051
東京都千代田区神田神保町 2 -17
電話 (03) 3264-1314〔編集〕
　　 (03) 3265-6811〔営業〕
http://www.yuhikaku.co.jp/

印刷・製本　中村印刷株式会社
© 2018, T. Satoh, Y. Wada, Y. Hibino, S. Kawashima, K. Matsumura.
Printed in Japan.
落丁・乱丁本はお取替えいたします。
★定価はカバーに表示してあります。

ISBN 978-4-641-22110-9